"十四五"时期国家重点出版物出版专项规划项目
先进制造理论研究与工程技术系列
中原工学院学术专著出版基金资助

集装箱接驳及内河运输问题的建模与优化

黄 超 著

哈尔滨工业大学出版社
HARBIN INSTITUTE OF TECHNOLOGY PRESS

内 容 简 介

本书针对标准集装箱、可折叠集装箱、集卡车以及运输船等运输资源受限、内河及桥高限制、预防驾驶员疲劳驾驶等多种情形下的集装箱接驳和内河运输问题，建立数学模型，设计优化算法，并结合大量实例进行验证分析。本书主要包括考虑空箱资源属性的集装箱接驳运输问题、考虑预防驾驶员疲劳驾驶的集装箱接驳运输问题、集卡车队列模式下考虑驾驶员数量限制的集装箱接驳运输问题的建模与优化、考虑部分客户需要被多次访问的多尺寸集装箱接驳运输问题、同时考虑标准集装箱与可折叠集装箱的接驳运输问题、考虑双侧时间窗的可折叠集装箱的接驳运输问题、考虑桥高及水深的空箱内河运输问题以及同时考虑空箱及满箱的集装箱内河运输问题。本书包括了作者多年来取得的科研成果，可以使读者比较全面地了解集装箱接驳及内河运输优化领域的研究进展。

本书可供物流系统与智能优化等领域的研究人员和技术人员，以及系统工程、管理科学与工程等学科的教学及科研人员参考，还可供相关专业的本科生和研究生学习使用。

图书在版编目(CIP)数据

集装箱接驳及内河运输问题的建模与优化/黄超著.
哈尔滨:哈尔滨工业大学出版社,2025.2.—(先进制造理论研究与工程技术系列).—ISBN 978-7-5767-1567-5

Ⅰ.U169

中国国家版本馆CIP数据核字第20248BZ613号

策划编辑	王桂芝
责任编辑	那兰兰 王 雪
出版发行	哈尔滨工业大学出版社
社 址	哈尔滨市南岗区复华四道街10号 邮编150006
传 真	0451—86414749
网 址	http://hitpress.hit.edu.cn
印 刷	哈尔滨博奇印刷有限公司
开 本	787 mm×1 092 mm 1/16 印张12 字数230千字
版 次	2025年2月第1版 2025年2月第1次印刷
书 号	ISBN 978—7—5767—1567—5
定 价	68.00元

(如因印装质量问题影响阅读,我社负责调换)

前　言

集装箱作为一种规范化、便捷化的运载工具,自从问世以来,便得到了运输行业的普遍认可和广泛应用。伴随着国内外贸易的发展,运输行业也在发生着巨大变化。集装箱运输是物流运输行业的一种重要方式,其产生的费用在运输公司总经营成本中占有较大比重。此外,集装箱运输问题也会带来一系列诸如交通拥堵、大气污染等社会和环境问题,这些因素直接影响到集装箱的优化配置和运用。如何高效地进行集装箱运输调度,实现集装箱优化配置,从而达到降低企业运营成本和促进节能减排的目的,一直是备受工业界与学术界广泛关注的课题之一。

随着生产技术和加工工艺的不断进步,一种新型集装箱——可折叠集装箱应运而生。与传统的标准集装箱相比,可折叠集装箱具有可折叠、易操作、节省空间和绿色环保等优点。虽然可折叠集装箱具有一定的优势,正在逐步被应用到实际运输当中,但是标准集装箱在今后很长一段时间仍将使用,必将存在可折叠集装箱与标准集装箱共存的情形。因此,本书也对可折叠集装箱与标准集装箱共存的场合进行了探讨。

本书的研究目的包括两个方面:一方面,本书基于多资源约束的视角对接驳运输中的资源调度进行研究,从标准集装箱到可折叠集装箱,探讨如何有效地避免空箱、驾驶员、集装箱卡车等人力和物力资源不必要的移动,从而大幅节省运输成本,减轻对环境的压力;另一方面,本书旨在研究考虑桥高等限制的集装箱内河运输问题的建模与优化,如何设计标准集装箱、可折叠集装箱及运输船等运输资源的最佳配置,降低运输企业的经营成本,体现可折叠集装箱的价值,从而促进可折叠集装箱在内河运输中的广泛应用。

全书共 11 章,第 1 章是绪论,介绍本书的研究背景、研究目的与意义、主要研究内容和取得的成果,以及本书的结构安排。第 2~10 章分别介绍相关领域研究现状、考虑空箱资源属性的集装箱接驳运输问题、考虑预防驾驶员疲劳驾驶的集装箱接驳运输问题、集卡车队列模式下考虑驾驶员数量限制的集装箱接驳运输问题的建模与优化、考虑部分客户需要被多次访问的多尺寸集装箱接驳运输问题、同时考虑标准集装箱与可折叠集装箱的接驳运输问题、考虑双侧时间窗的可折叠集装箱的接驳运输问题、考虑桥高及水深的空箱内河运输问题、同时考虑空箱及满箱的集装箱内河运输问题。第 11 章对本书的研究内容进行总结,并提出未来几个可能的主要研究方向。

本书是作者在河南省高等学校重点科研项目计划(23A120006)、中原工学院青年人才创新能力基金(K2022QN019)、中原工学院博士科研启动基金(34110708)、中原工学院学科青年硕导培育计划项目(SD202421)、国家自然科学基金(62373389,62103456,61976237)、河南省高校科技创新团队支持计划(22IRTSTHN015)、河南省高校科技创新人才(24HASTIT037)、河南省高等学校青年骨干教师培养计划项目(2021GGJS111)以及河南省重点研发专项(241111210100)的支持下,基于所取得成果撰写而成的。东北大学的张瑞友教授、浙江大学的冯雪皓教授,以及中原工学院的瞿博阳教授和闫李副教授,为本书的撰写及修订工作提供了大力支持,在此一并表示感谢。另外,本书在撰写过程中参阅了大量相关文献和书籍,同时也向这些作者致以诚挚的谢意。

由于作者水平有限,在理论和技术方面还有很多不足,还未能将更多的国内外最新成果涵盖其中,衷心希望广大读者批评指正,作者将努力在后续的工作中对本书做进一步完善。

作　者
2025 年 1 月
于郑州

目 录

第 1 章 绪论 ·· 1
  1.1 研究背景 ·· 1
  1.2 研究目的与意义 ·· 3
  1.3 主要研究内容和取得的成果 ····························· 4
  1.4 本书的结构安排 ·· 6

第 2 章 相关领域研究现状 ··· 9
  2.1 引言 ·· 9
  2.2 相关文献的检索分析 ······································· 9
  2.3 集装箱接驳运输问题 ······································· 11
  2.4 集装箱江海运输问题 ······································· 18
  2.5 可折叠集装箱运输问题 ···································· 22
  2.6 相关求解算法 ··· 24
  2.7 本章小结 ··· 29

第 3 章 考虑空箱资源属性的集装箱接驳运输问题 ············· 30
  3.1 引言 ·· 30
  3.2 问题定义 ··· 30
  3.3 数学描述 ··· 32
  3.4 模型处理 ··· 35
  3.5 LNS 算法 ·· 38
  3.6 数值实验 ··· 41
  3.7 本章小结 ··· 50

第 4 章 考虑预防驾驶员疲劳驾驶的集装箱接驳运输问题 ···· 51
  4.1 引言 ·· 51
  4.2 问题定义 ··· 51
  4.3 数学模型 ··· 54
  4.4 模型的线性化处理 ··· 57
  4.5 数值实验 ··· 58
  4.6 本章小结 ··· 63

第 5 章 集卡车队列模式下考虑驾驶员数量限制的集装箱接驳运输问题的建模
与优化 ··· 65
  5.1 引言 ··· 65
  5.2 问题描述 ··· 65
  5.3 数学模型 ··· 65
  5.4 改进的模拟退火算法 ·· 66
  5.5 实验分析 ··· 72
  5.6 本章小结 ··· 78

第 6 章 考虑部分客户需要被多次访问的多尺寸集装箱接驳运输问题 ········ 80
  6.1 引言 ··· 80
  6.2 问题定义 ··· 80
  6.3 MINLP 模型 ··· 85
  6.4 模型线性化处理 ··· 88
  6.5 实验分析 ··· 88
  6.6 本章小结 ··· 91

第 7 章 同时考虑标准集装箱与可折叠集装箱的接驳运输问题 ················ 93
  7.1 引言 ··· 93
  7.2 问题定义 ··· 93
  7.3 数学描述 ··· 96
  7.4 主动式禁忌搜索算法 ·· 100
  7.5 数值实验 ··· 103
  7.6 本章小结 ··· 106

第 8 章 考虑双侧时间窗的可折叠集装箱的接驳运输问题 ···················· 107
  8.1 引言 ··· 107
  8.2 问题定义 ··· 107
  8.3 改进的集卡车状态转换方法 ··· 109
  8.4 构建问题的 MINLP 模型 ·· 115
  8.5 基于 LNS 的启发式算法 ··· 117
  8.6 数值实验 ··· 120
  8.7 本章小结 ··· 124

第 9 章 考虑桥高及水深的空箱内河运输问题 ·································· 125
  9.1 引言 ··· 125
  9.2 可折叠集装箱在内河运输中的潜在优势及面临的挑战 ·········· 125
  9.3 问题描述及数学模型 ·· 127
  9.4 模型的计算复杂度分析 ··· 131
  9.5 数值实验的设计方法和结果分析 ···································· 131

9.6 本章小结 ……………………………………………………………… 144
第10章 同时考虑空箱及满箱的集装箱内河运输问题 ……………………… 145
　10.1 引言 ………………………………………………………………… 145
　10.2 问题描述 …………………………………………………………… 145
　10.3 建立 MILP 模型 …………………………………………………… 146
　10.4 MILP 模型的计算复杂度分析 …………………………………… 149
　10.5 数值实验的设计方法及结果分析 ………………………………… 149
　10.6 本章小结 …………………………………………………………… 156
第11章 总结与未来研究方向 ………………………………………………… 157
　11.1 总结 ………………………………………………………………… 157
　11.2 未来研究方向 ……………………………………………………… 158
参考文献 ……………………………………………………………………… 160

第1章 绪 论

随着全球经济的快速发展,物流运输行业在中国得到了蓬勃发展。在物流运输中,集装箱作为一种重要的运载工具,具有操作便捷、运输安全高效等优点。集装箱运输优化问题是物流管理中的一项重要课题。面对日渐激烈的企业竞争和环境保护的双重压力,高效优化的集装箱运输调度策略对降低运输企业的运营成本和促进节能减排具有重要意义。随着制造工艺的不断进步,一种新型的集装箱——可折叠集装箱应运而生。本书在分析国内外相关研究成果的基础上,对使用可折叠集装箱的若干运输优化问题展开研究,主要针对接驳运输及内河运输两类问题进行建模与优化。本书内容丰富了集装箱物流领域的研究,可为企业决策者提供重要的参考,具有重要的理论意义与应用价值。

1.1 研究背景

集装箱作为一种规范化、便捷化的运载工具,自从问世以来,便得到了运输行业的普遍认可和广泛应用。随着国内外贸易的发展,运输行业也在发生着巨大变化。集装箱运输是物流运输行业的一种重要方式,其产生的费用在运输公司总经营成本中占有较大比重。此外,集装箱运输问题也会带来一系列诸如交通拥堵、大气污染等社会和环境问题,这些因素直接影响到集装箱的优化配置和运用。如何高效地进行集装箱运输调度,实现集装箱优化配置,从而达到降低企业运营成本和促进节能减排的目的,一直是备受工业界与学术界广泛关注的课题之一。

集装箱接驳运输是集装箱运输中一类十分重要的运输方式。接驳运输是指集装箱长距离运输开始之前或结束之后,发货人或收货人与堆场及港口之间距离较短的公路运输环节,某区域集装箱接驳运输示意图如图1.1所示。接驳运输的距离通常较短,但单个集装箱单位距离的运输成本远高于其他运输方式,接驳成本占全程运输总成本的比例高达40%。同时,接驳运输也是交运延期及道路拥堵的主要根源之一。

公路运输,尤其是集装箱卡车(以下简称集卡车)运输是影响自然环境的重要因素之一,全球范围内公路运输的碳排放量在运输行业中所占的比例大约为75%。公路运输中产生的大量氮氧化物、二氧化硫,挥发性有机物及细微颗粒物排放量源于集卡车等重型货运车辆,这些氮氧化物等在高空经过复杂的化学反应,在一定的环境与气象条件下又会加重霾等大气污染程度。由于机动车辆尾气排放是大气污染物的主要来源之一,国内许多城市为了控制大气污染而对集卡车等货运车辆的通行区域、通行时段进行限制。

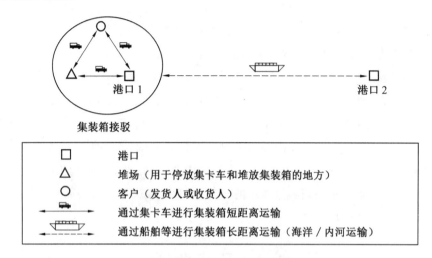

图 1.1　某区域集装箱接驳运输示意图

集装箱内河运输是另一种重要的运输方式。内河运输是指使用集装箱运输船通过江、河、湖等天然或人工水道,在内河沿线港口之间运送货物的一种方式,它的运输距离通常小于远洋运输,而大于接驳运输。许多内陆城市通过内河运输深度参与到全球贸易和供应链当中。共建"一带一路"国家也拥有具备一定通航条件的黄金水道,如湄公河。对于内陆部分城市的进出口贸易而言,河道可以作为一个理想的运输通道。全球贸易的不平衡同样会影响集装箱内河运输活动,例如,长江水道的集装箱运输在"一带一路"倡议中发挥着重要作用。

江河沿岸分布着数量众多的城市和人口,跨河大桥一方面加强了两岸的经济联系和人文沟通,另一方面对集装箱运输船的装载量和安全行驶会产生一定的限制作用。除了桥高,水深也是一个需要重视的关键因素。如何在桥高和水深之间找到一个平衡点,达到尽可能多地装载集装箱,同时确保运输船的安全航行,是运输公司必须考虑的问题。集装箱内河运输具有运力大、成本低、能耗低的优势,同时兼有速度慢、时效性不强的劣势。如何挖掘集装箱内河运输的最大优势和潜能是相关企业面对的一个重要课题。

可折叠集装箱指的是空箱状态时可以折叠的集装箱,一个可折叠集装箱折叠后的高度通常是一个标准集装箱的四分之一或六分之一,这样的可折叠集装箱被称为

"四合一"或"六合一"可折叠集装箱。可折叠集装箱如图1.2所示。与传统的标准集装箱相比,可折叠集装箱具有可折叠、易操作、节省空间和绿色环保等优点。可折叠集装箱已经被应用于实际的商业运输当中,并呈现出一定的优势。虽然可折叠集装箱具有一定的优势,但是标准集装箱在今后很长一段时间仍将使用,必将存在可折叠集装箱与标准集装箱共存的情形。因此,本书也对可折叠集装箱与标准集装箱共存的场合进行了探讨。

图1.2 可折叠集装箱

综上,如何高效地优化调度集装箱运输,是发展集装箱运输行业的一个重要研究课题。集装箱接驳运输与集装箱内河运输是制约集装箱运输发展的关键问题,解决这些关键问题有助于促进集装箱运输的优化调度。

1.2 研究目的与意义

集装箱运输是一项系统工程。本书旨在探讨集装箱接驳运输与集装箱内河运输中的资源调度等问题,在建模与优化方面具有重要的理论意义。在工程应用方面,本书将为集装箱运输企业提供政策支持,具有重要的应用参考价值。

本书的研究目的包括两个方面:一方面,本书基于多资源约束的视角对接驳运输中的资源调度进行研究,从标准集装箱到可折叠集装箱,探讨如何有效地避免空箱,避免驾驶员、集卡车等人力和物力资源不必要的移动,从而大幅节省运输成本、减轻对环境的压力;另一方面,本书旨在研究考虑桥高等限制的集装箱内河运输问题的建模与优化,如何设计标准集装箱、可折叠集装箱及运输船等运输资源的最佳配置,降低运输企业的经营成本,体现可折叠集装箱的价值,从而促进可折叠集装箱在内河运输中的广泛应用。

本书深入研究了将可折叠集装箱应用于接驳运输与内河运输等若干问题的建模与优化，丰富了集装箱运输及相关资源调度的理论，并为提高集装箱物流的组织与管理水平提供了一条新的技术路径。

1.3　主要研究内容和取得的成果

本书主要研究内容和取得的成果概括如下。

(1)在查阅了国内外大量期刊、会议文集、专著等文献的基础上，本书对可折叠集装箱运输问题相关领域的研究现状进行综述，包括集装箱接驳运输问题、集装箱海洋及内河运输问题、可折叠集装箱的运输等问题，以及这些集装箱运输问题中常用的优化算法等。

(2)考虑多资源约束视角的集装箱接驳运输问题。首先，引入顶点、弧等概念来描述接驳运输的相关活动，将该问题转化为含有时间窗的多旅行商问题。其次，以最小化使用的集卡车数目和集卡车的总工作时间为目标，建立一个多目标混合整数非线性规划(mixed integer nonlinear programming，MINLP)模型。然后，从3个方面对模型进行处理：其一，针对初始时堆场上存放的空集装箱数目受限的特点，在分析弧与弧之间的关系及弧上的活动引起堆场上的空箱数目变化的时刻的基础上，通过引入一个辅助决策变量和若干有效不等式，对非线性模型进行线性化处理；其二，依据弧的特点，对模型中的参数 M 的取值进行设置；其三，利用加权求和法将两个目标函数转化为单目标函数。接着，针对问题特点，考虑集装箱任务的时间窗及相邻任务之间的依赖关系，设计一个大邻域搜索(large neighborhood search，LNS)算法进行求解。最后，基于不同规模的仿真数据和文献中的数据对模型与算法的有效性进行实验验证，并对问题描述中的几个重要参数进行敏感性分析测试。

(3)研究一种集卡车队列模式下的集装箱接驳运输问题，同时考虑驾驶员安全驾驶等因素，并给出在该模式下集卡车的行驶路径，以及集装箱的合理配置优化方案。通过建立数学模型并优化，解决集卡车队列模式下的路径规划和资源配置问题。首先定义半自动集卡车队列模式下考虑驾驶员疲劳驾驶因素的集装箱接驳运输问题；其次对该问题进行数学描述，给出混合整数非线性规划模型，接着对数学模型进行线性化处理；最后基于不同规模的仿真数据对模型的有效性进行实验验证，并对问题描述中的几个重要参数进行敏感性分析测试。

(4)半自动集卡车队列模式下考虑驾驶员数量约束的集装箱接驳运输问题。首先针对所研究的问题进行描述,建立优化目标是最小化运输公司总成本的数学规划模型,总成本包括集卡车的部署成本和驾驶员的雇佣成本;其次依据问题特点设计改进的模拟退火智能优化求解算法,给出算法的具体细节;最后,基于不同规模的仿真数据对模型与算法的有效性进行实验验证,并对问题描述中的几个重要参数进行敏感性分析测试。通过合理配置所需驾驶员的数量来进一步优化资源配置,鼓励每位驾驶员在人力资源受限的情况下驾驶操控更多的集卡车,以此最大化集卡车队列的使用率,进而达到降低公司雇佣成本的目的。

(5)考虑允许客户被多次访问的多尺寸集装箱接驳运输问题。由于客户需求不同,不可避免地会出现集装箱尺寸大小不同、客户需要多次被访问的情形。首先,针对所研究的问题进行描述,通过虚拟需要访问多次的部分客户,生成新的客户节点,同时保持任务类型、位置等信息不变;其次,通过限制集卡车访问客户的顺序,消除求解过程中产生的子回路,建立优化目标是最小化所有集卡车的总燃油消耗的非线性数学规划模型;再次,根据引入的状态转移逻辑方法和辅助决策变量设计相应约束,对数学模型进行线性化处理;最后,基于不同规模的仿真数据对模型的有效性进行实验验证。

(6)同时考虑标准集装箱与可折叠集装箱的接驳运输问题。该问题涉及两类任务:进口满箱和出口满箱,且堆场上的可折叠集装箱数目是有限的。优化目标为最小化集卡车的总工作时间,包括集卡车的行驶时间和等待时间。考虑装卸货时集卡车不需要在客户处等待,将每个集装箱任务拆分为两个子任务,建立了一个反映集卡车装载信息的混合整数非线性数学规划模型。由于模型中存在不能解析表达的约束,无法通过使用 CPLEX 等优化软件直接求解该模型,因此设计了一种主动式禁忌搜索(reactive tabu search,RTS)求解算法。在实验分析中,首先对算法中几个重要参数的取值做调整,以使算法获得比较理性的性能,然后基于不同规模的仿真数据对算法的性能进行测试。实验结果表明引入"四合一"可折叠集装箱能够有效减少集卡车在接驳运输中的总工作时间,同时验证了算法的有效性,可以对不同类型的集装箱进行合理配置和调度。

(7)针对上述同时考虑标准集装箱与可折叠集装箱的接驳运输问题,进一步在如下 3 个方面开展研究:其一,将港口和堆场进行分离;其二,港口和客户分别对相关的集装箱任务设置时间窗;其三,引入进口空箱任务。针对该问题,提出一个改进的集卡车状态转换方法对集卡车当前携带的空箱类型和空箱数目等关键信息进行描述,并基于该方法建立一个混合整数非线性规划模型。由于模型中存在难以解析表达的约束,无法使用 CPLEX 等优化软件直接求解该模型,因此设计一个 LNS 求解算法。

该算法首先基于贪婪算法生成一个初始解,其次,在迭代中基于若干准则对解的可行性与最优性进行判断。在实验分析中,首先对算法中的几个重要参数做调整,以使算法获得比较理性的性能,然后基于不同规模的仿真数据对算法的有效性进行测试,并对问题描述中的一个重要参数进行敏感性分析测试。

(8)考虑桥高、水深限制且含有可折叠集装箱的空箱内河运输问题。在满足各个港口一定空箱数量需求的前提下,使某公司的总运营成本(包含配置特定设备成本、集装箱购买成本、运输船航行成本和集装箱装卸成本)最小化。安排不同类型的集装箱运输船,并使其满足装载量、桥高和水深等约束条件,从而能够在内河中安全行驶。构建一个混合整数线性规划(mixed integer linear programming,MILP)模型,并分析模型的计算复杂度。以长江沿线 19 个主要港口为案例进行实验分析,通过CPLEX 软件求解模型得到近优解,对问题中几个重要参数做敏感性分析测试,并对较大规模算例及多周期的情形进行实验测试,实验结果验证了模型的有效性。当引入的"四合一"可折叠集装箱的比例为 50% 时,能够有效降低公司的总成本,然而当可折叠集装箱比例继续增大时会引起总成本的上升。

(9)针对上述空箱内河运输问题,进一步考虑内河沿线港口同时存在空箱和满箱两类运输任务需求的情形。每个满箱的出发地和目的地都是明确的。对一个集装箱运输船而言,空箱、满箱对船高和吃水深度会产生显著不同的影响。基于此,建立了一个同时考虑空箱和满箱的 MILP 模型,并分析了模型的计算复杂度。以长江沿线 19 个主要港口为案例进行实验分析,通过 CPLEX 软件求解模型得到近优解,实验结果验证了上述模型的有效性,并对问题中的一个重要参数进行敏感性分析测试。所建模型可以对内河运输中的空箱和满箱进行合理配置和调度。

1.4　本书的结构安排

本书共 11 章:第 1 章是绪论,第 2 章是相关领域研究现状,第 3~8 章是针对集装箱接驳运输的研究,第 9~10 章是针对集装箱内河运输的研究,第 11 章总结全书。具体结构安排如下。

第 1 章是绪论,阐述本书的研究背景、研究目的与意义,以及主要研究内容和取得的成果,并给出本书的结构安排。

第 2 章是相关领域研究现状。首先对相关文献进行检索统计分析,其次对集装箱接驳运输、江海运输、可折叠集装箱运输的研究现状进行综述和分析,最后介绍相关求解算法,主要针对 LNS 算法、禁忌搜索算法等智能优化算法进行概述和分析。

通过梳理文献,在对上述问题整理和分析的基础上,确定本书的研究方向和内容。

第3章论述考虑空箱资源属性的集装箱接驳运输问题。在实际的接驳运输中,堆场处的空箱数量通常是有限的。首先,基于图的相关知识建立一个多目标非线性数学规划模型;其次,提出3种策略对模型进行优化处理;再次,设计一个LNS算法对大规模问题进行求解;最后,基于大量实验分析,验证模型和算法的有效性。

第4章论述考虑预防驾驶员疲劳驾驶的集装箱接驳运输问题。驾驶员疲劳驾驶是造成交通事故的重要因素之一,通过限制驾驶员连续工作时长对安全运输具有重要意义。首先,基于图的知识建立一个MINLP模型;其次,通过引入辅助决策变量对数学模型进行线性化处理;最后,通过实验结果分析,验证MINLP模型的有效性。

第5章介绍集卡车队列模式下考虑驾驶员数量限制的集装箱接驳运输问题的建模与优化。首先,在第4章研究问题的基础上,进一步考虑驾驶员数量受限和疲劳驾驶因素的情形,并建立了一个MILP模型;其次,依据问题特点设计了一个改进的模拟退火优化算法;最后,基于不同规模的仿真数据进行实验分析,实验结果验证了MILP模型与算法的有效性。

第6章介绍考虑部分客户需要被多次访问的多尺寸集装箱接驳运输问题。首先,通过虚拟部分客户节点,对问题进行数学描述;其次,建立优化目标是最小化所有集卡车的总燃油消耗的非线性数学规划模型;再次,通过引入辅助决策变量,对原数学模型进行线性化处理;最后,基于不同规模的仿真数据对该模型的有效性进行实验分析。

第7章讨论同时考虑标准集装箱与可折叠集装箱的接驳运输问题。虽然可折叠集装箱具有一定的优势,但是在可折叠集装箱推广之前必然存在两类集装箱并存的阶段。考虑堆场上的可折叠空箱数目受限的资源属性,建立了一个MINLP模型,并设计了一个主动式禁忌搜索求解算法。通过实验结果分析,验证算法的有效性。

第8章讨论同时考虑双侧时间窗的可折叠集装箱的接驳运输问题。在第7章研究问题的基础上,港口和客户分别对相应的集装箱任务活动的开始时刻设置时间窗。基于改进的状态转换方法对集卡车当前装载的空箱信息进行描述,从而建立一个MINLP模型,并设计了LNS求解算法。数值实验结果说明该算法是有效的。

第9章讨论考虑桥高及水深的空箱内河运输问题。首先对该问题进行数学描述,并建立了一个MILP模型,其次对该模型的计算复杂度进行分析,最后以长江沿线19个重要港口为案例进行实验分析,实验结果验证了模型的有效性,引入可折叠集装箱能够有效降低公司的总成本。

第10章探讨同时考虑空箱及满箱的集装箱内河运输问题。在第9章研究问题的基础上,进一步考虑内河沿线港口同时存在空箱、满箱运输任务需求的情形,并建立了一个 MILP 模型。以长江沿线 19 个重要港口为案例进行实验分析,实验结果验证了模型的有效性。

第 11 章对全书的研究工作进行总结,点明目前研究存在的不足之处,并提出未来的研究方向。

综上所述,本书内容框架如图 1.3 所示。

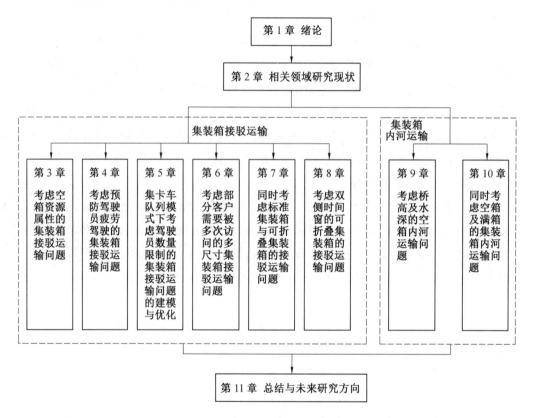

图 1.3　本书内容框架

第 2 章 相关领域研究现状

2.1 引 言

集装箱运输问题的研究非常广泛,本章首先对其中的几种典型问题——接驳运输问题、海洋运输问题、内河运输问题和考虑可折叠集装箱的运输问题进行概述,接着对这些集装箱运输问题中常用的优化求解算法,主要包括精确算法、LNS 算法、禁忌搜索算法等进行概述和分析。通过梳理相关文献,在对上述问题整理和分析的基础上,确定本书的研究方向和内容。2.2 节对相关文献进行检索分析。2.3 节对集装箱接驳运输问题进行概述,包括问题描述、数学模型和求解方法。2.4 节介绍集装箱江海运输问题,包括关于集装箱海洋运输方面的研究,以及关于集装箱内河运输方面的研究。2.5 节对可折叠集装箱运输问题进行概括。2.6 节介绍相关求解算法,主要包括精确算法、LNS 算法、禁忌搜索算法等及其变体。2.7 节为本章小结。

2.2 相关文献的检索分析

本节对相关文献进行检索分析,采用的是 Web of Science 数据库平台。按"主题"(topic)进行检索,研究领域限定为"科学技术"(science technology),文献类型限定为"期刊"(article),文献语种限定为"英文"(English),时间跨度设定为 2006 年 1 月至 2024 年 12 月。

关于"集装箱接驳运输",检索主题是"TS＝((container drayage) OR (truck drayage) OR (container-truck transportation) OR (trailer drayage) OR (drayage transportation))"。集装箱接驳运输文献检索统计结果如图 2.1 所示,从数据趋势可以看出,2010 年之前,国内外对接驳运输的研究相对较少,从 2010 年开始,对接驳运输的研究相对较多,表明近年来集装箱接驳运输问题得到了国内外学者的广泛关注,具有重要的研究价值。

关于"集装箱海洋运输",检索主题是"TS＝((container repositioning OR container shipping) AND (maritime transportation OR liner shipping))"。集装箱海洋运输文献检索统计结果如图 2.2 所示,从数据趋势可以看出,2009 年之前,对集

装箱海洋运输的研究相对较少,从 2009 年开始,对集装箱海洋运输的研究相对较多,尤其是最近几年,有关集装箱海洋运输的研究热度不断增加。

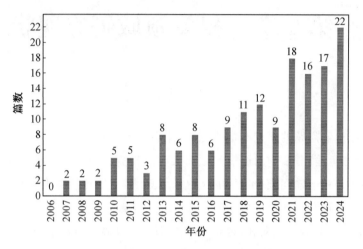

图 2.1 集装箱接驳运输文献检索统计结果

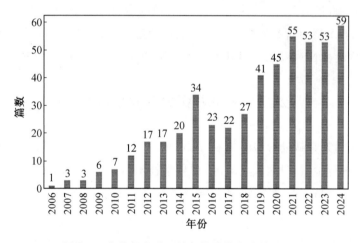

图 2.2 集装箱海洋运输文献检索统计结果

关于"集装箱内河运输",检索主题是"TS＝((container repositioning OR container shipping) AND (river transport OR inland water transport))"。集装箱内河运输文献检索统计结果如图 2.3 所示,统计发现,相关论文总共 30 余篇,与海洋运输问题相比,国内外学者对内河运输问题的研究相对较少,不过 2018 年开始国内外学者对集装箱内河运输的关注度明显增加,发表的论文相对较多,表明内河运输问题具有重要的研究价值。

关于"可折叠集装箱运输",检索主题是"TS＝((foldable container OR

第 2 章 相关领域研究现状

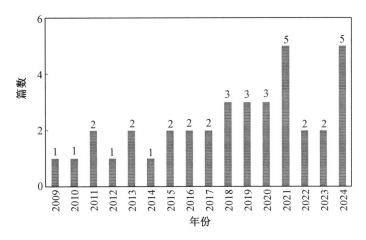

图 2.3 集装箱内河运输文献检索统计结果

collapsible container) AND (transportation OR transport OR repositioning OR shipping))"。可折叠集装箱运输文献检索统计结果如图 2.4 所示,相关论文总共有 30 余篇,目前国内外对可折叠集装箱运输问题的研究相对较少,不过 2016 年开始每年发表的论文数量相对较多,表明该类问题日益得到学者的广泛关注,是国际研究的热点之一。

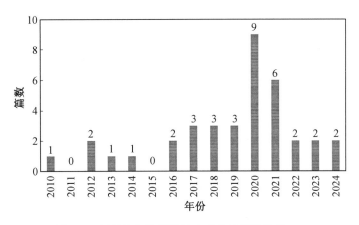

图 2.4 可折叠集装箱运输文献检索统计结果

2.3 集装箱接驳运输问题

最近十几年来,集装箱接驳运输问题得到了学术界广泛而深入的研究,它是车辆路径问题(vehicle routing problem,VRP)和取送货等问题的一个扩展。例如,Imai 等(2007)设计了一个基于拉格朗日松弛的启发式算法去解决一个关于运输满集装箱的装卸货问题。通过在客户和堆场处分别设置时间窗，Caris 和 Janssens(2009)进一步研究了一个类似的问题，首先基于两阶段插入启发式算法得到一个初始解，随后设计了一个局部搜索算法改进解的质量。Chen 等(2022)从模型建立和算法设计等方法角度，以及自动驾驶集卡车和区块链等技术角度对接驳运输进行详细综述。

Chung 等(2007)以韩国的若干运输公司为研究背景，考虑几种不同的集装箱公路运输问题，建立了对应的数学模型，并设计了一个启发式算法进行求解。Zhang 等(2010)研究了一个含有多堆场、多港口的集装箱接驳运输问题，需要处理包括进口满箱、出口满箱、进口空箱和出口空箱 4 种类型的集装箱任务，作者建立了一个 MILP 模型，并设计了一个时间窗分割求解算法。张瑞友等(2011)基于图论思想，对集卡车运输问题的若干典型情形进行了建模分析。Braekers 等(2013)将一个含有满、空两类集装箱的接驳运输问题转化为一个非对称的带时间窗的多旅行商问题，并构建了两个按等级划分的目标函数，第一个目标是最小化车辆数目，第二个目标是最小化车辆的总行驶距离，最后提出了一个有效的两阶段确定性退火算法进行求解。Caballini 等(2016)将合作方案和补偿机制应用到海港环境的接驳操作当中，从而达到最大化运输公司的总利润的目的。

2.3.1 动态接驳运输情形

考虑动态特性的集装箱接驳运输问题是学术领域关注的一个重要研究方向。例如，Máhr 等(2010)研究了一个关于服务时间和任务到达时刻都具有不确定性的接驳运输问题，提出了基于代理的方法与在线优化方法求解该问题，并比较了两种方法的优劣之处。Escudero 等(2013)提出了用一个动态启发式算法去解决一个关于运输时间具有不确定性的接驳运输问题。Zhang 等(2014)研究了一个考虑柔性任务与信息实时更新的接驳运输问题，并引入一个确定活动在顶点上的图来描述该问题，构建了一个 MINLP 模型，并提出了包含时间窗离散化方法在内的一系列再优化策略去求解该问题，实验结果表明，时间窗离散化方法是有效的，且具有一定的鲁棒性。

2.3.2 不同类型的运输资源组合

集装箱、车辆(如集卡车、牵引车等)和驾驶员是接驳运输中的 3 类重要运输资源。对于不同的接驳运输问题，这些运输资源的操作模式不同，含有或不含有时间窗约束，合理有效地调度运输资源对促进城市绿色发展和安全物流具有重要意义。Jula 等(2005)将一个接驳运输问题转化为一个非对称的且含有时间窗的多旅行商问题，并提出了用一个含有动态规划与遗传算法的混合策略去求解大规模问题，实验结果验证了算法的有效性。从一家运输公司的管理角度，Coslovich 等(2006)研究了一个关于最小化车队管理成本的集装箱接驳运输问题，将该问题拆分为 3 个子问题，分别涉及路径成本、资源配置成本和集装箱调运成本，建立了一个混合整数规划模型，实验结果验证了模型的有效性。Braekers等(2014)基于前期研究工作，进一步研究了同时最小化车辆数目与行驶距离的双目标接驳运输问题，在两阶段求解算法的基础上，设计了3个改进算法。Shiri和Huynh(2016)将一个含有时间窗与集卡车预约系统的接驳运输问题转化为带时间窗的多旅行商问题，并设计了一个基于主动式禁忌搜索的启发式算法进行求解。Sterzik和Kopfer(2013)研究了一个考虑多堆场和时间窗的接驳运输问题，同时对车辆和出现的空集装箱进行有效调度。后来，Sterzik等(2015)进一步研究了不同运输公司可以共享空箱的接驳情形。Nossack和Pesch(2013)研究了一个以最小化集卡车的总工作时间为优化目标的接驳运输问题，将其转化为一个带时间窗的取送货问题，并设计了一个有效的两阶段启发式算法进行求解。Di Francesco等(2019)研究了一个关于一辆集卡车每次最多装载一个集装箱的接驳运输问题，并构建了考虑不同成本因素的3个数学模型。

随着技术的进步，一辆集卡车一次可以装载多个集装箱的情形出现在了接驳运输问题中。Lai等(2013)研究了一个涉及两种类型的集卡车的接驳运输问题，一辆集卡车一次可以装载一个或两个集装箱，且集卡车与集装箱在客户位置不能分离，作者构建了一个MILP模型，并设计了一个元启发式优化算法求解该问题。Zhang等(2015)研究了一个考虑多尺寸集装箱的接驳运输问题，一辆集卡车一次可以装载一个40 ft[①]的集装箱或两个20 ft的集装箱，作者提出了一个状态转换的数学描述方法，并设计了3个树搜索策略和一个改进的主动式禁忌搜索求解算法。Funke和Kopfer(2016)也研究了一个类似的多尺寸集装箱接驳运输问题，他们的优化目标是最小化集卡车的总行驶距离和总操作时间，构建了一个MILP模型，并通过优化软件CPLEX求解，实验结果表明，关于小规模算例可以求得最优解。Vidovic等(2017)研究了一个考虑多种车辆类型的且带时间窗的接驳运输问题，一辆车一次可以同时装载若干20 ft或40 ft的集装箱，作者建立了一个MILP模型，并设计了一个可变邻域搜索算法求解大规模问题，实验结果验证了模型的正确性和算法的有效性。Ghezelsoflu等(2018)研究了一个类似的接驳问题，基于集合覆盖的方法，构建了一个数学模型，实验结果表明，通过CPLEX软件能够在较短时间内求得实际规模算例的最优解。

Bjelić等(2022)研究了具有多个不同尺寸类型集装箱的拖运问题，其中集卡车具有多种负载能力，作者设计了一种基于可变邻域搜索的启发式算法来解决这个问题，

---

① ft为英尺，计量单位。1 ft≈30.48 cm。

有效减少了实时任务的延迟。Yang 等(2021)探讨了一个比较复杂的集装箱运输问题的变体,涉及多种规格的集装箱及运输车队,提出了一个新颖的 MILP 模型,并设计了一种改进的遗传算法来求解该问题的大规模算例。Daniel 等(2022)基于状态转换逻辑方法建立了两个不同的数学模型,解决了一类具有不同规格集装箱和不同尺寸集卡车队的运输优化问题。Chen 等(2021)讨论了多辆异构集卡车携带不同类型货物的集装箱运输问题,建立了两个松弛的 MILP 模型,为了解决大规模问题,作者设计了一种有效的混合启发式方法,该方法包含最便宜的可行插入机制和可变邻域搜索策略。

2.3.3 集卡车-集装箱分离模式

一种新的接驳模式,即集卡车-集装箱(或牵引车-拖车)分离模式同样进入了学者的视野。该模式下,在客户位置,由于集装箱的装卸箱活动持续时间较长,集卡车(或牵引)可以离开集装箱(或拖车)去执行其他任务。Cheung 等(2008)研究了一个以香港码头为背景的跨境接驳运输问题,分析了考虑驾驶员、牵引车和拖车等资源的综合影响,建立一个属性决策模型,并设计了一个自适应标记算法求解大规模问题。Xue 等(2014)研究了一个牵引车-拖车分离模式下的接驳运输问题,优化目标是最小化总成本(包含牵引车的固定成本和行驶成本),建立了一个 MILP 模型,并设计了一个有效的禁忌搜索算法求解该问题。随后,Xue 等(2015)设计了一个最大-最小蚁群优化算法求解一个类似的接驳运输问题。Song 等(2017)研究了一个最小化集卡车的总工作时间的分离模式下的集装箱接驳运输问题,将其转化为非对称的车辆路径问题,并设计了一个分支定价剪切算法对该问题进行精确求解,然而在该问题中,要求同一辆集卡车必须返回客户位置去装载曾经卸下的集装箱。张瑞友等(2018)和 Zhang 等(2018)同样研究了一个分离模式下的接驳运输问题,不同的是,使用的集装箱类型是可折叠集装箱。后来,Zhang 等(2021)提出了一车多挂甩挂的接驳运输模式,实验结果表明,一车两挂相比于一车一挂能节约 30% 的成本。Zhang 等(2019)将多挂车装卸集装箱拖运问题抽象为一个非线性化数学模型,并基于节点分解方法对非线性模型进行线性化,接着提出回溯自适应阈值接受算法,在迭代过程中自适应调整接受差解的阈值,从而在全局搜索中保持高效的探索能力和灵活性。

Wang 等(2021)聚焦于一种特殊的集装箱接驳运输场景,研究了在牵引车和拖车分离模式下存在可控车辆干扰情形的集装箱接驳运输问题,每个车队由一定数量的牵引车和拖车相互匹配,来自不同车队的牵引车的路线相互独立,牵引车之间的干扰仅限于来自同一车队的牵引车,作者构建了一个针对可控车辆干扰的 MILP 模型,开发了一个基于 MILP 模型改进的分支定价算法,在求解有效性方面显著优于商业

MILP求解器。为了优化国内集卡车运输与海外集装箱联运的物流系统操作，Fan等(2007)将运输集卡车和集装箱分离，提出了一种外部和内部运输的智能集成系统，其目标是最小化总成本，将客户划分为不同的子集，并基于一种特殊的惩罚矩阵，提出了一种自定义的遗传算法解决方案。Yan等(2023)研究了一个改进的集卡车队列模式下的集装箱接驳运输问题，在该模式下，驾驶员可以选择离开相应的牵引车，而去完成其他运输任务，作者构建了一个MILP模型，并设计了一个基于模拟退火的算法，最后通过大量实验评估了模型和算法的有效性。

2.3.4 集卡车队列运输模式

集卡车队列模式，也常被称为车辆编队，是近年来物流和运输领域中的一种创新模式。在这种模式下，多辆集卡车组成一个集卡车队列，领头的集卡车由人驾驶，其余的集卡车均无人驾驶，通过无线通信技术引导多辆集卡车。现有的基于队列的无人驾驶模式下驾驶员和集卡车的利用率较低。You等(2020)最早研究了集卡车队列模式的集装箱运输问题，在该模式下，一个客户可以由不同的驾驶员进行集装箱运输服务，同时集装箱可以在客户之间共享，而无须返回堆场，作者提出了一种集卡车和集装箱分离的数学模型来捕捉这种新的操作模式的特征，并提出了结合基于蚁群优化算法的学习机制的启发式方法来解决这一问题。基于以上研究，Xue等(2021)对上述模型进行简化，考虑固定的集卡车队列模式，每位客户由同一驾驶员服务，进一步强调了采用半自动集卡车队列模式的优点，包括劳动力成本的节省和由于减少空气阻力而带来的燃料成本降低，优化目标考虑驾驶员雇佣成本和油耗成本，并设计了禁忌搜索启发式算法，同时量化了集卡车队列模式的效益。Peng等(2023)在Xue等(2021)研究的基础上，进一步探讨了半自动集卡车队列模式的满载或空载状态对油耗的影响，确定了集卡车访问客户的顺序，建立了数学模型，并设计了模拟退火算法进行求解。Yan等(2023)研究了一种改进的平台操作模式下的集装箱运输问题，驾驶员通过可选择的运输模式来执行后续任务，不必固定在各自的集卡车上，优化目标是确定驾驶员和集卡车的最佳数量、路线和时间表，使公司的总运营成本最小化。作者建立了一种MILP模型来刻画新的平台化模式的特征，并提出了一种结合模拟退火算法的启发式构造方法来解决该问题。集卡车队列模式如图2.5所示。

多个文献提出了数学模型和算法，以解决集卡车接驳运输中的排队、资源调配、路径规划等问题。本书研究了集卡车队列模式下的管理和调度策略，尝试通过启发式算法、邻域搜索等方式优化运输过程；关注集卡车与集装箱之间的多资源（如时间、空间、人力等）约束下的优化问题；探讨了物联网、智能交通系统等新技术在集卡车接驳运输中的应用；研究了集卡车队列运输模式下的路线规划等问题，探索这种新模式

图 2.5 集卡车队列模式

对接驳运输的影响；构建了针对集卡车运输问题的数学模型，以描述和优化运输流程；采用了启发式搜索、邻域搜索等算法，对运输过程中的优化问题进行求解；结合了智能交通系统技术，如车辆通信、协同控制等，以改善运输流程；引入了新技术和新模式（如智能交通系统、集卡车队列运输等），针对多资源约束下的运输问题，提出了一些有效的调度策略和优化方案，对于应对实际运输中的挑战具有一定指导意义。

以上文献综述总结了在集卡车队列模式下集装箱接驳运输问题领域的前沿研究成果，展示了多种方法和技术在优化运输流程方面的应用。未来，可以进一步探索结合更多创新技术和智能算法的研究方向，以应对日益复杂的运输需求和挑战。

2.3.5 运输资源有限情形

Zhang 等（2011）研究了一个考虑资源约束的接驳运输问题，堆场上的空集装箱数目有限，作者建立了一个非线性数学模型，通过松弛模型中的非线性约束，得到了一个 MILP 模型，基于优化软件 CPLEX 求解改进后的模型，能够得到小规模问题的目标值的下界，并设计一个主动式禁忌搜索算法求解大规模问题，实验结果验证了算法的有效性。后来，Zhang 等（2020）提出了一个同时最小化集卡车数目和集卡车总工作时间的双目标接驳运输优化问题，并设计了更为有效的求解模型和算法。张瑞友等（2018）以绿色低碳为背景，研究了一个以最小化碳排放量为优化目标的集装箱拖车运输问题，建立一个 MINLP 模型，并设计了一个时间窗离散化方法求解该模型。

近年来，许多学者从节能降碳和身心健康的角度，逐渐关注电动集卡车在集装箱接驳运输中的应用。例如，Wu 等（2023）研究了一个考虑电动集卡车充放电的接驳运输调度优化问题，采用动态规划策略建立了相应的数学模型，该模型不仅能够根据港口的日常吞吐量确定充电桩供应，还能有效选择电动集卡车和电池尺寸的合适比率。Chen 等（2023）从电子商务平台的角度，研究了一个需求不确定性的接驳运输问题,首先建立了一个多阶段随机规划模型,并设计了一个有效的两阶段启发式算法,最终得到了同时优化服务预订和车队路线的决策方案。Pourmohammad-Zia 等(2023)设计了一个关于在港口集装箱码头具有自动化车辆排队功能的鲁棒优化方法,该方法能够有效评估集装箱装卸及运输过程中的时间和成本效率。

2.3.6 接驳运输与集卡车预约

接驳操作活动也会受到其他因素的影响,例如,集卡车预约系统。Torkjazi 等(2018)设计了一个旨在同时优化接驳运输与海港集装箱操作的集卡车预约系统,建立了一个 MINLP 模型,通过商业优化软件 LINGO 求解,实验结果表明,该预约系统能够有效减轻码头进出口的拥堵,同时降低接驳总成本。Yi 等(2019)研究了预约操作对集卡车在港口等待时间的影响,建立了一个非线性数学模型,并设计了一个基于 Frank-Wolf 的启发式算法进行求解,通过一系列实验,分析了多方面因素对预约优化系统的影响,实验结果验证了算法的有效性。不同于多数文献中仅仅考虑单个码头的情形,Li 等(2020)针对某港口存在多个码头的情形,基于博弈论,设计了一个考虑多个码头协作的集卡车预约系统,该系统具有增加整体利润的效果。表 2.1 从不同角度总结了若干接驳运输文献的研究工作,其中,"空箱约束"表示堆场(或港口)堆放的空箱数目是有限的。

表 2.1 若干接驳运输文献的研究工作

文献	空箱约束	时间窗	减小集卡车的固定成本	最小化集卡车的变化成本
Imai 等(2007)				√
Cheung 等(2008)		√		√
Zhang 等(2011)	√	√		√
Braekers 等(2013)		√	√	√
Lai 等(2013)				√
Nossack 和 Pesch(2013)		√		√
Sterzik 和 Kopfer(2013)		√		√
Braekers 等(2014)		√	√	√
Xue 等(2014)		√	√	√
Zhang 等(2014)		√		√
Sterzik 等(2015)		√		√
Xue 等(2015)			√	√
Zhang 等(2015)				√
Funke 和 Kopfer(2016)		√		√

续表2.1

文献	空箱约束	时间窗	减小集卡车的固定成本	最小化集卡车的变化成本
Shiri 和 Huynh(2016)		√		√
Song 等(2017)		√		√
Vidovic 等(2017)		√		√
Ghezelsoflu 等(2018)		√		√
Torkjazi 等(2018)		√		√
Zhang 等(2018)		√		√
Di Francesco 等(2019)				√
You 等(2020)		√	√	√
Moghaddam 等(2020)		√		
Fan 等(2020)			√	√
Escudero-Santana 等(2020)		√	√	√
Benantar 等(2020)		√		√
本书第3章	√	√	√	√

注:"√"表示文章所研究内容涉及该项工作。

2.4 集装箱江海运输问题

本节对集装箱江海运输相关文献进行综述,2.4.1小节概述海洋运输相关研究现状,2.4.2小节概述内河运输相关研究现状。

2.4.1 海洋运输

集装箱海洋运输问题的数学模型,优化目标通常是最小化航运公司的总成本(包括港口处的空箱租赁、调运、存储、运输船的航行等成本),约束通常包括港口位置的空箱库存平衡、运输船的容量限制、运输船的类型选择、航线选择、满足目的港口的集装箱需求、港口的存储容量限制等。

集装箱海洋运输是整个集装箱运输链中的重要一环,具有运量大、成本低的显著优势。Meng 等(2014)从集装箱船队规模、策略联盟、网络设计(战略层次)、航线配船、船速优化、调度设计(战术层次)等方面综述了从1979年到2012年集装箱海洋运输方面的研究进展,同时指出学术研究与实际工业应用方面的差距。Wang 等(2013)针对海洋运输中的集装箱路径优化问题,以最小化总成本为目标,提出了一个网络表述操作方法,建立了一个整数线性规划模型,并通过向该模型中添加约束,获取所有的集装箱运输路径。Moon 等(2015)研究了一个关于枢纽港的选择、支线港的配置和集装箱运输船路线选择的海洋运输问题,构建了一个数学规划模型,并设计了一个含有局域搜索的遗传算法进行求解,实验结果验证了算法的有效性,并为远洋运输公司向客户提供优质服务指明了一种新思路。Sun 和 Zheng(2016)提出了一个海洋运输中关于潜在枢纽港的选择问题,设计了一个两阶段优化方法,并以新兴的北极航线为案例验证该方法的有效性。Grida 和 Lee(2018)通过构建两个经验模型来估计海洋运输中大型集装箱运输船的停泊和航行时间,并分析了不同停泊和航行策略的影响。

Qiu 等(2018)从经济与环境的角度研究了海洋运输中的班轮共享机制问题,建立了班轮共享与不共享两种情形下的集装箱分配模型,以中国－中南半岛经济走廊为案例进行分析,实验结果验证了班轮共享的经济与环保价值。Wang 等(2018)结合 20 世纪 90 年代至 2016 年的航行数据,实证分析了"21 世纪海上丝绸之路"集装箱运输系统的演变。Lian 等(2019)对集装箱运输船的尺寸大小进行优化研究,以最小化海洋运输成本为目标,考虑外部成本对港口和运输船的影响,并指出运输船的最优尺寸应该小于目前服役的集装箱运输船的最大尺寸。Shintani 等(2019)将一种新型的集装箱应用到集装箱海洋运输中,该新型集装箱可以作为普通的 20 ft 集装箱使用,在做简单处理后,又可以作为 40 ft 集装箱使用,结果表明,引用适当比例的该类型集装箱能够显著降低航运公司的运营总成本。Wu 和 Wang(2020)研究了集装箱航运网络中的岸电供电系统的部署问题,针对如何为政府制订一个补贴计划,才能最大限度地减少集装箱运输船在码头停泊时产生的有害气体的排放,建立了一个涉及政府、港口和航运公司的模型,并证明该问题是 NP 难问题,设计了一个特定的标签算法进行求解,实验结果验证了算法的有效性。

集装箱海上运输的距离通常较长,例如,从美国旧金山港到中国大连港的航线,因此,优化控制船速在集装箱海上运输中扮演着重要角色。Psaraftis 和 Kontovas(2014)从概念、模型、路线决策等方面对绿色海上物流中的船速进行了优化研究。Wang 和 Chen(2017)研究了一个低碳背景下的海上运输问题,综合考虑船速、油耗、集装箱运输船的配置等多种因素,建立了一个 MINLP 模型,并结合中国海运总公司经营的一条亚欧航线进行分析,实验结果验证了模型的有效性。在 Psaraftis 和 Kontovas(2014)的研究基础上,Wen 等(2017)研究了一个考虑船速和航行路线优化的海上运输问题,同时兼顾环境因素,构建了一个以最小化总行程时间和总成本为目标的数学模型,并设计了一个分支定价算法和一个约束规划模型进行求解。Lee 等(2018)研究了一个类似的海上运输问题,提出了同时考虑船速变化和路线决策的优化方法,该方法能够有效降低燃油消耗。Du 等(2019)研究了一个考虑船速及平舱优化的集装箱海上运输问题,设计了一个融合动态规划与仿真优化技术的两阶段优化方法,同时提出了3个可行的策略,从而达到降低集装箱运输船燃油消耗的目的。

陈康等(2014)基于混合航线结构,提出了一个关于集装箱航线与空、重箱运输的综合优化问题,构建了一个双层规划模型,并设计了一个基于遗传算法和线性规划的启发式算法进行求解,最后,以一条东亚至西欧的班轮航线进行案例分析,实验结果表明了算法的有效性。Kuzmicz 和 Pesch(2019)以"一带一路"经贸联系为背景,对空箱调运问题及相关的优化方法做了详尽综述。Jeong 等(2018)在研究两个国家之间的空箱海洋运输时,将腹地运输的情形考虑进去,构建了一个最小化总运营成本(包含租赁、运输和存储等成本)的数学模型,并设计了一个加速粒子群优化算法进行求解,实验结果表明,通过将其与优化软件 CPLEX 求解对比,该算法是有效的。

2.4.2 内河运输

海洋运输和内河运输虽然都是水运模式,但是集装箱内河运输明显不同于集装箱海洋运输,主要表现在以下三个方面:第一,与远洋航线相比,内河沿线港口之间的距离往往相对较短,因此在内河运输研究中,船速不是一个重要的考虑因素;第二,一般情况下,与航线相对自由的海上运输相比,内河运输的航道宽度是有限的,因此集装箱运输船通常沿着航道行驶,沿线的两个港口之间的航线通常比较固定;第三,由于内河沿岸人口相对密集,因此内河运输受到人类活动的影响较大。

集装箱内河运输问题的数学模型,优化目标通常是最小化航运公司的总成本(包括集装箱装卸成本、换船成本、港口使用成本、运输船的航行成本等),约束条件通常包括运输船的容量限制、运输船的类型选择、运输船在港口的换船作业要求、满足目的港口的集装箱需求等。

许多学者针对内河运输做了大量研究工作。Veenstra 和 Notteboom(2011)对长江上、中、下游沿线港口的结构与发展做了深入研究。Witte 等(2014)从运输、空间、经济和制度等角度分析了内陆港口面临的挑战,并指出内河运输在多式联运供应链中扮演着重要角色。Yang 等(2014)研究了一个以长江为背景的集装箱班轮航运网络的优化问题,以最优化总运输成本为目标,建立了一个整数规划模型,设计了一个基于 Frank-Wolf 方法的遗传算法进行求解,实验结果表明,大型运输船适合被配置在长江中游,而小型运输船适合被配置在长江上、下游。杨忠振等(2014)对一个类似的长江水道集装箱运输问题做了进一步的优化研究。

Zheng 和 Yang(2016)研究了一个关于在长江中进行集装箱运输的轴辐式网络优化设计问题,建立了一个 MILP 模型,实验结果表明了模型的有效性,并分析了集装箱运输的规模经济,同时指出长江沿线货物集中化与港口区域化的趋势。于风义

(2017)将轴辐式网络应用于长江集装箱运输中,通过优化航运枢纽港的选取,达到降低总成本的目的。考虑内河运输中船舶装载能力受到一定限制的实际情形,郑建风等(2016)研究了能力限制条件下的长江集装箱枢纽港选址问题,建立了一个MINLP模型,并采用分段线性化的策略将模型线性化,最后设计了一个启发式算法和一个加速技巧进行求解。王清斌等(2020)提出了换船作业情形下的长江干线不定期集装箱船舶调度优化问题,建立了一个非线性数学规划模型,最后设计了一个双层编码的遗传算法进行求解,实验结果表明,换船作业的模式能够有效降低运输总成本。Ren等(2022)以长江经济带为背景,分析了交通运输基础设施对城市群一体化发展的空间影响。Tan等(2022)研究了绿色染料和洗涤塔安装对集装箱内河运输船碳排放的影响,并针对船速优化做了理论分析建模,最后以长江为实例验证了模型的有效性。

Zhang等(2020)研究了可折叠集装箱在空箱内河运输中的应用,同时考虑桥高及水深等因素,实验分析显示了可折叠集装箱的潜在优势。Yang等(2017)通过经验分析,研究了长江沿线散货港的发展历程,并指出中转港系统的结构受到地理条件、国家政策、市场变化等因素的影响较大。Yang和Wang(2017)研究了在铁矿石贸易额下降背景下的长江航运中的散装运输网的发展前景,并对散装运输网进行了优化。Li等(2019)研究了一个分布于长江沿岸的钢厂集群的散货运输调度问题,建立了一个MILP模型,该模型考虑长江运输网络、铁矿石的动态价格等因素,作者设计了一个基于动态规划的精确算法求解该问题。Wang和Yeo(2019)通过构建一个多准则决策框架,对双枢纽港系统中影响中转港选择的因素进行了分析,实验结果表明,成本、枢纽港的空间分配、枢纽港与集散港的紧密度等都是重要因素。

对于内河运输而言,许多学者尝试将气候变化、法律法规、环境保护等因素考虑进去。Caris等(2014)从地理因素、建模等方面对多式联运供应链中的内河运输问题进行分析讨论。Jonkeren等(2011)以莱茵河为例,对不同气候条件下的内河运输进行了评估。Kaiser等(2013)分析了环境立法对巴西境内的内河航行和港口管理的影响,并建议简化相关环保认证的审核流程。Sun等(2013)研究了实际航行情形和理想情形(静水)下的集装箱内河运输问题,并以长江为案例进行分析,发现集装箱运输船的能耗受到航行环境的影响。Smid等(2016)分析了不同规模的内河港口的运营成本特征,并指出港口位置的一个集装箱的平均收费成本受到集装箱吞吐量、气候变化、政府补贴等因素的影响。Wiegmans和Witte(2017)基于随机前沿与数据包络分析法对内河集装箱港口的容量和吞吐量进行了研究,并建议政府对内河沿线新建的小型港口给予一定的资金支持。徐鹏飞和杨忠振(2017)研究了一个考虑环境负荷的长江干线流域集装箱运输问题,指出扩大船闸通过能力具有节能减排的现实和战略意义。Buchem等(2022)研究了内河运输中的船速优化问题,并考虑了有其他船舶引起的随机船闸等待时间,优化目标是最小化一艘运输船的燃料消耗,建立了相应的数学模型,并设计了一个基于随机优化和动态规划的求解算法。

2.5 可折叠集装箱运输问题

近些年来,可折叠集装箱作为一种新型的集装箱,具有可折叠、易操作、占用空间较小的特点,在一定程度上能够降低空箱运输成本。

许多学者尝试将可折叠集装箱应用到接驳运输当中。Konings和Thijs(2001)分析了制约可折叠集装箱在空箱运输行业中成功推广的几个因素,例如,相对较高的可折叠集装箱购买成本和操作成本。Shintani等(2010)研究了一个考虑可折叠集装箱与标准集装箱的空箱接驳运输问题,建立了5个数学规划模型,并使用优化软件LINGO进行求解,实验结果表明,与使用标准集装箱相比,使用可折叠集装箱能够显著降低总运输成本。Zazgornik等(2012)研究了一个使用可折叠集装箱进行森林木材运输的车辆路径问题,需要将木材从森林运输到锯木厂,进而送到客户手中,作者建立一个混合整数规划模型,并设计一个禁忌搜索算法进行求解,实验结果验证了模型的正确性和算法的优越性。针对Shintani等(2010)提出的几个模型,Myung(2017)设计了两个更为有效的求解方法,一个是采用解析法去求解其中的两个模型,另一个是采用网络流算法去求解其余的3个模型。

张瑞友等(2018)研究了一个带时间窗的可折叠集装箱接驳运输问题,所有集装箱为可折叠集装箱,一辆集卡车在一次行程中或者只携带空箱,或者只携带满箱,作者建立一个MILP模型,并设计一个主动式禁忌搜索算法进行求解,实验结果验证了算法的有效性和可折叠集装箱在接驳运输中的潜在价值。在前期工作的基础上,Zhang等(2018)进一步研究了考虑可折叠集装箱的接驳运输问题,一辆集卡车在一次行程中可以携带空箱,也可以携带满箱,并提出一个基于区域变化的集卡车状态转换方法对问题进行数学描述,设计一个启发式算法进行求解,大量实验分析表明,引入可折叠集装箱在一定程度上能够减小接驳运输总成本。Shintani等(2020)分析了使用可折叠集装箱对集卡车空箱接驳运输成本的影响,建立了4个混合整数规划模型,并设计了一个模拟退火算法进行求解,实验结果表明,与使用标准集装箱相比,使用可折叠集装箱能够显著提高集卡车的工作效率和降低总运输成本。Huang和Zhang(2023)研究了同时涉及标准集装箱与可折叠集装箱的接驳运输问题,共有4种类型的集装箱任务需要调度,建立了基于状态转换方法的数学模型,并设计了一种改进的 LNS 算法进行求解。

许多学者也尝试将可折叠集装箱应用到海洋运输中。Shintani 等(2012)研究了可折叠集装箱在海洋运输中的应用,指出通过引入合适比例的可折叠集装箱能够降低运营总成本,另外,贸易不平衡与可折叠集装箱的成本等因素对可折叠集装箱的推广应用会产生重要影响。Moon 等(2013)将可折叠集装箱应用到海洋空箱运输当中,建立了3个数学模型,分别是只使用标准集装箱的情形,只使用可折叠集装箱的情形,同时使用标准集装箱与可折叠集装箱的情形,并设计两个启发式算法求解3个模型,实验结果表明,相对高昂的可折叠集装箱的购买和运输成本在一定程度上限制了可折叠集装箱在实际中的推广使用。

Myung 和 Moon(2014)研究了一个关于多港口、多周期的空箱调度问题,同时需要决策在每个港口购买的标准集装箱与可折叠集装箱的数量,作者设计了一个网络流模型进行求解。后来,Moon 和 Hong(2016)进一步考虑可折叠集装箱的折叠/展开操作成本、设备安装成本等因素,设计一个混合遗传算法获得近似最优解。Zheng 等(2016)研究了一个关于空箱运输的航线网络设计问题,不同于现实中集装箱租赁价格的概念。作者提出一个比较新颖的"预知的集装箱租赁价格"(perceived container leasing prices)概念,并设计一个两阶段优化算法去估量不同港口位置的"预知的集装箱租赁价格",在算法的第一阶段,提出一个考虑空箱运输的实际的班轮运输网络设计问题,在算法的第二阶段,根据第一阶段求得的解,确定"预知的集装箱租赁价格"。

Wang 等(2017)研究了一个关于集装箱运输船的类型选择的空箱海上运输问题,同时考虑使用可折叠集装箱等因素,作者构建了一个网络流模型和一个改进的网络单纯形法,进而设计一个精确算法来优化运输船的类型选择。Zhang 等(2018)以"一带一路"倡议为研究背景,分析使用可折叠集装箱在多式联运网络中的空箱运输时的优势和劣势,建立了一个 MILP 模型,并设计一种人工蜂群算法求解大规模问题。Lee 和 Moon(2020)研究了一个在需求不确定情形下使用可折叠集装箱的空箱海洋运输问题,设计了一种鲁棒优化求解算法,该算法的优势在于仅需有限的客户空箱需求信息,实验结果验证了算法的有效性,并指出使用可折叠集装箱能够显著降低运输企业的海洋运输成本。在集装箱海上运输中,为了确保用来操控可折叠集装箱的特殊设备的可靠性,Jeong 和 Kim(2023)设计了一个稳健的集装箱运输网络,并设计了一个新颖的 MILP 模型,最后通过实验分析验证了提出的空箱管理策略的有效性。针对相关文献在可折叠集装箱、空箱调运等方面的研究总结比较见表2.2。

表 2.2　可折叠集装箱、空箱调运等方面的研究总结比较

文献	可折叠集装箱	空箱调运	转运	桥高限制	水深限制
Konings 和 Thijs(2001)	√	√	√		
Konings(2005)	√	√			
Shintani 等(2010)	√	√			
Jonkeren 等(2011)					√
Shintani 等(2012)	√	√			
Zazgornik 等(2012)	√	√			
Sun 等(2013)					√
杨忠振等(2014)			√		√
Moon 等(2013)	√	√	√		
Myung 和 Moon(2014)	√	√			
Moon 和 Hong(2016)	√	√			
Zheng 和 Yang(2016)			√		
Wang 等(2017)	√	√			
Myung(2017)	√	√			
Zhang 等(2018)	√	√	√		
Zhang 等(2018)	√	√			
Zhao 等(2019)			√		
Lee 和 Moon(2020)	√	√			
Ye 等(2020)			√		√
Notteboom 等(2020)			√	√	√
本书第 9 章	√	√	√	√	√

注:"√"表示文章所研究内容涉及该项工作。

2.6　相关求解算法

集装箱运输问题,尤其是接驳运输问题,是车辆路径等优化问题的变体,是 NP 难问题,不存在用多项式时间算法求得最优解,所以许多学者致力于设计与所研究的问题相适应的高效求解算法。综述文献发现,关于车辆路径优化问题的求解算法主要分为两类:精确算法和启发式算法。在众多启发式算法中,LNS 算法和禁忌搜索算法又是应用比较广泛的。因此,本节主要从精确算法、LNS 算法及禁忌搜索算法等方面进行介绍。

2.6.1 精确算法

精确算法包括单纯形算法、列生成算法、分支定界法和动态规划等。

Reinhardt 等(2016)采用枚举的方法对一个接驳问题进行了精确求解,旨在最小化总成本和集卡车数目。Song 等(2017)研究了一个分离模式下的接驳运输问题,优化目标是最小化集卡车的总工作时间,设计了一种分支切割法进行求解,实验结果表明,该算法的求解效果显著优于商业优化软件 CPLEX。Shan 等(2020)研究了一个需要优化调运空箱及满箱的内陆集装箱运输网络设计问题,首先构建了一个鲁棒模型,并采用基于拉格朗日松弛和列生成的分支定界算法求解该模型,实验结果表明该算法能够求得较大规模算例的最优解,且该算法性能优于商业优化软件 CPLEX。Yang 和 Daham(2020)研究了一个同时考虑 20 ft 和 40 ft 集装箱的内陆集卡车运输问题,建立了一个 MILP 模型,并采用基于列生成算法的分解集结策略求解较大规模算例。

虽然上述精确算法已经得到了一定的研究,但是应用条件较为苛刻。求解实际的集装箱运输问题中,采用启发式及元启发式算法通常还是必要的。

2.6.2 LNS 算法

LNS 算法多用于解决车辆路径问题。LNS 算法的基本思想是在每次迭代过程中,首先依据某种规则,从当前解中移除一定数量的元素,再依据合适的规则,将移除的元素重新插入破坏后的解的某个位置。后来,LNS 算法及其变体被广泛应用于求解车辆路径问题及相关扩展问题。

Ropke 和 Pisinger(2006)基于 LNS 思想,设计了关于"移除"和"插入"的若干子启发式算法,并结合这些操作的历史性能,提出一个自适应 LNS 算法,用于求解带时间窗的取送货问题。Demir 等(2012)将自适应 LNS 算法应用于求解一个污染路径问题,实验结果验证了算法的有效性。Masson 等(2013)研究了一个取送货问题的变体,该问题中,在某些特定的位置可以更换车辆,并设计一个自适应 LNS 算法进行求解。Hemmelmayr(2015)提出了一个周期性的位置路径问题,并设计一个基于并行计算策略的 LNS 算法进行求解。

Keskin 和 Çatay(2016)研究了一个带有时间窗的电动车辆路径问题,该问题中,车辆在离开充电站位置时,可能充满电,也可能没有充满电,作者设计了一个自适应 LNS 算法求解该问题,实验结果表明该算法能够求得高质量的解。Zhang 等(2022)提出了一个考虑拥堵时段的电动车辆路径问题,车辆在交通高峰期需要支付拥堵费用,作者建立了一个 MILP 模型,并设计了一种自适应 LNS 算法求解该模型,实验结果表明,该算法性能优于优化软件 GUROBI。Li 等(2016)将自适应 LNS 算法应用于求解一个考虑时间窗、利润及保留需求等因素的取送货问题,建立一个 MILP 模型,实验结果表明,该算法性能优于优化软件 CPLEX。Hintsch 和 Irnich(2018)提出了一个集群车辆路径问题,在该问题中,所有客户被划分为若干集群,只有当某个集群的所有客户被服务后,下一个集群才能被服务,并设计了一种 LNS 算法求解该问题。

Hojabri 等(2018)研究了一个具有同步性约束特点的车辆路径问题,同步性约束指的是在某些客户点,两辆车的访问时间需满足一定的时间窗约束关系,作者设计了一种基于约束规划的 LNS 算法求解该问题。Mancini 和 Stecca(2018)研究了一个关于旅游邮轮行程的规划问题,该问题是车辆路径问题的一个变体,涉及邮轮选择、港口服务及时间窗约束等因素,作者设计了一种基于 LNS 的启发式算法求解大规模问题,实验结果验证了算法的有效性。Zhu 和 Sheu(2018)研究了一个考虑随机需求的一队车辆的取送货问题,通过定义"完全失败路径"和"半失败路径",估计出车辆合作策略下的旅行成本,并设计了一种自适应 LNS 算法求解该问题,实验结果表明,车辆合作策略能够有效减少行驶成本,并起到平衡车队规模和车辆的绕行频率的作用。

M. G. Avci 和 M. Avci(2019)通过设计的一种自适应 LNS 算法,研究了一个考虑多个维修人员的旅行调度优化问题。Lahyani 等(2019)提出了一个关于多堆场的车辆路径问题,车辆最初从堆场出发,最终返回堆场,但不必返回原堆场,作者设计了一种混合自适应 LNS 算法,并通过一个含有 48 个客户的单堆场情形和一个含有 6 个堆场及 288 个客户的多堆场情形验证算法的有效性。Hornstra 等(2020)介绍了一个同时考虑取送货和装卸费用的车辆路径问题,并设计了一种嵌入有装卸箱策略的自适应 LNS 算法,通过大量算例验证算法的有效性,并分析了构建路径数量对目标值的影响。Sun 等(2020)研究了一个带有时间窗的取送货问题,其中,车辆行驶时间具有不确定性,作者设计了一种自适应 LNS 算法求解该问题,实验结果表明,对于含有 75 个运输需求任务的算例,该算法能够快速求得高质量的解。

LNS 算法及其变体也被广泛应用于求解其他优化调度问题,例如,考虑启动时间的生产批量计划问题、具有选择性和周期性的库存路径问题、泊位分配问题、定向运动问题、考虑收割机配置及时间窗的路径优化问题、港口调度问题、列车停站计划与时刻表的协同优化问题等。

2.6.3 禁忌搜索算法

禁忌搜索算法作为一种著名的元启发式算法,由 Glover(1989)最先提出,该算法的基本思想是将近期的历史上的搜索过程存放在禁忌表中,从而阻止算法重新进入,这样能够有效地避免迂回搜索。禁忌搜索算法及其变体已经被成功应用于求解多种优化问题。

Côté 和 Potvin(2009)研究了一个车辆路径问题,某公司既可以安排自己的车队为客户提供服务,也可以安排公共承运人去服务客户,优化目标是最小化公司的总成本,包含车队的操作成本及公共承运人的支付成本,他们设计了一种禁忌搜索算法求解该问题。Nguyen 等(2013)研究了一个考虑时间窗的多行程车辆路径问题,在禁忌搜索算法的设计过程中,充分考虑邻域的选择策略,使搜索空间更有效。Wang 和 Yun(2013)提出了一个使用两种交通工具(集卡车和火车)的接驳运输问题,需要处理 4 种类型的集装箱任务,基于图的知识,建立一个 MILP 模型,并设计一个基于贪婪算法的混合禁忌搜索算法,大量算例实验表明,该算法能够求得近优解。

Lai 等(2016)研究了一个含有不同类型车辆的车辆路径问题,建立了一个 MILP 模型,并设计了一种禁忌搜索算法进行求解。随后,Silvestrin 和 Ritt(2017)研究了一个类似的问题,并基于 Cordeau 和 Maischberger(2012)的方法,设计了一种基于迭代局部搜索策略的禁忌搜索算法求解该问题。Soto 等(2017)提出了一个关于多堆场开放的车辆路径问题,允许车辆从多个堆场出发,完成一系列送货任务后,最终返回堆场,但不必返回原堆场,针对该问题,作者提出了一种混有禁忌搜索策略的多邻域搜索算法进行求解。Xu 等(2017)研究了一个取送货车辆路径问题,客户可以被一辆车多次访问,需要决策优化供需配对和车辆路径,作者建立了一个统一化的数学模型,并设计了一种禁忌搜索算法进行求解。

Xia 和 Fu(2018)研究了一个考虑软时间窗和客户满意度的开放式车辆路径问题,建立了一个双目标的数学模型,第一个目标是最小化车辆数目,第二个目标是最小化总成本,最后设计了一种嵌有自适应惩罚机制、多邻域结构等策略的禁忌搜索算法进行求解。Goeke(2019)研究了一个含有时间窗的电动汽车取送货问题,该问题中,对客户位置的访问受到时间窗的制约,电动汽车受容量和电量的双重限制,需要决策电动汽车的充电路线及充电量,作者建立了一个 MILP 模型,并设计了一种禁忌搜索算法。Schermer 等(2019)提出了一个使用无人机的车辆路径问题,每辆车都配备一定数量的无人机,无人机能够在顶点及弧上的离散点上放飞和收回,作者设计了一种混有可变邻域搜索和禁忌搜索的算法求解该问题。

Gmira 等(2021)研究了一个关于在城市交通网络中存在时间窗约束的时变车辆路径问题,不仅车辆的行驶时间(或行驶速度)会发生变化,两个客户之间的路线也会发生变化,设计的禁忌搜索算法考虑了不同时刻两个客户之间的最短路线等因素,实验结果表明,对于含有 200 个节点和 580 个弧的算例,该算法能够在有效计算时间内求得高质量的解。Moshref-Javadi 等(2020)对传统的旅行商问题进行了扩展研究,一辆集卡车可以在客户位置停留,多次放飞无人机为客户提供服务,作者对该问题进行建模和边际分析,并设计了一种混合有禁忌搜索和模拟退火的求解算法。

主动式禁忌搜索算法由 Battiti 和 Tecchiolli(1994)首次提出。与禁忌搜索算法不同,主动式禁忌搜索算法能够动态调整禁忌表的长度,并通过引入逃逸机制阻止搜索陷入局部最优。基于主动式禁忌搜索的优化算法被广泛用于求解旅行商等问题。Zhang 等(2009)研究了一个含有多堆场的集卡车运输问题,首先将该问题转化为一个带时间窗的多旅行商问题,构建问题的 MILP 模型,设计了一种主动式禁忌搜索求解算法,依据得到的解的历史记录信息,自适应调整禁忌表的长度,实验结果表明,该算法能够有效求解提出的问题。Zhang 等(2011)针对一个含有单堆场、单港口的接驳运输问题,考虑空箱资源约束等因素,建立了一个 MINLP 模型,并设计了一种基于主动式禁忌搜索的启发式求解算法,最后通过随机生成的算例验证了算法的有效性。考虑集装箱尺寸不同等因素,Zhang 等(2015)提出了一个多尺寸集装箱接驳运输问题,一辆集卡车一次可以携带一个 40 ft 或两个 20 ft 的集装箱,作者通过状态转换方法将原问题转化为一个序列依赖的多旅行商问题,并提出了 3 个树搜索策略和一种改进的主动式禁忌搜索算法进行求解,实验结果表明,改进的主动式禁忌搜索算法能够有效求解实际规模的问题。后来,Zhang 等(2018)进一步将主动式禁忌搜索算法应用于求解可折叠集装箱接驳运输问题。

除了应用于车辆路径优化问题,禁忌搜索算法及其变体也被广泛应用于其他优化调度问题,例如,单元调度问题,列车编组问题,越库配送问题,多需求多维度背包问题,资源受限项目调度问题,最大平均值离差问题,多产品、多目标及多阶段的供应链设计问题,废弃品收集联动问题等。

2.6.4 深度强化学习算法在 VRP 中的应用

集装箱接驳－内河联运调度问题是 VRP 的变体。近年来,许多学者尝试将深度强化学习算法应用到车辆路径规划、资源配置等组合优化问题的研究中,并取得了比较理想的效果。Xu 等(2022)针对多种类型的 VRP,提出了基于多头注意力机制的深度强化学习算法,该注意力机制引入了批处理规范化重新排序、上下文动态感知等策略。方伟等(2024)结合覆盖旅行商问题的特点,设计了基于多起点和 Mask 策略的深度强化学习求解算法。Zhang 等(2023)研究了一个考虑实时交通信息和客户柔性需求的动态旅行商问题,并提出了融合策略梯度和注意力模型的深度强化学习算法,实验结果表明所提算法能够有效跟踪交通动态变化,并能够在较短时间内求得满意解。

2.7 本章小结

本章对本书研究的主要内容的相关领域进行了文献综述。首先介绍了关于集装箱接驳运输和集装箱江海运输的国内外最新研究进展,其次,针对精确算法、启发式算法等相关求解算法做了综述分析,为接下来的研究奠定基础。

研究发现:虽然可折叠集装箱的制造技术近年来发展迅速,但是考虑可折叠集装箱的运输问题的研究才刚刚开始,因此,本书对考虑可折叠集装箱的集装箱运输问题展开研究。后续章节中,第3~6章首先对考虑集装箱等资源属性的接驳运输问题进行研究,进而第7、8章对可折叠集装箱接驳运输问题进行研究,第9、10章对考虑可折叠集装箱的集装箱内河运输问题进行研究。

第3章 考虑空箱资源属性的集装箱接驳运输问题

3.1 引 言

在接驳运输中,集卡车(或牵引车、拖车)、集装箱等是一类重要的运输资源。随着城市物流行业的蓬勃发展,运输公司对集卡车、集装箱的需求量日益增加,在实际运营中,这些运输资源的数量通常是受到限制的。在接驳运输中合理高效地配置有限的运输资源,对于降低企业的运营成本和促进节能减排具有积极意义。

本章主要研究考虑空箱资源属性的集装箱接驳运输问题(container drayage problem considering resource attribute of empty containers,CDRAEC),尤其是关于集装箱数量受限的资源约束模式,并设计有效的数学描述方法和求解策略,给出在该模式下集卡车的行驶路径和集装箱的合理配置。3.2 节首先定义要求解的实际问题;3.3 节对该问题进行数学描述;3.4 节给出对模型的处理策略;3.5 节给出求解问题的 LNS 算法;3.6 节给出数值实验的设计方法与结果分析;3.7 节对本章进行小结。

3.2 问题定义

假设一个集卡车运输公司为某区域内的一个港口和一定数量的客户(发货人和收货人)提供集装箱接驳运输服务。该公司拥有一个堆场、一定数量的空集装箱和集卡车。堆场是用来存储空集装箱和停放集卡车的,且在工作时间内可以随时被集卡车访问。集卡车与集装箱用来为客户提供货物运输服务。每辆集卡车与每个集装箱是兼容的,一辆集卡车一次最多携带一个集装箱。现假设集卡车无论携带一个满箱、一个空箱或不携带集装箱,行驶速度是固定的。在规定的计划期内,该公司需要处理一定数量的集装箱任务,计划期通常是一个工作日。本章涉及的集装箱类型是标准集装箱。

每个运输任务对应一个空集装箱或装有货物的集装箱。如果一个任务含有多个集装箱的运输需求,那么将该任务分解成多个任务,从而使每个任务对应一个集装

第3章 考虑空箱资源属性的集装箱接驳运输问题

箱。在集装箱的装卸货期间,集卡车必须在客户处等待,不能离开。在计划期开始时,关于集装箱任务的所有信息是已知的。集卡车最初停放于堆场,完成分配的任务后,最终返回堆场。

在 CDRAEC 中,需要处理 4 种类型的集装箱任务,分别是进口满箱任务、出口满箱任务、进口空箱任务和出口空箱任务。进口满箱任务、出口满箱任务和进口空箱任务通常出现在以出口为主的区域,如中国某沿海城市。同时,进口满箱任务、出口满箱任务和出口空箱任务通常出现在以进口为主的区域,如美国某沿海城市。因此,在现实情形中,进口空箱任务和出口空箱任务通常不会同时出现在一个地区。对于一个集装箱任务,集装箱的来源和去处是柔性的。为了有效地调度集装箱,追踪分析接驳运输中集装箱的来源和去处就显得非常重要和关键。接驳运输中集装箱的来源和去处如图 3.1 所示。

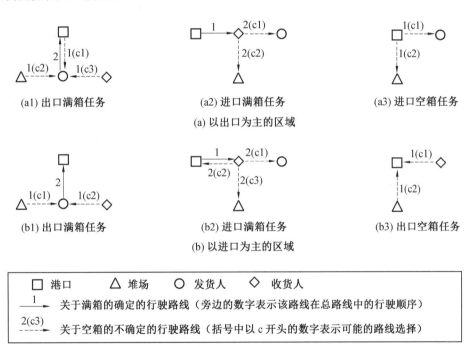

图 3.1 接驳运输中集装箱的来源和去处

图 3.1(a)展示了在一个以出口为主的区域,3 种集装箱任务的来源和去处。对于一个出口满箱任务,一辆集卡车首先将一个空箱运送到有出口任务的发货人的位置。值得注意的是,该空箱的来源有 3 种可能:港口(对应于一个进口空箱任务)、堆场和某个收货人。在发货人位置,当把货物打包进空箱后,集卡车将装满货物的集装箱(满箱)运输到港口,并卸下满箱。对于一个进口满箱任务,一辆集卡车首先将一个

进口满箱从港口运送到相应的收货人位置，并卸下。该满箱卸完货后，集卡车将产生的空箱运送到某个发货人位置或堆场，以待进一步使用。对于一个进口空箱任务，一辆集卡车在港口处装上一个空箱，并将其运送到某个发货人位置或堆场，以待进一步使用。类似地，图 3.1(b) 展示了在一个以进口为主的区域，3 种集装箱任务的来源和去处，在此不再赘述。

对于每个集装箱任务，客户与港口分别通过设置时间窗来限制相关活动（装卸箱、装卸货）的开始时间。其中，"装卸箱"指将一个集装箱装上集卡车或从集卡车上卸下，"装卸货"指在发货人位置，将货物装入一个空箱，或在收货人位置，将货物从一个满箱内卸出。每个空箱任务有一个起始时间窗，该时间窗由港口设置。每个满箱任务有两个时间窗，分别是起始时间窗和目的时间窗。

参考 Braekers 等（2014）及 Funke 等（2016）中的接驳运输操作，该 CDRAEC 存在两个优化目标。一个是最小化需要调度的集卡车数目；另一个是最小化集卡车的总工作时间，包括集卡车的行驶时间及在客户处的等待时间。对一个集卡车运输公司而言，在一定程度上，集卡车数目反映了固定成本，总工作时间反映了变化成本。

以下符号用于描述 CDRAEC。

C_{IF} —— 进口满箱任务集合；

C_{OF} —— 出口满箱任务集合；

C_{IE} —— 进口空箱任务集合；

C_{OE} —— 出口空箱任务集合；

$C = C_{IF} \bigcup C_{OF} \bigcup C_{IE} \bigcup C_{OE}$；

$N = C \bigcup \{0\}$：任务集合，其中 0 表示一个虚拟的出发/返回任务；

m —— 在一个计划期的初始阶段，堆场上存放的空箱数目；

t —— 装卸箱时间；

t_i —— 装卸货时间，$i \in C_{IF} \bigcup C_{OF}$；

l_i —— 客户位置、堆场或港口，$i \in C_{IF} \bigcup C_{OF} \bigcup \{0, G\}$，$l_0$ 与 l_G 分别表示堆场和港口，若 i 属于 $C_{IF} \bigcup C_{OF}$，则 l_i 表示与集装箱任务 i 对应的客户的位置；

t_{ij} —— 集卡车在两个位置 l_i 与 l_j 之间的行驶时间，i 与 j 分别属于集合 $C_{IF} \bigcup C_{OF} \bigcup \{0, G\}$，$t_{ij} = t_{ji}$；

$[\tau_i^{1L}, \tau_i^{1R}]$：集装箱任务 i 的起始时间窗，$i \in C$，$\tau_i^{1L} \leqslant \tau_i^{1R}$；

$[\tau_i^{2L}, \tau_i^{2R}]$：集装箱任务 i 的目的时间窗，$i \in C_{IF} \bigcup C_{OF}$，$\tau_i^{2L} \leqslant \tau_i^{2R}$。

3.3 数学描述

不同于经典的车辆路径问题，在 CDRAEC 中，需要同时考虑集卡车调度问题与空箱的运输调度问题。本书基于一个确定活动在顶点上的图(determined activity on vertex 图,以下简称 DAOV 图),建立 CDRAEC 的一个数学模型。

3.3.1 DAOV 图

为便于描述 CDRAEC,令 (N,A) 表示一个 DAOV 图,其中,$N=C\cup\{0\}$ 称任务顶点集合或顶点集合。顶点 0 是一个虚拟的出发/返回顶点,表示集卡车最初从堆场出发或最终返回堆场。$A=\{(i,j)\mid i\in N,j\in N,i\neq j\}$ 代表弧集,其中弧 $(i,j)\in A$ 被定义为从顶点 $i\in N$ 向顶点 $j\in N,i\neq j$ 的转换。

以下参数用于介绍 DAOV 图。

T_i——任务顶点 $i\in N$ 上的活动所持续的服务时间;

$[T_{Li},T_{Ui}]$——任务顶点 $i\in C$ 的时间窗,规定相关活动必须在该时间窗内开始,$T_{Li}\leqslant T_{Ui}$;

T_{ij}——弧 $(i,j)\in A$ 的转换时间属性;

$\alpha_{ij}\in\{1,-1,0\}$——弧 $(i,j)\in A$ 引起堆场上的空箱数目变化属性;

$\beta_{ij}\geqslant 0$——弧 $(i,j)\in A$ 引起堆场上的空箱数目变化的时间属性。

对集装箱任务 $i\in C$ 而言,关于服务时间 T_i、时间窗 $[T_{Li},T_{Ui}]$ 的描述详见文献 Zhang 等(2011)的计算,因此计算过程在此略去。为统一表示,规定 $T_0=0$。堆场空箱数目变化属性 α_{ij} 及引起堆场空箱数目变化的时间属性 β_{ij},分别见表 3.1 和表 3.2。

表 3.1　α_{ij} 的取值,$(i,j)\in A$

i	$j=0$	$j\in C_{IF}$	$j\in C_{OF}$	$j\in C_{IE}$	$j\in C_{OE}$
$i=0$	—	0	-1	0	-1
$i\in C_{IF}$	1	1	0	1	0
$i\in C_{OF}$	0	0	-1	0	-1
$i\in C_{IE}$	1	1	0	1	—
$i\in C_{OE}$	0	0	-1	0	-1

注:"—"表示无意义。

表 3.2　β_{ij} 的取值,$(i,j)\in A$

i	$j=0$	$j\in C_{IF}$	$j\in C_{OF}$	$j\in C_{IE}$	$j\in C_{OE}$
$i=0$	—	0	0	0	0
$i\in C_{IF}$	$t_{i0}+2t$	$t_{i0}+2t$	0	$t_{i0}+2t$	0
$i\in C_{OF}$	0	0	t_{G0}	0	t_{G0}
$i\in C_{IE}$	$t_{G0}+t$	$t_{G0}+t$	0	$t_{G0}+t$	—
$i\in C_{OE}$	0	0	t_{G0}	t_{G0}	t_{G0}

注:"—"表示无意义。

3.3.2 多目标数学规划模型

多目标数学规划模型引入如下决策变量。

x_{ij} —— 如果弧(i,j)被选择,则x_{ij}取值为1,否则x_{ij}取值为0;

y_i —— 任务顶点$i \in C$上活动的开始时刻;

z_{ij} —— 弧(i,j)上活动的开始时刻。

基于DAOV图,CDRAEC可建立如下多目标数学规划模型。

$$\min f_1 = \sum_{i \in C} x_{0i} \tag{3.1}$$

$$\min f_2 = \sum_{j \in C} (z_{j0} + T_{j0}\, x_{j0} - z_{0j}) \tag{3.2}$$

$$\text{s.t.} \sum_{j \neq i, j \in N} x_{ij} = \sum_{j \neq i, j \in N} x_{ji} = 1, \forall i \in C \tag{3.3}$$

$$T_{Li} \leqslant y_i \leqslant T_{Ui}, \forall i \in C \tag{3.4}$$

$$y_i + T_i - z_{i0} \leqslant (T_{Ui} + T_i)(1 - x_{i0}), \forall i \in C \tag{3.5}$$

$$z_{0j} + T_{0j} - y_j \leqslant (T_{Uj} + T_{0j})(1 - x_{0j}), \forall j \in C \tag{3.6}$$

$$y_i + T_i - z_{ij} \leqslant (T_{Ui} + T_i + T_{Uj})(1 - x_{ij}), \forall (i,j) \in A, i \neq 0, j \neq 0 \tag{3.7}$$

$$z_{ij} + T_{ij} - y_j \leqslant (T_{Ui} + T_{ij} + T_{Uj})(1 - x_{ij}), \forall (i,j) \in A, i \neq 0, j \neq 0 \tag{3.8}$$

$$z_{0j} \leqslant T_{Uj}\, x_{0j}, \forall j \in C \tag{3.9}$$

$$-z_{i0} \leqslant (T_{Ui} + T_i) x_{i0}, \forall i \in C \tag{3.10}$$

$$\sum_{(p,q) \in A_2, x_{pq}=1, z_{pq}+\beta_{pq} \leqslant z_{ij}+\beta_{ij}} \alpha_{pq} + m \geqslant 0, \forall (i,j) \in A_1 \tag{3.11}$$

$$x_{ij} \in \{0,1\}, \forall (i,j) \in A \tag{3.12}$$

$$y_i \in \mathbf{R}, \forall i \in C \tag{3.13}$$

$$z_{ij} \in \mathbf{R}, \forall (i,j) \in A \tag{3.14}$$

目标函数式(3.1)和式(3.2)分别表示最小化使用的集卡车数目及集卡车的总工作时间。在目标函数式(3.2)中,$z_{j0} + T_{j0}\, x_{j0}$表示一辆集卡车完成一系列集装箱任务后,最终返回堆场的时刻,z_{0j}表示一辆集卡车最初离开堆场的时刻。约束式(3.3)确保每一个集装箱任务顶点被集卡车访问一次且仅被访问一次。约束式(3.4)确保每个集装箱任务顶点上活动的开始时刻必须在相应的时间窗内。约束式(3.5)~(3.8)限制同一辆集卡车先后访问相关顶点、弧的访问时间之间的连续性,同时起到消除顶点集C内部的子回路的作用。如果x_{0j}取值为0,则约束式(3.9)与目标函数式(3.2)共同确保z_{0j}取值为0;类似地,如果x_{i0}取值为0,则约束式(3.10)与目标函数式(3.2)共同确保z_{i0}取值为0。

下面对约束式(3.11)进行详细解释说明。在约束式(3.11)中,$A_1 =$

$\{(i,j) \mid (i,j) \in A, \alpha_{ij} = -1\}$, $A_2 = \{(i,j) \mid (i,j) \in A, \alpha_{ij} \neq 0\}$。由于计划期初始时堆场上的空箱数目有限,根据实际情况,需要保证在计划期内的任意时刻,堆场上的空箱数目必须为非负整数。如果 $\alpha_{ij} \neq -1$,那么弧 (i,j) 将不会导致堆场上的空箱数目的下降。因此,在约束式(3.11)中,仅需考虑满足 $\alpha_{ij} = -1$ 的弧,故得到 $(i,j) \in A_1$。如果 $x_{ij} = 1$,且 $(i,j) \in A_1$,表明弧 (i,j) 被选择,由该弧引起堆场上的空箱数目发生变化的时刻是 $z_{ij} + \beta_{ij}$。如果 $\alpha_{ij} = 0$,那么弧 (i,j) 不会改变堆场上的空箱数目。因此,对于每一个弧 $(i,j) \in A_1$,所有满足条件 $x_{pq} = 1, z_{pq} + \beta_{pq} \leqslant z_{ij} + \beta_{ij}$ 的弧 $(p,q) \in A_2$ 应该被考虑。综上,得到约束式(3.11)。最后,约束式(3.12)～(3.14)表示决策变量的取值范围,其中 **R** 表示实数集。

上述模型式(3.1)～(3.14)与文献 Zhang 等(2011)的模型的主要区别有:第一,本章研究的问题中存在两个目标函数,而不是一个目标函数。第二,本章约束式中不含有关于集卡车数目的限制,优化目标之一是最小化集卡车数目。第三,约束式(3.5)～(3.8)不仅描述了时间连续性,还起到消除顶点集合内部子回路的作用,比文献 Zhang 等(2011)的相关约束更有效。最后,约束式(3.11)对堆场空箱数目受限的描述更明确。

3.4 模型处理

由于约束式(3.11)本身存在特殊的非线性特性,3.3节中的模型不宜直接使用优化软件(如 CPLEX,BARON)进行求解,因此引入3种策略对模型进行处理。具体来说,3.4.1小节对模型进行线性化处理,3.4.2小节设置模型中的一个关键参数(M),3.4.3小节通过采用加权法将两个目标函数转化为单目标函数。

3.4.1 模型的线性化

为描述约束式(3.11)中弧 (i,j) 与弧 (p,q) 之间的关系,引入一个二进制变量 u_{ijpq}。

$$u_{ijpq} = \begin{cases} 1, \text{如果} x_{ij} = 1, x_{pq} = 1, \text{且} z_{pq} + \beta_{pq} \leqslant z_{ij} + \beta_{ij} \\ 0, \text{否则}, \forall (i,j) \in A_1, (p,q) \in A_2 \end{cases} \quad (3.15)$$

命题 3.1 约束式(3.11)等价于如下线性化约束。

$$z_{ij} + \beta_{ij} - z_{pq} - \beta_{pq} \geqslant -M(3 - u_{ijpq} - x_{ij} - x_{pq}), \forall (i,j) \in A_1, (p,q) \in A_2 \quad (3.16)$$

$$z_{ij} + \beta_{ij} - z_{pq} - \beta_{pq} + \varepsilon \leqslant M(2 + u_{ijpq} - x_{ij} - x_{pq}), \forall (i,j) \in A_1, (p,q) \in A_2 \quad (3.17)$$

$$u_{ijpq} \leqslant x_{ij}, \forall (i,j) \in A_1, (p,q) \in A_2 \qquad (3.18)$$

$$u_{ijpq} \leqslant x_{pq}, \forall (i,j) \in A_1, (p,q) \in A_2 \qquad (3.19)$$

$$\sum_{(p,q) \in A_2} \alpha_{pq} u_{ijpq} + m \geqslant 0, \forall (i,j) \in A_1 \qquad (3.20)$$

$$u_{ijpq} \in \{0,1\}, \forall (i,j) \in A_1, (p,q) \in A_2 \qquad (3.21)$$

其中，M 是一个足够大的正数，ε 是一个足够小的正数。

证明 u_{ijpq} 的定义表明，u_{ijpq} 有意义的前提是当且仅当弧 $(i,j) \in A_1$ 与弧 $(p,q) \in A_2$ 同时被选择，即 $x_{ij}=1, x_{pq}=1$。换言之，如果 $x_{ij}=0$，或 $x_{pq}=0$，则 $u_{ijpq}=0$。基于此，得到约束式(3.18)与式(3.19)。当 $x_{ij}=1$ 且 $x_{pq}=1$ 时，约束式(3.16)与式(3.17)可以分别转化为

$$z_{ij} + \beta_{ij} - z_{pq} - \beta_{pq} \geqslant -M(1-u_{ijpq}), \forall (i,j) \in A_1, (p,q) \in A_2 \qquad (3.22)$$

与

$$z_{ij} + \beta_{ij} - z_{pq} - \beta_{pq} + \varepsilon \leqslant M u_{ijpq}, \forall (i,j) \in A_1, (p,q) \in A_2 \qquad (3.23)$$

如果 $z_{ij} + \beta_{ij} - z_{pq} - \beta_{pq} \geqslant 0$，那么约束式(3.22)总成立，由约束式(3.23)可得 $u_{ijpq}=1$。反之，如果 $u_{ijpq}=1$，那么，约束式(3.23)总成立，由约束式(3.22)可得 $z_{ij} + \beta_{ij} - z_{pq} - \beta_{pq} \geqslant 0$。

类似地，如果 $z_{ij} + \beta_{ij} - z_{pq} - \beta_{pq} < 0$，那么约束式(3.23)总成立，由约束式(3.22)可得 $u_{ijpq}=0$。反之，如果 $u_{ijpq}=0$，那么，约束式(3.22)总成立，由约束式(3.23)可得 $z_{ij} + \beta_{ij} - z_{pq} - \beta_{pq} < 0$。

综上，约束式(3.11)等价于线性约束式(3.16)~(3.21)，证毕。

3.4.2 参数 M 的设置

本小节针对约束式(3.16)和式(3.17)中的参数 M 做进一步的设置。依据表3.1，可以看出，对于每一个弧 $(i,j) \in A_1$，都有 $i \in \{0\} \bigcup C_{OF} \bigcup C_{OE}$，且 $j \in C_{OF} \bigcup C_{OE}$。类似地，弧 $(p,q) \in A_2$ 可以分为3种情形：$p=0, q \in C_{OF} \bigcup C_{OE}$；$p \in C_{IF} \bigcup C_{IE}$, $q=0$；$p \in C, q \in C, \alpha_{pq} \neq 0$。

依据不同情形，对参数 M 进行相应设置，并对约束式(3.16)式(3.17)重新表述如下。

情形 1 $i=0, j \in C_{OF} \bigcup C_{OE}, p=0, q \in C_{OF} \bigcup C_{OE}$。

约束式(3.16)、(3.17)转换为

$$z_{0j} + \beta_{0j} - z_{0q} - \beta_{0q} \geqslant -M_{0j0q}^1 (3 - u_{0j0q} - x_{0j} - x_{0q}) \qquad (3.24)$$

$$z_{0j} + \beta_{0j} - z_{0q} - \beta_{0q} + \varepsilon \leqslant M_{0j0q}^1 (2 + u_{0j0q} - x_{0j} - x_{0q}) \qquad (3.25)$$

其中，

第 3 章　考虑空箱资源属性的集装箱接驳运输问题

$$M^1_{0j0q} = T_{0j} + T_{Uj} + \beta_{0j} + T_{0q} + T_{Uq} + \beta_{0q} + \varepsilon \tag{3.26}$$

情形 2　$i=0, j \in C_{OF} \cup C_{OE}, p \in C_{IF} \cup C_{IE}, q=0$。

约束式(3.16)、(3.17)转换为

$$z_{0j} + \beta_{0j} - z_{p0} - \beta_{p0} \geqslant -M^2_{0jp0}(3 - u_{0jp0} - x_{0j} - x_{p0}) \tag{3.27}$$

$$z_{0j} + \beta_{0j} - z_{p0} - \beta_{p0} + \varepsilon \leqslant M^2_{0jp0}(2 + u_{0jp0} - x_{0j} - x_{p0}) \tag{3.28}$$

其中，

$$M^2_{0jp0} = T_{0j} + T_{Uj} + \beta_{0j} + T_{Up} + T_p + T_{p0} + \beta_{p0} + \varepsilon \tag{3.29}$$

情形 3　$i=0, j \in C_{OF} \cup C_{OE}, p \in C, q \in C, \alpha_{pq} \neq 0$。

约束式(3.16)、(3.17)转换为

$$z_{0j} + \beta_{0j} - z_{pq} - \beta_{pq} \geqslant -M^3_{0jpq}(3 - u_{0jpq} - x_{0j} - x_{pq}) \tag{3.30}$$

$$z_{0j} + \beta_{0j} - z_{pq} - \beta_{pq} + \varepsilon \leqslant M^3_{0jpq}(2 + u_{0jpq} - x_{0j} - x_{pq}) \tag{3.31}$$

其中，

$$M^3_{0jpq} = T_{0j} + T_{Uj} + \beta_{0j} + T_{Up} + T_{Uq} + \beta_{pq} + \varepsilon \tag{3.32}$$

情形 4　$i \in C_{OF} \cup C_{OE}, j \in C_{OF} \cup C_{OE}, p=0, q \in C_{OF} \cup C_{OE}$。

约束式(3.16)、(3.17)转换为

$$z_{ij} + \beta_{ij} - z_{0q} - \beta_{0q} \geqslant -M^4_{ij0q}(3 - u_{ij0q} - x_{ij} - x_{0q}) \tag{3.33}$$

$$z_{ij} + \beta_{ij} - z_{0q} - \beta_{0q} + \varepsilon \leqslant M^4_{ij0q}(2 + u_{ij0q} - x_{ij} - x_{0q}) \tag{3.34}$$

其中，

$$M^4_{ij0q} = T_{Ui} + T_{Uj} + \beta_{ij} + T_{0q} + T_{Uq} + \beta_{0q} + \varepsilon \tag{3.35}$$

情形 5　$i \in C_{OF} \cup C_{OE}, j \in C_{OF} \cup C_{OE}, p \in C_{IF} \cup C_{IE}, q=0$。

约束式(3.16)、(3.17)转换为

$$z_{ij} + \beta_{ij} - z_{p0} - \beta_{p0} \geqslant -M^5_{ijp0}(3 - u_{ijp0} - x_{ij} - x_{p0}) \tag{3.36}$$

$$z_{ij} + \beta_{ij} - z_{p0} - \beta_{p0} + \varepsilon \leqslant M^5_{ijp0}(2 + u_{ijp0} - x_{ij} - x_{p0}) \tag{3.37}$$

其中，

$$M^5_{ijp0} = T_{Ui} + T_{Uj} + \beta_{ij} + T_{Up} + T_p + T_{p0} + \beta_{p0} + \varepsilon \tag{3.38}$$

情形 6　$i \in C_{OF} \cup C_{OE}, j \in C_{OF} \cup C_{OE}, p \in C, q \in C, \alpha_{pq} \neq 0$。

约束式(3.16)、(3.17)转换为

$$z_{ij} + \beta_{ij} - z_{pq} - \beta_{pq} \geqslant -M^6_{ijpq}(3 - u_{ijpq} - x_{ij} - x_{pq}) \tag{3.39}$$

$$z_{ij} + \beta_{ij} - z_{pq} - \beta_{pq} + \varepsilon \leqslant M^6_{ijpq}(2 + u_{ijpq} - x_{ij} - x_{pq}) \tag{3.40}$$

其中，

$$M^6_{ijpq} = T_{Ui} + T_{Uj} + \beta_{ij} + T_{Up} + T_{Uq} + \beta_{pq} + \varepsilon \tag{3.41}$$

3.4.3 目标函数的转化

对于多目标优化问题,有多种处理方法,而加权求和法是处理多目标优化的最常见有效的方法之一。本小节将目标函数 f_1 与 f_2 进行加权求和,成本系数分别为 $k_1(\geqslant 0)$ 与 $k_2(\geqslant 0)$, k_1 表示使用一辆集卡车的固定成本,k_2 表示每辆集卡车单位工作时间的成本。基于此,最终的目标函数为

$$\min k_1 \sum_{i \in C} x_{0i} + k_2 \sum_{j \in C} (z_{j0} + T_{j0} x_{j0} - z_{0j}) \tag{3.42}$$

通过上述方法,将初始模型式(3.1)~(3.14)转换为单目标的 MILP 模型:式(3.3)~(3.10),式(3.12)~(3.14),式(3.16)~(3.21),式(3.24)~(3.42)。如无特殊说明,本章以下小节中所指模型均指改进后的模型。

3.5　LNS 算法

基于 3.4 节的处理策略,使通过优化软件求解模型变得可能。然而,由于计算机内存受限或求解时间过长的原因,使用常用的优化软件(如 CPLEX)求解模型时,关于大规模算例的求解效果通常并不理想。因此,基于 LNS 思想设计了一个启发式算法去求解 CDRAEC。近年来,LNS 算法已经被广泛应用于求解各种车辆路径问题及其变体。本章设计的 LNS 算法,首先基于贪婪算法生成一个初始解,然后在重新插入操作中,考虑时间窗及相邻任务顶点之间的前后约束等重要因素。LNS 算法流程图如图 3.2 所示。

在算法设计过程中,引入如下两个参数。

α——移除系数,$0 < \alpha < 1$;

Λ——给定的最长计算时间,s。

3.5.1　编码与解码

本小节采用带分隔符的顺序编码机制。例如,一个含有 5 个集装箱顶点与 3 辆集卡车的有效解可以被编码为

$$X_1 = (0,1,4,0,5,2,0,3,0) \tag{3.43}$$

其中,0 是分隔符,1~5 代表 5 个不同的集装箱任务。以 (0,1,4,0) 为例进行解释说明,一辆集卡车首次从堆场出发,先后处理任务 1 和 4,然后返回堆场,任务结束。

3.5.2　初始解的产生

基于贪婪算法生成初始解,要求将所有的集装箱顶点依次分配给集卡车。在初始解生成过程中,遵循 3 个主要准则。首先,优先选择一个进口(满或空)集装箱任务

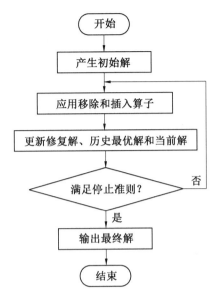

图 3.2 LNS算法流程图

作为某辆集卡车处理的第一个任务。其次,优先给集卡车交替分配进口和出口任务顶点,具体来说,如果一辆集卡车刚处理完一个出口集装箱顶点,那么随后优先为该辆集卡车分配一个进口集装箱顶点;反之亦然。最后,对于当前工作的集卡车,如果存在可行的候选任务顶点,那么该辆集卡车优先选择候选任务顶点中活动开始时间较早的集装箱顶点;否则,不存在可行的候选任务顶点可以分配给该辆集卡车,该集卡车返回堆场,另安排一辆新的集卡车继续执行接驳操作。该过程不断持续,直至所有任务顶点被分配完毕。

初始解的生成步骤具体如下。

步骤 1 初始化。令 $\Omega_1 = C_{IF} \bigcup C_{IE}$,$\Omega_2 = C_{OF} \bigcup C_{OE}$。令 $X=(0)$ 表示一个不完整的解序列,$n^u=0$ 表示当前已使用的集卡车数目。令 $y=-M$,$\eta=0$。其中,M 是一个足够大的常数,标识 $\eta=0$ 表示进口任务具有优先被分配权,$\eta=1$ 表示出口任务具有优先被分配权。

步骤 2 如果 $\eta=1$,或者 $\{i \mid i \in \Omega_1, y+T_{e(X)}+T_{e(X)i} \leqslant T_{Ui}\} = \varnothing$,令
$$\Omega = \{i \mid i \in \Omega_2, y+T_{e(X)}+T_{e(X)i} \leqslant T_{Ui}\} \tag{3.44}$$
表示当前可行的候选顶点集合。其中,$e(X)$ 表示当前解序列 X 中的最后一个元素,$\varnothing$ 代表空集。

步骤 3 如果 $\Omega = \varnothing$,令
$$\Omega = \{i \mid i \in \Omega_1, y+T_{e(X)}+T_{e(X)i} \leqslant T_{Ui}\} \tag{3.45}$$

步骤 4 如果 $\Omega = \varnothing$,转步骤 5;否则,转步骤 6。

步骤 5 如果 $\Omega_1 = \varnothing, \Omega_2 = \varnothing$,那么程序已产生一个含有 n^u+1 辆集卡车的初始解 $X \oplus 0$,其中 $\oplus$ 表示在序列最后补加一个元素,结束;否则,令 $n^u = n^u + 1, X = X \oplus 0, \eta = 0, y = -M$,转步骤 2(需要安排一辆新的集卡车)。

步骤 6 令

$$Y_i = \max(y + T_{e(X)} + T_{e(X)i}, T_{Li}), \forall i \in \Omega \quad (3.46)$$

$$f = \underset{i \in \Omega}{\arg\min} Y_i \quad (3.47)$$

令 $X = X \oplus f, y = Y_f$。如果任务 f 是一个进口任务,令 $\eta = 1, \Omega_1 = \Omega_1 \setminus \{f\}$;否则,令 $\eta = 0, \Omega_2 = \Omega_2 \setminus \{f\}$,转步骤 2。

3.5.3 移除与插入操作

将一定数量的集装箱顶点从当前解中随机移除,并重新插入破坏后的解序列的合适位置上,得到一个新解。从当前解中移除的集装箱顶点个数是 $\lfloor \alpha |C| \rfloor$,其中,$|\ |$ 表示给定集合中元素的个数,$\lfloor\ \rfloor$ 表示不大于给定数值的最大整数。如果一个破坏后的解序列含有两个或更多连续的分隔符,那么去掉多余的分隔符,直至保留一个分隔符。

对于破坏后的解序列,集装箱顶点及弧上活动开始时间的计算采用前向顺序的方式。如果 $j \in C$ 是某辆集卡车所处理的第一个集装箱顶点,令

$$y_j = T_{Lj} \quad (3.48)$$

如果 $j \in C$ 不是某辆集卡车所处理的第一个集装箱顶点,令

$$y_j = \max(y_i + T_i + T_{ij}, T_{Lj}) \quad (3.49)$$

其中,i 是破坏的解序列中,与 j 相邻的且位于 j 之前的集装箱顶点。令

$$z_{ij} = y_j - T_{ij} \quad (3.50)$$

其中,i 是破坏的解序列中,与 j 相邻的且位于 j 之前的集装箱顶点。对于集卡车处理的最后一个顶点,令

$$z_{i0} = y_i + T_i \quad (3.51)$$

在修复操作中,将所有移除的集装箱顶点重新逐一插入破坏的解序列中。对于某个即将被插入的顶点,将其插入最佳位置上。最佳位置指的是,插入前后使目标函数增加量最小的插入位置。如果顶点 j 被附加到解序列 X 的末尾,那么在顶点 j 之后添加一个分隔符 0,表示在堆场安排一辆新的集卡车处理顶点 j;如果顶点 j 被添加到解序列 X 的其他位置,表示顶点 j 被分配给已经工作的某辆集卡车进行处理。依据式 (3.48) ~ (3.51),重新检查并确定从插入位置到下一个最近的分隔符之间的所有顶点及相应弧上活动的开始时间。如果该检查确定过程是成功的,则称这个插入位置是可行的。基于此,可以确定每个插入顶点的最佳插入位置。关于对空箱数目的

进一步检查，详见 3.5.4 小节。

3.5.4 解的可行性与最优性检验及算法停止准则

对于 3.5.3 小节描述生成的一个新解，为了消除集卡车在客户位置不必要的等待，对各顶点及弧的活动的开始时间进行调整。对于每辆工作的集卡车，锁定最后一个集装箱顶点的活动开始时间，按照逆序，依次调整其他集装箱顶点及弧上活动的开始时间。对于弧 (i,j)，如果 $y_i < y_j - T_i - T_{ij}$，令

$$z_{ij} = y_j - T_{ij} \tag{3.52}$$

$$y_i = \min(T_{Ui}, y_j - T_i - T_{ij}) \tag{3.53}$$

其中，顶点 j 是与顶点 i 相邻的且在顶点 i 之后的顶点。

给定一个解 X，以及每个顶点与弧的活动开始时间，依据约束式(3.11)可以方便地检查空箱数目约束。如果一个解是不可行的，那么摒弃该解，并使用移除、插入操作产生一个新解。如果一个解是可行的，根据目标函数式(3.42)，计算目标值。如果得到一个较优解，那么更新历史最优解；否则，按照上述方法产生一个新解。

如果使用 CPLEX 求解模型时能够在规定时间内得到最优解，那么记预期目标 δ 为最优目标值；否则，记预期目标 δ 为 0。当 LNS 算法求得的目标值达到 δ 或计算时间达到 Λ 时，LNS 算法终止。

3.5.5 讨论

LNS 算法始于一个给定的可行解，并且重复移除和插入操作直至满足停止准则。移除系数，即移除操作中的破坏程度，对 LNS 算法的性能而言是关键的。从当前解中移除合适比例的顶点在一定程度上能够平衡算法的求解空间与求解时间。因此，在实验部分(3.6.1 小节)针对不同规模的算例进行了关于移除系数等参数的调整实验。关于插入操作，在计算集装箱顶点及相应弧的活动开始时间时，考虑了时间窗及相邻顶点之间的约束关系等因素，有助于降低使用的集卡车数目和减小集卡车的总工作时间。另外，在算法迭代过程中，通过消除集卡车不必要的等待时间进一步改进了解的质量。3.6 节的实验结果显示了 LNS 算法的有效性。

3.6 数值实验

本节基于数值实验对数学模型及 LNS 算法的有效性进行评估测试。具体来说，3.6.1 小节介绍实验设置与算例生成，3.6.2 小节调试算法参数，3.6.3 小节分析小规模和中等规模算例的计算结果，3.6.4 小节分析大规模算例的计算结果，3.6.5 小节将本书求解方法与相关文献中求解方法的实验结果进行比较，最后，在 3.6.6 小节，

对 CDRAEC 中的 3 个重要参数进行敏感性分析实验。

3.6.1 实验设置与算例生成

本章实验均在英特尔酷睿i7—2600双核CPU（3.40 GHz）、7.83 GB内存、64位Windows 7操作系统的个人计算机上运行。采用 Visual Studio 2010 C++调用优化软件 IBM ILOG CPLEX 12.6.1 对模型进行求解，并使用 Visual Studio 2010 C++作为 LNS 算法的编程语言。

CPLEX 求解器的配置如下：移动 IP(mobile IP, MIP) 节点选择策略是 Depth-first 搜索，工作存储区的可用内存设置为 3 072 MB，节点文件参数设置为 3，CPU 求解时间设置为 1 h。

本章及第 4、5 章实验中的算例采取随机生成的方式，原因有两个：第一，由于涉及商业机密，实际接驳运输中的数据通常难以获取。第二，很多接驳运输文献也采用随机生成算例的方法。堆场、港口、发货人、收货人的位置在长、宽均为集卡车行驶时间是 180 的欧几里得平面内随机生成。装卸箱时间设置为 5，装卸货时间在区间[5, 60]均匀分布，起始时间窗的下界在区间[0, 240]均匀分布。对于每个满箱任务，目的时间窗的下界为港口和相应客户之间的行驶时间与相应的起始时间窗的下界之和。起始时间窗与目的时间窗的宽度分别在区间[0, 240]、[0, 300]随机生成。上述所有时间和时间窗的单位均为分钟，精确到 1 min。综合考虑各成本之间的关系以及单位不同的因素，设置成本系数k_1与k_2分别为400/辆和1/min。

3.6.2 算法参数调试

LNS 算法的性能受到相关参数(α, Λ)的影响，因此，针对不同规模的算例，本小节进行算法参数的调试实验。小、中等及大规模算例的集装箱任务个数的变化区间分别是[5, 30]、[31, 55]、[56, 80]，随机生成 15 个算例（不同规模算例各含 5 个）进行算法参数的调试。

调试方法类似于大多数文献中的方法，固定一个参数的取值，同时改变另一个参数的取值。对于参数的每个可能取值，分别使用 LNS 算法求解 5 个测试算例，选择 LNS 算法性能表现最好时（5 个算例的平均目标值最小）的数值作为被调试参数的取值。采用同样的方法依次调试另一个参数的取值。不同规模算例实验中参数的取值范围见表3.3，参数调试结果见表3.4。

表 3.3　不同规模算例实验中参数的取值范围

算例规模	α	Λ/s
小规模	0.2,0.3,0.4	0.1,0.2,1.0
中等规模	0.2,0.3,0.4	2.0,5.0,10.0
大规模	0.2,0.3,0.4	500,600,700

表 3.4　参数调试结果

算例规模	α	Λ/s
小规模	0.4	0.2
中等规模	0.3	5.0
大规模	0.2	700.0

3.6.3　小规模和中等规模算例的计算结果

本小节随机生成 11 个小规模算例(即算例 3.1~3.11)和 28 个中等规模算例(即算例 3.12~3.39),对比分析 LNS 算法与使用 CPLEX 软件直接求解模型的结果。小规模和中等规模算例的求解结果分别见表 3.5 和表 3.6,其中每个表的第三列括号中的 4 个数字从左至右依次表示进口满箱任务个数、出口满箱任务个数、进口空箱任务个数及出口空箱任务个数。

表 3.5　小规模算例的求解结果

算例	m	任务个数	CPLEX 目标值	CPLEX CPU 求解时间/s	LNS 目标值	LNS CPU 求解时间/s
3.1	2	5 (2, 2, 0, 1)	2 362	0.23	2 362	0.10
3.2	3	9 (4, 4, 0, 1)	4 923	0.27	4 923	0.02
3.3	6	15 (6, 7, 2, 0)	6 136	1.01	6 136	0.01
3.4	7	17 (9, 6, 0, 2)	8 615	1.23	8 615	0.10
3.5	8	19 (10, 6, 0, 3)	7 572	19.84	7 572	0.05
3.6	8	20 (10, 6, 0, 4)	8 690	17.58	8 690	0.07
3.7	8	22 (7, 11, 4, 0)	9 237	9.77	9 237	0.03
3.8	8	25 (12, 9, 0, 4)	10 116	5.04	10 116	0.02
3.9	11	28 (11, 13, 4, 0)	11 248	18.45	11 248	0.02
3.10	10	30 (15, 11, 0, 4)	12 169	3 312.00	12 169	0.08
3.11	10	30 (15, 11, 0, 4)	12 732	22.15	12 732	0.06
均值				309.78		0.05

表 3.5 和表 3.6 中的实验结果验证了模型的有效性。对于表 3.5 中的每一个小规模算例,CPLEX 都能够在规定时间内求得最优解,其中,最短的求解时间是

0.23 s(算例3.1),最长的求解时间是3 312.00 s(算例3.10),关于11个小规模算例的平均求解时间是309.78 s。对于表3.6中的3个中等规模算例(即算例3.12、3.14与3.22),CPLEX也能够在规定时间内求得最优解,除此之外,对于其他25个中等规模算例,CPLEX在规定的时间限制内,同样能够提供较高质量的解。在28个中等规模算例中,CPLEX在求解算例3.34(含有53个集装箱任务)时,得到的目标值与目标下界之间的差异最大,差异值是16.03%。统计发现,对于所有的中等规模算例,目标值与目标下界之间的差异平均值是4.47%。总体上,该数学模型的性能在实际应用中是可以接受的。

表3.5和表3.6中的实验结果验证了LNS算法的性能。对于每个小规模算例,通过CPLEX、LNS算法均能求得最优解,然而,LNS算法的求解时间均不超过0.10 s,远远少于CPLEX的求解时间(CPLEX的最短求解时间是0.23 s,平均求解时间不少于300.00 s)。此外,对于28个中等规模算例中的4个算例(即算例3.20、3.29、3.34和3.38),LNS算法在规定时间(5.00 s)内求得的解优于CPLEX在1 h求得的解。对于其余24个中等规模算例中的任意一个算例,与CPLEX相比,LNS算法能够在更短时间内求得相同的目标值。对于3个中等规模算例(即算例3.12、3.14与3.22),CPLEX均能够在1 h内求得最优解,LNS算法却能够在1 s内(小于规定时间5.00 s)求得最优解。对于中等规模算例,通过CPLEX直接求解模型,能够获得最优解或近优解,CPLEX的平均求解时间是3 383.62 s,而LNS算法的平均求解时间是4.48 s。总之,与直接通过CPLEX求解模型相比,LNS算法能够在相对较短的求解时间内提供更优的或者至少相同的解。小规模和中等规模算例的实验结果,在一定程度上验证了LNS算法求解中小规模问题的有效性。

表3.6 中等规模算例的求解结果

算例	m	任务个数	CPLEX			LNS		目标值改进/%
			目标值	Gap/%	CPU求解时间/s	目标值	CPU求解时间/s	
3.12	10	32 (16, 11, 0, 5)	11 415	0.00	1 901.69	11 415	0.06	0.00
3.13	15	32 (16, 12, 0, 4)	12 057	1.82	3 600.00	12 057	5.00	0.00
3.14	13	33 (17, 11, 0, 5)	14 639	0.00	67.92	14 639	0.03	0.00
3.15	13	35 (18, 12, 0, 5)	16 638	0.09	3 600.00	16 638	5.00	0.00
3.16	13	35 (18, 12, 0, 5)	12 948	0.08	3 600.00	12 948	5.00	0.00
3.17	12	38 (19, 14, 0, 5)	13 129	7.20	3 600.00	13 129	5.00	0.00
3.18	16	40 (14, 20, 6, 0)	15 598	3.71	3 600.00	15 598	5.00	0.00

第3章 考虑空箱资源属性的集装箱接驳运输问题

续表3.6

算例	m	任务个数	CPLEX 目标值	Gap /%	CPU 求解时间 /s	LNS 目标值	CPU 求解时间 /s	目标值改进 /%
3.19	16	40 (14, 20, 6, 0)	16 353	2.05	3 600.00	16 353	5.00	0.00
3.20	15	42 (16, 20, 6, 0)	14 298	6.13	3 600.00	14 274	5.00	0.17
3.21	15	44 (21, 17, 0, 6)	15 660	6.10	3 600.00	15 660	5.00	0.00
3.22	13	45 (17, 22, 6, 0)	16 839	0.00	2 771.67	16 839	0.37	0.00
3.23	16	45 (22, 17, 0, 6)	20 649	6.77	3 600.00	20 649	5.00	0.00
3.24	17	45 (22, 17, 0, 6)	18 391	7.55	3 600.00	18 391	5.00	0.00
3.25	17	47 (23, 18, 0, 6)	16 012	3.81	3 600.00	16 012	5.00	0.00
3.26	17	47 (23, 18, 0, 6)	17 812	7.02	3 600.00	17 812	5.00	0.00
3.27	17	47 (23, 18, 0, 6)	18 964	6.23	3 600.00	18 964	5.00	0.00
3.28	19	50 (24, 20, 0, 6)	19 768	3.90	3 600.00	19 768	5.00	0.00
3.29	19	50 (24, 20, 0, 6)	18 552	6.64	3 600.00	18 510	5.00	0.23
3.30	19	50 (24, 20, 0, 6)	17 409	5.38	3 600.00	17 409	5.00	0.00
3.31	20	52 (25, 21, 0, 6)	19 114	4.87	3 600.00	19 114	5.00	0.00
3.32	23	52 (25, 21, 0, 6)	23 509	2.01	3 600.00	23 509	5.00	0.00
3.33	21	52 (25, 21, 0, 6)	23 298	4.06	3 600.00	23 298	5.00	0.00
3.34	21	53 (25, 22, 0, 6)	17 157	16.03	3 600.00	17 045	5.00	0.65
3.35	21	53 (25, 22, 0, 6)	21 269	6.80	3 600.00	21 269	5.00	0.00
3.36	21	53 (25, 22, 0, 6)	18 994	9.61	3 600.00	18 994	5.00	0.00
3.37	23	55 (22, 27, 6, 0)	27 933	0.72	3 600.00	27 933	5.00	0.00
3.38	23	55 (22, 27, 6, 0)	22 360	4.74	3 600.00	22 355	5.00	0.02
3.39	23	55 (22, 27, 6, 0)	22 958	1.91	3 600.00	22 958	5.00	0.00
均值				4.47	3 383.62		4.48	0.04

注:"Gap"指的是 CPLEX 求得的目标值与 CPLEX 提供的目标下界之间的相对差异。"目标值改进"指的是相对于 CPLEX 求解模型得到的目标值,LNS 算法求得的目标值的改进量。

3.6.4 大规模算例的计算结果

一个接驳车队每天可以处理的集装箱数量大约为 75 个,因此本小节随机生成 8 个大规模算例(即算例 3.40 ~ 3.47),每个算例含有 80 个集装箱任务。对于大规模算例而言,通常很难在有效时间内通过使用 CPLEX 求解模型获得可行解。因此,本小节仅使用 LNS 算法求解大规模算例。对于每个大规模算例,使用 LNS 算法独立求解 7 次。

关于每个大规模算例的 7 次重复实验的目标值统计信息见表 3.7。结果表明,使用 LNS 算法求得的目标值是比较稳定的。对于算例 3.45 或 3.47,LNS 算法在 7 次测试中求得的目标值是相同的。通过表 3.7 的最后一列可以看出,相对差异的最大值是 0.49%(算例 3.46),相对差异的平均值是 0.11%。本小节目标值的相对差异在实际应用中是可以接受的。

表 3.7　每个大规模算例的 7 次重复实验的目标值统计信息

算例	最小值	最大值	均值	差异值/%
3.40	32 566	32 579	32 572	0.04
3.41	27 729	27 746	27 741	0.06
3.42	36 130	36 172	36 141	0.12
3.43	32 118	32 170	32 161	0.16
3.44	31 789	31 795	31 794	0.02
3.45	34 290	34 290	34 290	0.00
3.46	32 386	32 546	32 486	0.49
3.47	33 024	33 024	33 024	0.00

注:"差异值"指的是最小值和最大值之间的相对差异值。

3.6.5　与相关文献的实验结果进行比较

本小节对 CDRAEC 做出如下修改:第一,删除出口空箱任务,而保留其余 3 种类型的集装箱任务;第二,设置成本系数 k_1 与 k_2 分别为 0 和 1;第三,引入集卡车数目约束。基于以上修改,本章中的 CDRAEC 将退化为文献 Zhang 等(2011)中的问题。本小节将本书求解方法与文献 Zhang 等(2011)中的求解方法的实验结果进行比较。

文献 Zhang 等(2011)随机生成了 17 个小规模算例,并设计了一种元启发式算法进行求解。对于其中的 15 个小规模算例,文献中的算法求得了最优解。基于本书的模型,使用 CPLEX 软件求解 17 个小规模算例,实验结果见表 3.8,表中第一列括号中的数字表示算例在文献 Zhang 等(2011)中的名称。对于 17 个算例中的任意一个算例,CPLEX 软件能够在较短时间内求得最优解。统计发现,对于 17 个算例,文献中算法的平均求解时间是 588 s,而 CPLEX 的平均求解时间是 17 s,对比结果验证了本书设计模型的有效性。

同时我们使用设计的 LNS 算法求解 17 个小规模算例,实验结果见表 3.8。对于其中的每一个算例,LNS 算法能够在 0.10 s 内求得最优解,且求解时间远小于 CPLEX 的求解时间。

第 3 章 考虑空箱资源属性的集装箱接驳运输问题

表 3.8 本书求解方法与相关文献中的方法的对比

算例	目标值						CPU 求解时间/s		
	Zhang 等(2011)/min	CPLEX/min	Imp1/%	LNS/min	Imp2/%		Zhang 等(2011)	CPLEX	LNS
3.48 (1)	771	771	0.00	771	0.00		0.34	0.19	0.01
3.49 (2)	1 529	1 529	0.00	1 529	0.00		9.25	1.31	0.02
3.50 (3)	3 225	3 225	0.00	3 225	0.00		622.27	2.44	0.01
3.51 (4)	2 912	2 912	0.00	2 912	0.00		546.77	12.94	0.06
3.52 (5)	4 120	4 120	0.00	4 120	0.00		725.02	6.61	0.03
3.53 (6)	3 718	3 718	0.00	3 718	0.00		695.88	25.49	0.01
3.54 (7)	4 926	4 926	0.00	4 926	0.00		589.34	7.41	0.03
3.55 (8)	4 037	4 037	0.00	4 037	0.00		684.70	8.52	0.03
3.56 (9)	3 965	3 965	0.00	3 965	0.00		746.38	3.58	0.03
3.57 (10)	5 077	5 024	1.04	5 024	1.04		1 038.00	10.00	0.03
3.58 (11)	4 488	4 488	0.00	4 488	0.00		765.36	8.76	0.03
3.59 (12)	3 809	3 809	0.00	3 809	0.00		559.19	13.19	0.02
3.60 (13)	3 375	3 230	4.30	3 230	4.30		422.97	26.94	0.07
3.61 (14)	2 373	2 373	0.00	2 373	0.00		453.53	126.77	0.04
3.62 (15)	4 775	4 775	0.00	4 775	0.00		821.20	3.48	0.05
3.63 (16)	4 767	4 767	0.00	4 767	0.00		675.33	17.67	0.02
3.64 (17)	4 190	4 190	0.00	4 190	0.00		814.83	12.33	0.04
3.65 (18)	15 128	—	—	14 879	1.65		6 607.00	—	700.00
3.66 (19)	11 064	—	—	10 941	1.11		4 386.00	—	700.00
3.67 (20)	11 536	—	—	11 334	1.75		5 229.00	—	700.00
3.68 (21)	11 780	—	—	11 470	2.63		4 952.00	—	700.00
均值			0.31		0.59				

注：Imp1 和 Imp2 分别表示 CPLEX 求得的目标值相对于 Zhang 等(2011)的改进值，LNS 算法求得的目标值相对于 Zhang 等(2011)的改进值。
"—"表示 CPLEX 软件无法在 3 600 s 内求得可行解。

文献 Zhang 等(2011)随机生成了 4 个实际规模(即大规模)的算例,每个算例含有 70 或 75 个集装箱任务。在文献中,每个算例被独立求解 3 次,共得到 3 个目标值。作为参考对比,本书仅列出文献中目标值最优(即 3 个目标值中的最小值)的情形。类似地,本书使用 LNS 算法对每个算例分别独立求解 3 次,表 3.8 仅列出了目标值最优的情形。可以发现,与文献 Zhang 等(2011)中的算法相比,LNS 算法能够在较短时间内求得较高质量的解。

为了进一步评估 LNS 算法的性能,采用类似于大多数文献中的 t 检验方法进行测试。基于 LNS 算法对每个大规模算例独立求解 7 次,加上之前的 3 次测试结果,每个算例被独立求解 10 次。采用自由度为 9,显著水平为 0.05 的单尾单样本 t 检验方法。对于每个算例,将文献 Zhang 等(2011)中 3 次测试结果中的最优值作为假设值。原假设是 LNS 算法求得的目标值不小于文献 Zhang 等(2011)中的目标值。t 检验的统计结果见表 3.9。

对于每个测试算例,t 检验结果均处于拒绝域(即小于 $-1.833\,1$),并标记为"+",表明原假设被拒绝。换言之,设计的 LNS 算法求得的解显著优于文献中算法提供的解。t 检验结果进一步验证了 LNS 算法的有效性。

表 3.9　t 检验的统计结果

算例	均值	标准差	t 检验
3.65	14 911	46.21	−14.88 (+)
3.66	10 981	32.26	−8.16 (+)
3.67	11 414	44.52	−8.66 (+)
3.68	11 505	45.32	−19.16 (+)

3.6.6　敏感性分析实验

本小节分析 CDRAEC 中的几个重要参数的敏感性,选取大规模算例 3.40 进行实验分析。

1. 参数 k_1 与 k_2 的影响

首先,固定 k_2 取值为 1/min,并设置 k_1 取值从 0 到 8 000/辆,其次,分别设置 k_1 和 k_2 取值为 1/辆和 0/min,最后,以算例 3.40 为例进行实验分析,并基于 LNS 算法对其求解。k_1 和 k_2 取值不同时,算例 3.40 的求解结果见表 3.10。实验结果表明,当 k_2 取值保持不变时,随着 k_1 的增大,使用的集卡车数目呈现下降的趋势,而集卡车的总工作时间呈现增加的趋势。换言之,随着每辆集卡车固定成本的增加,接驳运输中使用的集卡车数目将会有所下降,必将导致每辆工作集卡车所分配的集装箱任务个

第3章 考虑空箱资源属性的集装箱接驳运输问题

数有所增加,从而造成集卡车的总工作时间的增加,这种现象也与实际情形相符。在实际应用中,可以根据成本因素选取合适的参数权重。

表3.10 k_1 和 k_2 取值不同时,算例3.40的求解结果

k_1/辆$^{-1}$	k_2/min^{-1}	目标值	集卡车数目/辆	集卡车的总工作时间/min
0	1	18 166	36	18 166
400	1	32 566	36	18 166
8 000	1	298 844	35	18 844
1	0	35	35	18 844

2. 参数 m 的影响

堆场上的空箱数目约束是本章研究内容与其他文献的主要区别之一,因此本节分析堆场上的初始空箱数目,即参数 m 对结果的影响。基于算例3.40进行实验分析,m 取值从20到50,步长为5,并用LNS算法进行求解,m 取值不同时的目标值如图3.3所示。可以发现,随着 m 取值从20增加到40,目标值呈下降趋势,但是随着 m 取值继续增大,目标值保持不变。换言之,当堆场上的空箱数目不足时,堆场上的初始空箱数目是影响目标值的一个重要因素,此时,通过适量补充空箱更有利于充分有效调度集卡车,达到降低目标值的目的。以算例3.40为例,堆场上一定数量的初始空箱数目(比如40辆)能够充分调度集卡车去完成接驳运输任务。

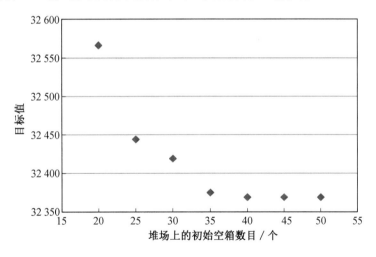

图3.3 m 取值不同时的目标值

3.7　本章小结

本章研究了考虑资源属性的集装箱接驳运输问题,该问题含有 4 种类型的集装箱任务:进口满箱、出口满箱、进口空箱与出口空箱,以最小化使用的集卡车数目和集卡车的总工作时间为优化目标。首先,基于 DAOV 图,建立了一个 MINLP 模型。其次,通过分析不同弧之间的约束关系,提出了模型的线性化策略,对模型中的一个参数进行了设置,并利用加权求和法将该问题转化为单目标的 MILP 模型。最后设计了基于 LNS 算法的启发式算法进一步提高解的质量,在算法设计中,考虑了时间窗约束及相邻集装箱任务之间的关联等约束,从而求解集卡车与集装箱的最优调度方案。

计算结果显示,对于小规模或中等规模算例,启发式算法能够快速得到与优化软件 CPLEX 相同或更高质量的解,对于大规模算例,算法也能够在有效时间内得到满意的解,且具有一定的稳定性。本章提出的求解方法与相关文献中方法的比较结果,进一步验证了提出的模型和算法的有效性。最后,对问题中的几个重要参数进行敏感性分析实验,为集卡车运输公司在运营优化管理方面提供合理的建议。

第 4 章 考虑预防驾驶员疲劳驾驶的集装箱接驳运输问题

4.1 引　言

随着城市物流行业的蓬勃发展及无线通信技术的日趋成熟,集卡车队列模式下的集装箱接驳运输方式应运而生。在该模式下,一个驾驶员可以同时操控多辆集卡车。本章研究的集卡车队列模式具有操作便捷的特点,无须配备特定设备。在集卡车队列模式接驳运输中引入预防驾驶员疲劳驾驶的因素对于降低企业的运营成本和促进交通运输安全具有积极意义。本章主要研究一种集卡车队列模式下的集装箱接驳运输问题,同时考虑驾驶员安全驾驶等因素,并给出在该模式下集卡车的行驶路径及集装箱的合理配置优化方案。

本章描述了集卡车队列模式下的集装箱接驳运输优化,主要涉及集卡车队列组合、排队等待、路径规划、资源分配等问题,重点关注集卡车在接驳运输环节中的角色和运作方式。着重探讨了集卡车队列运输模式在集装箱接驳运输中的应用,即如何利用车辆智能协同的方式,提高运输效率和降低时间成本。通过采取优化策略最小化集卡车空载行驶、减少集卡车等待时间,以提高整体运输效率,从而达到更有效地管理和分配运输资源,以确保集卡车之间的有效合作和提高整体运输效率。通过建立数学模型并优化,解决集卡车队列模式下的路径规划和资源优化问题。旨在通过优化路径规划、资源利用等方面,提高运输效率和安全性,从而提升港口物流运输服务水平,促进区域经济的可持续发展。4.2 节首先定义本章要求解的问题;4.3 节对该问题进行数学描述,给出 MINLP 模型;4.4 节对模型进行线性化处理;4.5 节给出数值实验的设计方法与结果分析;4.6 节对本章进行小结。

4.2　问题定义

4.2.1　问题描述

在某区域内,一家集卡车运输公司为一定数量的客户(若干发货人及收货人)提供接驳运输服务。该公司拥有一个堆场和一定数量的集卡车与集装箱,堆场用于停放集卡车与堆放集装箱。

该公司共有 4 类集装箱运输任务需要处理，即进口满箱任务、进口空箱任务、出口满箱任务及出口空箱任务。首先，对于进口满箱任务，该公司需要有效地调配集卡车资源，将装有货物的进口集装箱从港口运至收货人处，并在卸货后将空集装箱返程拉回堆场或服务于其他客户用于装载货物，以满足接驳运输供应链的连续性和效率性。而对于一个出口满箱任务，则需要集卡车首先将一个空箱送至发货人处装货，装货完成后再运至港口等待出口。此外，伴随着出口量变大或进口货物增多的可能性，需要考虑处理区域贸易不平衡所导致的局部区域空箱短缺或多余的问题，因此还需要处理进口空箱任务和出口空箱任务，确保货物运输链的畅通和资源的充分利用。进口空箱任务是指集卡车前往港口提取空集装箱并将其运至堆场或发货人处，而出口空箱任务则是指集卡车从堆场或收货人处提取空箱并将其运至港口等待出口。通过优化不同类别的运输任务分配，确保整个集装箱接驳运输过程的高效进行。

在运输任务执行过程中，考虑限制每个驾驶员的总工作时间，保证每个驾驶员的总工作时间不得超过预设的驾驶员最大工作时长限制，以避免驾驶员过度工作导致疲劳驾驶和安全隐患。

运输公司面临的决策任务是如何有效指派堆场的集卡车，并规划集卡车的服务次序和运输路线，优化目标是最小化所有驾驶员的总工作时间，包括行驶时间和在客户位置装卸集装箱的等待时间。通过优化集卡车指派和路线规划，达到提高接驳运输效率和促进交通运输安全的目的。

在该运输作业中，考虑了半自动的集卡车队列模式。根据半自动驾驶技术，领头的集卡车由一名驾驶员驾驶，其余集卡车通过无线通信技术实现无人驾驶跟踪领头集卡车。在这种模式下，每辆集卡车最多装载一个集装箱，每个客户由一辆单独的集卡车服务。在每条路线中，驾驶员和集卡车为一个或若干个客户提供服务。每个驾驶员（含集卡车）从堆场出发，连续服务多个客户，最后返回堆场。主要约束条件为：每个运输任务由一个驾驶员（集卡车队列）服务一次，每个驾驶员工作时间不超过规定最长时间，同时满足每个客户要求的打包时间。由于驾驶安全和其他交通因素的影响，每个集卡车队列的长度受到限制。

在这种集卡车队列模式下，每条路线上的集卡车和所装载的集装箱被视为一个整体。在行进路线中，当集卡车队到达某一客户位置时，一辆装有集装箱的集卡车留在该客户处。在装卸货期间，驾驶员可以选择在客户处等候，也可以选择离开该客户处去服务其他客户或返回堆场。

半自动集卡车队接驳运输情形如图 4.1 所示，两个半自动集卡车队列分别由两

第 4 章　考虑预防驾驶员疲劳驾驶的集装箱接驳运输问题

个驾驶员单独驾驶,这里分别称为驾驶员 1 和驾驶员 2。集卡车 1、2 和 3 组成的集卡车队列,由驾驶员 1 驾驶;集卡车 4、5 和 6 组成的集卡车队列,由驾驶员 2 驾驶。驾驶员 1 将集卡车队列送到收货人 1(C1)处,并将集卡车 1 停留在收货人 1 处,进行卸货任务操作。在收货人 1 位置卸货时,驾驶员 1 不在该客户处等待,而是继续进行其余任务,驾驶操控剩余的集卡车队列行驶至收货人 2(C2)处。驾驶员 1 在收货人 2 处等待卸货。当卸货任务完成后,驾驶员 1 将队列驶往收货人 3(C3)处。驾驶员 1 在收货人 3 处等待卸货。当完成卸货任务后,驾驶员 1 驾驶集卡车 2 和 3 组成的队列(每辆集卡车装载一个空箱)直接行驶至客户 1 处,并将装载一个空箱的集卡车 1 加入队列中。最后,驾驶员 1 驾驶着空箱集卡车队列(集卡车 1、2 和 3)回到堆场。驾驶员 2 的操作与驾驶员 1 的过程类似,不同之处是,驾驶员 2 服务的是 3 个发货人。

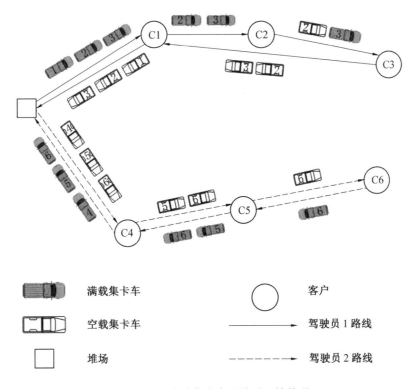

图 4.1　半自动集卡车队接驳运输情形

4.2.2　相关假设

(1) 所有集装箱和集卡车分别视为相同类型,即所有集装箱尺寸和类型相同,同时使用的集卡车类型完全相同。

(2) 集卡车队列在行驶过程中,每个队列及队列中的每辆集卡车行驶速度均相同。

（3）每辆集卡车对应一个集装箱，集卡车和装载的集装箱不可分离，每个集装箱只服务一个对应的客户，且集装箱不能重复使用。

（4）每个驾驶员最初从堆场出发执行一系列任务，完成任务后最终返回堆场。

（5）忽略集卡车加入或脱离集卡车队列的时间。

4.3 数学模型

4.3.1 DAOV 图转换

基于上述问题数学描述的复杂性，引入基于图的建模方法，用顶点表示连续确定的活动，用弧表示不确定的活动，即 DAOV 图。集卡车队列从第一个任务开始之前的最初出发地点和完成最后一个任务后的返回地点，均是同一个港口。基于图的完整性，同时为了方便模型的建立，引入出发/返回顶点表示港口，此顶点并不包括具体实际的活动。用集装箱任务顶点表示集卡车队列在进行运输过程中的连续确定的活动。对于进口满箱任务类型，集装箱任务顶点上包含的活动为：首先将位于港口的满载进口集装箱运送至收货人处，接着将集卡车连同集装箱一起放置客户处，进行取货操作，操作完成后再将集卡车连同空箱一起加入集卡车队列中，这类驾驶员在客户处进行等待活动的操作称为第一种情形。进口满箱任务的第二种情形是指，驾驶员将集装箱从港口运至收货人处，放下携带有集装箱的集卡车，离开该收货人处并立即进行下一项任务，换言之，驾驶员无须在客户处等待。同理，对于出口满箱任务类型，集装箱任务顶点包含的活动为：在发货人位置将等待出口的货物装入集装箱，之后将满箱装上集卡车，并运至港口，最后卸下集装箱。对于出口满箱任务的装箱操作，驾驶员依然有在发货人位置等待或不等待两种情形。将两个任务顶点之间的转换定义为弧，同样地，从港口行至客户位置或者从客户位置行至港口，也可以称为弧。

在进行装卸货操作时，驾驶员驾驶集卡车队列可以离开相应客户的位置。因此，将每个集装箱任务拆分为两个子任务顶点，分别对应于任务顶点的两个阶段。对于一个出口满箱任务，第一阶段需要从港口提取一个空集装箱，第二阶段为在发货人位置完成装货任务后将一个满载集装箱运至港口。对于一个进口满箱任务，第一阶段需要将满载集装箱从港口运至收货人处，第二阶段为集卡车队列将取出货物的空箱从该客户处运至港口。对应于同一客户的前后两个阶段之间的时间间隔必须满足客户要求的装卸时间要求，即装卸货所需时间不大于同一客户的两阶段之间的时间间隔。DAOV 有向图可表示为 $G=(N,A)$，$N=C\bigcup\{0\}$，$A=\{(i,j)\mid i,j\in N, i\neq j\}$，$C=C_1\bigcup C_2$。其中，$N$ 表示子任务顶点集合，A 表示弧集，0 表示港口，C 是子任务顶点集合，C_1 表示第一阶段的子任务顶点集合，C_2 表示第二阶段的子任务顶点集合，i 和 i' 分别代表一个集装箱任务的第一阶段和第二阶段子任务顶点。对一个集装箱任务而言，(i',i) 表示从第二阶段到第一阶段的不可行的弧。集卡车队列从子任务顶点 i 到 j 的物理行驶时间记为 t_{ij}。假设有 p 个收货人和 d 个发货人。综上，集合 N 包含如下子任务顶点。

$$N\begin{cases}0\\C\begin{cases}C_1\begin{cases}P_1:\{1,2,3,\cdots,p\}\\D_1:\{p+1,p+2,p+3,\cdots,p+d\}\end{cases}\\C_2\begin{cases}P_2:\{1',2',3',\cdots,p'\}\\D_2:\{(p+1)',(p+2)',(p+3)',\cdots,(p+d)'\}\end{cases}\end{cases}\end{cases}$$

4.3.2 符号说明

集合：

N——所有子任务顶点的集合，$N = C \cup \{0\}$；

C——所有集装箱子任务顶点集合，$C = C_1 \cup C_2$，C_1 表示第一阶段子任务顶点集合，C_2 表示第二阶段子任务顶点集合；

i'——与第一阶段子任务顶点 $i(i \in C_1)$ 相对应的第二阶段子任务顶点；

A——弧的集合，$A = \{(i,j) \mid i,j \in N, i \neq j\}$；

V——所有驾驶员的集合，$|V| = |C_1| = |C_2|$；

K——所有集卡车的集合，$K = \{k(i) \mid i \in C_1\}$，$k(i)$ 表示为顾客 i 服务的集卡车，$|K| = |C_1|$。

参数：

t_{ij}——弧上的行驶时间，$(i,j) \in A$；

p_i——客户要求的打包时间，$i \in C_1$；

I——集卡车队列的最大长度；

T——驾驶员的最长工作时间。

4.3.3 MINLP 模型

首先引入如下决策变量：

X_{ijv}——在一条路线中，如果驾驶员 v 服务完子任务顶点 i 以后立即服务子任务顶点 j，则为 1；否则为 0。$i,j \in N, i \neq j, v \in V$；

Y_{ijk}——如果集卡车 k 从子任务顶点 i 移动到子任务顶点 j，则为 1；否则为 0。$i,j \in N, i \neq j, k \in K$；

W_{ij}——如果一辆集卡车行驶过弧(i,j),结果为 1;否则为 0。$i,j \in N, i \neq j$;
S_i——子任务顶点 i 的服务开始时间,$i \in C$。

基于 DAOV 图,可建立如下 MINLP 数学模型:

$$\min \sum_{v \in V} \sum_{j \in C_2} (S_j + t_{j0}) X_{j0v} - \sum_{v \in V} \sum_{i \in C_1} (S_i - t_{0i}) X_{0iv} \tag{4.1}$$

$$\text{s. t.} \quad \sum_{v \in V} \sum_{j \in N} X_{ijv} = 1, \forall i \in C \tag{4.2}$$

$$\sum_{j \in C} X_{0jv} \leqslant 1, \forall v \in V \tag{4.3}$$

$$\sum_{j \in N, j \neq i} X_{jiv} = \sum_{j \in N, j \neq i} X_{ijv}, \forall i \in C, v \in V \tag{4.4}$$

$$\sum_{j \in N, j \neq i'} X_{i'jv} = \sum_{j \in N, j \neq i} X_{ijv}, \forall i \in C_1, v \in V \tag{4.5}$$

$$\sum_{v \in V} X_{ijv} \leqslant \sum_{k \in K} Y_{ijk}, \forall i \in N, j \in N, k \in K, i \neq j \tag{4.6}$$

$$\sum_{v \in V} X_{ijv} \geqslant Y_{ijk}, \forall i \in N, j \in N, k \in K, i \neq j \tag{4.7}$$

$$\sum_{j \in N, j \neq i} Y_{jik} = \sum_{j \in N, j \neq i} Y_{ijk}, \forall i \in C, k \in K \tag{4.8}$$

$$\sum_{j \in C, j \neq i'} Y_{0jk(i)} = \sum_{j \in N, j \neq i, i'} Y_{jik(i)} = Y_{ii'k(i)} = \sum_{j \in C, j \neq i, i'} Y_{i'jk(i)} = \sum_{j \in C, j \neq i} Y_{j0k(i)} = 1, \forall i \in C_1 \tag{4.9}$$

$$1 \leqslant \sum_{k \in K} \sum_{j \in N, j \neq i} Y_{ijk} \leqslant I, \forall i \in C \tag{4.10}$$

$$\sum_{k \in K} Y_{ijk} \leqslant IW_{ij} \leqslant I \sum_{k \in K} Y_{ijk}, \forall i \in N, j \in N, i \neq j \tag{4.11}$$

$$S_j \geqslant M(\sum_{v \in V} X_{ijv} - 1) + S_i + t_{ij}, \forall i \in C, j \in C, i \neq j \tag{4.12}$$

$$S_i \geqslant t_{0i}, \forall i \in C_1 \tag{4.13}$$

$$S_{i'} \geqslant S_i + p_i, \forall i \in C_1 \tag{4.14}$$

$$S_j + t_{j0} - (S_i - t_{0i}) \leqslant M(2 - X_{j0v} - X_{0iv}) + T, \forall i \in C_1, j \in C_2, v \in V \tag{4.15}$$

$$X_{ijv} \in \{0,1\}, \forall i \in N, j \in N, i \neq j, v \in V \tag{4.16}$$

$$Y_{ijk} \in \{0,1\}, \forall i \in N, j \in N, i \neq j, k \in K \tag{4.17}$$

$$W_{ij} \in \{0,1\}, \forall i \in N, j \in N, i \neq j \tag{4.18}$$

目标函数式(4.1)使驾驶员的总工作时间最小化,包括集卡车队列的行驶时间和在客户处的集装箱装卸货等待时间,其中,$S_j + t_{j0}$ 是驾驶员在执行任务后返回港口的时刻,被减式是所有驾驶员最终执行完所有任务后返回港口的时刻之和,$S_i - t_{0i}$

是驾驶员在任务开始之前离开港口的时刻,减式是所有驾驶员在开始所有任务之前离开港口的时刻之和。

约束式(4.2)~(4.5)描述了驾驶员的路线行程约束。约束式(4.2)确保每个子任务顶点被驾驶员访问一次,约束式(4.3)确保每个驾驶员最多执行一条路线,约束式(4.4)为驾驶员的流量守恒约束,约束式(4.5)确保同一个驾驶员访问某个集装箱任务的前后两个阶段。

约束式(4.6)和式(4.7)构建了驾驶员和集卡车之间的关系。约束式(4.6)确保驾驶员在没有集卡车的情况下不能通过弧。在约束式(4.7)中,集卡车在没有驾驶员的情况下无法通过弧。约束式(4.8)为集卡车流量守恒约束。约束式(4.8)和式(4.9)共同描述为一条路线中的每辆集卡车从港口出发,先后服务对应客户的前后两个子任务顶点,最终返回港口。约束式(4.10)限制最大集卡车队列长度。约束式(4.11)表示是否有集卡车通过弧(i,j)。

约束式(4.12)和式(4.13)保证驾驶员在连续服务两个子任务顶点的开始时间的连贯性,其中M是一个足够大的常数。约束式(4.14)确保满足每个客户的打包时间。为避免疲劳驾驶,约束式(4.15)限制每个驾驶员的最长工作时间。

约束式(4.16)~(4.18)定义决策变量为二元变量。

4.4 模型的线性化处理

由于目标函数式(4.1)具有非线性特点,上述数学模型是非线性的,难以用优化软件直接求解。因此,通过引入以下目标函数和约束条件,将目标函数式(4.1)线性化。

$$\min \sum_{j \in C_2} \tau_j - \sum_{j \in C_1} \varphi_i \tag{4.19}$$

$$\text{s.t.} \quad \tau_j \geqslant M(X_{j0v} - 1) + S_j + t_{j0}, j \in C_2, v \in V \tag{4.20}$$

$$\varphi_i \leqslant M(1 - X_{0iv}) + S_i - t_{0i}, \forall i \in C_1, v \in V \tag{4.21}$$

$$\varphi_i \leqslant M X_{0iv}, \forall i \in C_1 \tag{4.22}$$

$$\varphi_i \geqslant 0, \forall i \in C_1 \tag{4.23}$$

$$\tau_j \geqslant 0, j \in C_2 \tag{4.24}$$

目标函数式(4.19)是目标函数式(4.1)的替代。τ_j和φ_i表示两个决策变量。τ_j是驾驶员在执行所有任务后返回港口的时刻,φ_i是驾驶员在开始所有任务之前离开港口的时刻。

决策变量X_{0iv}和X_{j0v}分别表示两个不同的0、1二元数值。当$X_{j0v}=1$时,约束式

(4.20)变为$\tau_j \geqslant S_j + t_{j0}$，同时考虑目标函数式(4.19)最小化，使得$\tau_j$等于$S_j + t_{j0}$，这是驾驶员返回港口的时刻。当$X_{j0v} = 0$时，约束式(4.20)变为$\tau_j \geqslant -M + S_j + t_{j0}$，此时约束式(4.20)被松弛掉。当$X_{0iv} = 1$时，约束式(4.21)变为$\varphi_i \leqslant S_i - t_{0i}$，约束式(4.22)变为$\varphi_i \leqslant M$，约束式(4.22)被松弛掉。同时考虑目标函数式(4.19)最小化，使φ_i成为最大值，因此φ_i等于$S_i - t_{0i}$，表示驾驶员离开港口的时刻。当$X_{0iv} = 0$时，约束式(4.21)变为$\varphi_i \leqslant M + S_i - t_{0i}$，约束式(4.21)被松弛掉。约束式(4.22)为$\varphi_i \leqslant 0$，根据约束式(4.23)和目标函数式(4.19)，限制φ_i取值为0。

根据以上描述，原始模型被等价转换为一个 MILP 模型，其目标函数式为 (4.19)，约束式为(4.2)～(4.18)和式(4.20)～(4.24)。

4.5 数值实验

4.5.1 实验设置与算例生成

所有实验均在一台个人计算机上进行，操作系统为 Windows 11，CPU 为 AMD Ryzen 7 5800H，3.20 GHz，内存为 13.9 GB。在 Visual Studio 2010 中使用 C++ 语言调用 IBM ILOG CPLEX 12.6.1 对转换后的数学模型进行求解。模型生成器的内存限制设置为 5 120 MB。每个算例的最长求解时间限制为 1 h。

与文献 Xue 等(2021)类似，基于随机生成的算例对数学模型进行验证分析。客户随机分布在长和宽均为 200 km 的欧几里得平面中心，港口位于该方形区域的中心。在每个客户处，集装箱的装卸箱时间服从[2,4]上的均匀分布（单位:h）。两个客户之间的行驶时间等于物理距离除以集卡车行驶速度(60 km/h)。驾驶员最大工作时间 T 设置为 8 h，最大集卡车队列长度 I 设置为 3 辆。

4.5.2 实验结果分析

针对一系列不同规模的算例进行测试，中小规模算例实验结果见表 4.1。表 4.1 详细记录了各算例在目标值（包括最优值和次优值）方面的表现、参与服务客户的驾驶员数量，以及求解时间。实验结果表明，对于客户数量不超过 10 的小规模算例，CPLEX 软件能够在 CPU 求解时间内找到最优解。这说明在较小的问题规模下，CPLEX 软件在求解转换后的模型方面表现出了较高的效率和准确性。然而，随着测试算例规模的逐渐扩大，所需求解时间急剧增加，表现出明显的指数级增长趋势。具体来看，关于算例 R1～R31，CPLEX 软件求得了最优解。但是，对于较大规模算例 R32～R54，CPLEX 软件在 CPU 求解时间内得到了可行解，而未必是最优解。这一现象反映了随着问题规模的增大，求解难度显著提高，面临计算时间显著增加的

第4章 考虑预防驾驶员疲劳驾驶的集装箱接驳运输问题

挑战。

表 4.1 中小规模算例实验结果

算例	客户个数	目标值/h	驾驶员数量/个	CPU 求解时间/s
R1	4	15.32	2	0.44
R2	4	12.55	2	2.25
R3	4	14.16	2	0.35
R4	4	13.69	2	0.84
R5	4	13.61	2	0.63
R6	5	15.16	2	2.59
R7	5	13.32	2	1.90
R8	5	11.66	2	9.87
R9	5	12.26	2	1.49
R10	5	13.97	2	1.33
R11	6	18.05	3	4.71
R12	6	18.00	3	11.72
R13	6	19.44	3	13.25
R14	6	18.90	3	13.10
R15	6	17.32	3	18.75
R16	7	19.99	3	8.63
R17	7	25.95	4	11.12
R18	7	27.81	4	18.13
R19	7	20.80	3	21.53
R20	7	20.18	3	7.59
R21	8	25.52	4	46.60
R22	8	21.43	3	25.96
R23	8	25.08	4	43.56
R24	8	27.03	4	36.36
R25	8	20.80	3	49.81
R26	9	32.81	5	192.20
R27	9	29.10	4	75.67
R28	9	36.62	5	43.18
R29	9	33.48	5	42.98

续表4.1

算例	客户个数	目标值/h	驾驶员数量/个	CPU 求解时间/s
R30	9	28.34	4	79.74
R31	10	29.00	4	147.90
R32	10	26.39	4	3 600.00
R33	10	31.92	5	3 600.00
R34	10	27.91	4	3 600.00
R35	10	27.62	4	3 600.00
R36	12	38.65	7	3 600.00
R37	12	39.09	5	3 600.00
R38	12	45.50	7	3 600.00
R39	12	37.20	5	3 600.00
R40	12	42.61	6	3 600.00
R41	15	60.53	10	3 600.00
R42	15	76.04	12	3 600.00
R43	15	66.70	11	3 600.00
R44	15	54.71	8	3 600.00
R45	15	50.80	7	3 600.00
R46	20	106.75	20	3 600.00
R47	20	94.34	14	3 600.00
R48	20	108.58	20	3 600.00
R49	20	101.97	17	3 600.00
R50	20	89.04	15	3 600.00
R51	24	136.84	23	3 600.00
R52	24	147.56	24	3 600.00
R53	24	192.00	24	3 600.00
R54	24	127.17	22	3 600.00

现对R20算例的情形进行深入分析,该算例中共有7个客户,实验结果表明共有3名驾驶员完成一系列集装箱运输任务。下面详述各集卡车队列路线的具体情况。

路线 1:

0 (0) — 1 (0.77) — 7 (1.63) — 14 (5.33) — 8 (6.18) — 0 (6.95)

路线 2：

0 (0) — 2 (1.18) — 5 (2.25) — 12 (4.3) — 9 (5.37) — 0 (6.55)

路线 3：

0 (0) — 3 (1.43) — 6 (1.51) — 4 (2.06) — 11 (4.65) —
13 (5.2) — 10 (5.25) — 0 (6.68)

上述每条路线中，括号外的数字表示每个驾驶员在一条路线上经过的子任务顶点，括号内的数字表示相应子任务顶点上活动的开始时刻(单位:h)。

以路线 1 为例解释说明：一名驾驶员首先从堆场 0 出发，依次完成子任务顶点 1、7、14、8 后，最终返回堆场 0。整条路线的时间进程为：该驾驶员从堆场出发(时刻为 0)，首先服务子任务顶点 1 的时刻为 0.77 时，接着服务子任务顶点 7 的时刻为 1.63 时，随后服务子任务顶点 14(子任务顶点 7 的第二阶段)的时刻为 5.33 时，之后服务子任务顶点 8(子任务顶点 1 的第二阶段)的时刻为 6.18 时，最终在 6.95 时返回堆场。

4.5.3 最大集卡车队列长度的影响

本小节对最大集卡车队列长度 I 的影响进行实验分析，最大集卡车队列长度 I 对实验结果的影响见表 4.2。表中涉及解的最优性(最优或次优)、所需的驾驶员个数及 CPU 求解时间。值得注意的是，当最大集卡车队列长度 I 设置为 1 时，所研究模型退化为一个传统的接驳运输模型(即一辆集卡车最多装载一个集装箱)，此时的运输策略与常规的集装箱接驳运输模式无异。

表 4.2 最大集卡车队列长度 I 对实验结果的影响

算例	客户个数	$I=1$			$I=2$			$I=3$		
		目标值/h	驾驶员数量/个	CPU求解时间/s	目标值/h	驾驶员数量/个	CPU求解时间/s	目标值/h	驾驶员数量/个	CPU求解时间/s
R1	4	22.46	4	0.06	15.32	2	0.52	15.32	2	0.44
R5	4	22.77	4	0.06	13.61	2	0.41	13.61	2	0.63
R6	5	26.37	5	0.07	18.96	2	1.91	15.16	2	2.59
R10	5	30.21	5	0.07	17.84	3	1.91	13.97	2	1.33
R11	6	33.09	6	0.08	22.89	4	5.36	18.05	3	4.71
R15	6	28.79	6	0.07	17.87	3	10.51	17.32	3	18.75
R16	7	40.80	7	0.10	24.69	4	12.02	19.99	3	8.63
R20	7	39.04	7	0.09	25.10	4	13.48	20.18	3	7.59
R21	8	44.59	8	0.12	27.47	4	43.47	25.52	4	46.60

续表4.2

算例	客户个数	$I=1$			$I=2$			$I=3$		
		目标值/h	驾驶员数量/个	CPU求解时间/s	目标值/h	驾驶员数量/个	CPU求解时间/s	目标值/h	驾驶员数量/个	CPU求解时间/s
R25	8	44.81	8	0.13	30.61	5	38.95	20.80	3	49.81
R26	9	51.24	9	0.13	32.88	5	85.29	32.81	5	192.20
R30	9	54.98	9	0.13	32.70	5	81.47	28.34	4	79.74
R31	10	60.32	10	0.15	35.12	5	169.45	29.00	4	147.90

当最大集卡车队列长度 I 从 1 增加到 3 时,观察到了一个明显的现象,即所需雇佣的驾驶员数量呈现显著的下降趋势。这一结果表明,通过允许较多的集卡车形成队列进行协同运输,可以有效减少整个运输任务所需的人力资源。同时,随着 I 值的持续增大,总工作时间也呈现下降的趋势。这说明适当增加集卡车队列长度能够在一定程度上提高运输效率和成本效益。

在针对小规模算例的测试中,相较于传统模式,采用集卡车队列模式所需的 CPU 求解时间略有增加。这一现象可以归因于集卡车队列模式中更为复杂的路径规划和调度问题。尽管如此,在每个算例测试中,采用集卡车队列模式所需的驾驶员数量及总工作时间均优于传统模式的表现,这表明集卡车队列模式在资源利用和运输效率方面具有明显的优势。

通过对表 4.2 所示解决方案信息的比较分析,可以进一步理解集卡车最大队列长度对于整体运输系统性能的影响。随着队列长度的增加,不仅人力资源的使用更为高效,同时也可能对计算时间产生影响。尽管增加队列长度会带来更复杂的计算需求,但在许多情况下,得到的运输效率提升和成本降低可以补偿这一增加的计算负担。

总体而言,集卡车最大队列长度 I 是影响集装箱接驳运输问题解决方案的一个关键参数。通过调整 I 值,运输公司可以在运输资源使用效率、运输成本及求解时间之间找到一个平衡点,以实现更优的运输策略。

4.5.4 驾驶员最长工作时间对运输任务执行效果的影响

在本小节研究中,着重探讨驾驶员最长工作时间对运输任务执行效果的影响。为此,设定了两种不同的驾驶员工作时间限制:8 h 和 12 h,并通过实验观察这两种设置对运输效果的影响。驾驶员最长工作时间 T 的影响见表 4.3。表 4.3 显示在不同驾驶员最长工作时间 T 值设定下,服务客户所需的驾驶员数量及总工作时间(即目标值)的变化情况。

表 4.3 驾驶员最长工作时间 T 的影响

算例	客户个数	$T=8$			$T=12$		
		目标值/h	驾驶员数量/个	CPU求解时间/s	目标值/h	驾驶员数量/个	CPU求解时间/s
R1	4	15.32	2	0.44	14.38	2	2.37
R5	4	13.61	2	0.63	13.61	2	2.46
R6	5	15.16	2	2.59	15.16	2	26.70
R10	5	13.97	2	1.33	13.97	2	37.40
R11	6	18.05	3	4.71	17.72	2	637.00
R15	6	17.32	3	18.75	15.90	2	1 656.00
R17	7	25.95	4	11.12	22.31	3	3 600.00
R18	7	27.81	4	18.13	23.47	3	3 600.00
R21	8	25.52	4	46.60	25.22	3	3 600.00
R23	8	25.08	4	43.56	24.91	3	3 600.00
R28	9	36.62	5	43.18	30.91	4	3 600.00
R29	9	33.48	5	42.98	30.56	4	3 600.00

实验结果表明,随着驾驶员最长工作时间 T 的增加,即从 8 h 延长至 12 h,所需驾驶员的数量和总工作时间均呈现下降趋势。这一变化的原因主要在于,随着工作时间限制的放宽,单个驾驶员能够完成更多的运输任务,减少了需要返回堆场休息等待的驾驶员数量,从而提高了运输系统的整体效率和资源利用率。

然而,尽管延长驾驶员工作时间有助于提高运输效率,但是过长的工作时间可能会对驾驶员的健康和安全产生负面影响。特别是,过长的连续驾驶时间可能导致驾驶员疲劳驾驶,增加交通事故的风险。因此,在确定最佳的驾驶员工作时间 T 时,需要在提升运输效率和确保驾驶员安全驾驶之间找到一个平衡点。合理设置驾驶员的最长工作时间 T 是优化运输任务执行和保障驾驶员安全的关键因素之一。

4.6 本章小结

本章研究了考虑驾驶员疲劳因素对集装箱集卡车队列模式运输问题的影响和解决方案。特别关注了在半固定集卡车队列模式下,通过操控一个由多辆集卡车组成的队列,允许单个驾驶员可以同时为多个客户提供集装箱运输服务。在这个运输模式中,优化目标是最小化所有驾驶员的总工作时间,包括在路上的行驶时间及在客户处的等待时间。

本章构建了一个 MINLP 模型,该模型以最小化驾驶员总工作时间为优化目标。为了精确描述问题,引入了 DAOV 图,通过这一图论工具来数学化地表示运输任务和车辆之间的相互关系。进一步来说,为了克服模型中的非线性问题从而简化求解过程,通过引入辅助决策变量,对模型进行了线性化处理,转换后的模型能够基于标准的优化求解器进行求解。

基于 CPLEX 软件优化求解器对线性化后的模型进行求解,实验结果不仅验证了模型的有效性,还对一些关键参数进行了敏感性分析,例如,最大集卡车队列长度、驾驶员工作时间限制。探讨了这些参数对运输效率和成本的影响,能够为运输企业和决策者提供有价值的参考。

本章的研究,在保证驾驶员不过度疲劳的同时,对如何提升集装箱接驳运输效率和降低成本有了更深入的理解。为未来进一步优化集装箱接驳运输问题,特别是在考虑驾驶员疲劳因素的情况下,提供了新的视角和方法。

第5章　集卡车队列模式下考虑驾驶员数量限制的集装箱接驳运输问题的建模与优化

5.1　引　言

第4章针对考虑驾驶员疲劳驾驶因素的半自动集卡车队列模式下的集装箱接驳运输问题进行了研究，本章在第4章研究的基础上，进一步考虑驾驶员数量约束，建立相应的数学规划模型，并依据问题特点设计智能优化求解算法。优化目标是最小化运输公司的总成本，包括集卡车的部署成本和驾驶员的雇佣成本，通过设计模拟退火算法，基于随机生成的算例进行求解，并对实验结果进行分析。5.2节和5.3节分别针对所研究的问题进行描述和建模；5.4节介绍模拟退火算法的具体细节；5.5节进行实验分析；5.6节对本章内容进行小结。

5.2　问题描述

在实施运输任务时，并不是所有驾驶员都充分利用了设定的最大集卡车队列长度。通过合理配置所需驾驶员的数量来进一步优化资源配置，鼓励每个驾驶员在人力资源受限的情况下驾驶更多的集卡车，以此最大化集卡车队列的使用率，进而达到降低公司雇佣成本的目的。在第4章研究内容的基础上，本章考虑驾驶员数量限制约束，在半自动集卡车队列模式下，调度优化参与运输工作的人数有限的驾驶员，优化目标是最小化公司的总运营成本，包括驾驶员的雇佣成本和集卡车的部署成本，其中驾驶员的雇佣成本以驾驶员的工作时间为基准。

5.3　数学模型

本章所研究的问题可被描述为如下数学模型。

$$\min c_1 \sum_{k \in K} \sum_{j \in C} Y_{0jk} + c_2 \Big[\sum_{v \in V} \sum_{j \in C_2} (S_j + t_{j0}) X_{j0v} - \sum_{v \in V} \sum_{i \in C_1} (S_i - t_{0i}) X_{0iv} \Big] \quad (5.1)$$

s.t. 式(4.2)～(4.18)

$$\sum_{v \in V} \sum_{j \in C_1} X_{0jv} \leqslant \delta \quad (5.2)$$

目标函数式(5.1)为最小化运输公司的总成本,包括集卡车的部署成本和驾驶员的雇佣成本。第一部分 $c_1 \sum_{k \in K} \sum_{j \in C} Y_{0jk}$ 为集卡车部署成本,其中 c_1 为单位集卡车的雇佣成本,$\sum_{k \in K} \sum_{j \in C} Y_{0jk}$ 为参与运输任务的集卡车数量;第二部分为驾驶员的雇佣成本,其中 c_2 为驾驶员单位时间的工作成本,$\sum_{v \in V} \sum_{j \in C_2} (S_j + t_{j0}) X_{j0v} - \sum_{v \in V} \sum_{i \in C_1} (S_i - t_{0i}) X_{0iv}$ 为所有驾驶员的总工作时间。约束式(4.2)～(4.18)与第4章相同,在此略去说明。约束式(5.2)起到限制工作的驾驶员数量的作用,换言之,此约束式确保所涉及的驾驶员数量不超过一个预定的上限。通过对驾驶员数量的限制,可以有效地平衡人力资源的使用和运输任务的需求,避免因驾驶员过多而导致的资源浪费或管理复杂度增加。

5.4 改进的模拟退火算法

模拟退火算法是一种有效的全局优化算法,特别适用于解决大规模和非线性等复杂优化问题。该算法通过模拟退火过程等物理现象,在搜索过程中允许以一定概率接受比当前解差的解,从而有助于算法跳出局部最优解,增加找到全局最优解的可能性。对于一些问题规模较大、求解空间复杂的优化问题,传统的确定性算法往往难以有效求解,而模拟退火算法能够通过随机搜索等策略机制,在可接受的时间内寻找到近似最优解。

本节采用模拟退火算法来解决集装箱接驳运输问题,旨在通过优化集卡车路线及集装箱配置以使公司运营总成本最小化。模拟退火算法初始化阶段涉及关键参数设置,包括起始温度、温度下界及温度下降率。此外,还需初始化其他必要的参数,如迭代次数和解的邻域结构变换机制,采用随机排列的方式生成初始解。模拟退火算法采用内外两层循环的策略,外循环设置了最大迭代次数或最长运行时间,内层的循环过程为温度控制循环,通过冷却因子逐步降低温度。在内层循环中,当温度降至设定的温度下界时,模拟退火算法停止搜索,此时模拟退火算法达到稳定状态。在每次迭代过程中,通过随机选择两个或更多节点并进行交换等操作来生成新的邻域解。

对每个生成的邻域解,计算其对应的集卡车路线上的信息。模拟退火算法基于 Metropolis 准则来决定是否接受新生成的邻域解。如果得到的新解优于当前解,直接接受新解;否则,根据一定的概率决定是否接受新解,以便跳出局部最优。在每次迭代结束时,比较当前解和已知的历史最优解,如果当前解优于历史最优解,则更新历史最优解,并记录该解对应的集卡车路线信息。重复执行上述步骤,直至达到最大迭代次数或终止温度。此时,模拟退火算法终止并输出最优解。

通过上述总体思想,针对所研究的集装箱接驳运输问题,改进的模拟退火算法不仅考虑了集卡车队列路线的优化,还兼顾了实际运输过程中的时间约束。该算法通过温度控制和解的迭代改进机制,能够有效地平衡全局搜索和局部搜索,从而在可接受的求解时间内找到高质量的近似最优解。

基于以上描述,改进的模拟退火算法具体实施步骤如下。

步骤 1 初始化,通过贪婪算法生成初始解序列,满足驾驶员所携带的集卡车队列路线;设定最大迭代次数 Maxiter,初始温度 T_0,终止温度 T_{end} 和冷却因子 q。

步骤 2 在当前解的基础上,通过邻域解搜索算子生成候选解,并调整运输路线上驾驶员访问客户节点的顺序。

步骤 3 根据生成的候选解确定所有的集卡车队列路线,即确定驾驶员的集卡车路线,同时考虑任务节点的两个阶段前后时间约束关系,并将任务节点从第二阶段到第一阶段的不可行路线 (i',i) 排除掉。

步骤 4 根据当前候选解与当前解在优化目标上的差值及当前温度,决定是否接受新的候选解。在高温下,模拟退火算法更倾向于接受较差的解以增加搜索的随机性,然而随着温度的降低,模拟退火算法越来越倾向于只接受改善解。

步骤 5 逐渐降低温度,直至达到预设的终止温度或其他终止条件,并确定最优解。

改进的模拟退火算法的基本流程如图 5.1 所示。

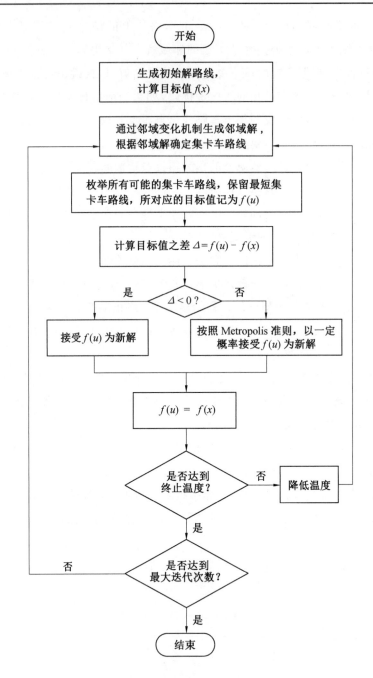

图 5.1 改进的模拟退火算法的基本流程

5.4.1 初始解序列的生成

采用贪婪算法来构建半自动集卡车队列集装箱接驳运输问题的初始解,目的是为集卡车队列的路线规划与集装箱任务调度优化提供一个稳健的出发点。初始解的生成过程遵循 3 个主要约束：最大集卡车队列长度、驾驶员数量限制和驾驶员的总工作时间最小。初始时，所有驾驶员的路线均为空，表明所有集装箱任务顶点尚未被分配。

贪婪算法通过"选择和插入"机制为每个驾驶员分配集装箱运输任务从而构建集卡车队列路线。集装箱任务选择策略基于距离驾驶员当前位置最近的未被服务客户对应的任务顶点，以最小化驾驶员的行驶距离。随后，在不违反约束的前提下，将选中的任务顶点插入当前驾驶员的集卡车路线中。当驾驶员的集卡车队列无法插入更多任务顶点时，表明当前驾驶员所驾驶的集卡车队列构建完毕，并开始新的驾驶员集卡车队列路线规划，直至所有任务顶点都被成功分配。

具体地，在初始解构造过程中，首先，将所有的任务顶点设置为未被服务状态，这意味着在最开始阶段，所有任务都需要被分配给相应的驾驶员和集卡车队列，以确保每个任务都能得到处理。其次，对集装箱任务顶点进行选择，需要检查是否还存在未被服务的任务顶点。如果存在，模拟退火算法将基于当前驾驶员所在的位置（堆场或客户），从所有未被服务的任务顶点中选择一个与该驾驶员距离最近的顶点。这种基于最近距离的选择机制旨在优化每次行驶的路径，以尽量减少当前驾驶员的行驶距离。每当一个新的任务顶点被选中后，模拟退火算法将对当前构造的集卡车队列进行检查，以确保新加入的任务顶点不会违反最大集卡车队列长度的约束。如果当前集卡车队列已达到设定的最大队列长度，那么当前驾驶员操控的集卡车队列构造完成，将安排新的驾驶员，并开始构造一个新的初始集卡车队列，以安排剩余的尚未被服务的任务顶点；如果当前队列尚未达到最大集卡车队列长度，那么为当前驾驶员寻找下一个最近的未被服务的任务顶点。如果所有任务顶点都已经被服务完毕，那么表明所有任务的初步分配和规划已经完成，初始解生成算法结束。

基于以上描述，初始解的构造步骤如下。

步骤 1 初始化所有任务顶点为未被服务状态。

步骤 2 选择尚未被服务的任务顶点。判断是否有顶点未被服务，如果是，基于当前驾驶员（或新的驾驶员）所在位置，从所有未被服务的任务顶点中选择一个与驾驶员位置距离最近的客户；否则，结束操作。

步骤 3 判断当前集卡车队列是否满足最大集卡车队列长度约束。如果是，表明此集卡车队列构造结束，返回步骤 2，准备安排新的驾驶员并构造新的集卡车队列；否则，返回步骤 2，准备为当前驾驶员继续分配集装箱任务。

初始解生成的一个简单路线示例：0－1－5－3－7－4－8－0－2－6－0，在此路线中，共有两个集卡车队列（或集卡车）。一个集卡车队列先后服务 3 个客户，另一个集卡车服务一个客户。其中，(1,5)，(2,6)，(3,7)，(4,8)分别对应某一客户的前后两个子任务顶点。

初始解的构造流程如图 5.2 所示。

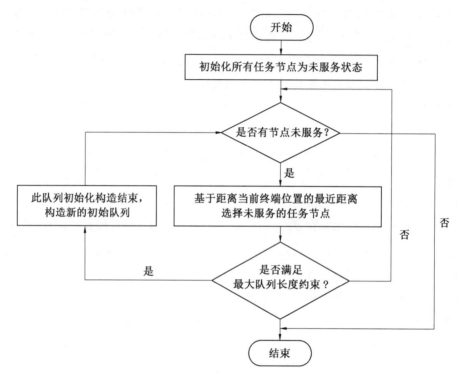

图 5.2　初始解的构造流程

通过以上步骤，模拟退火算法不断进行搜索，直到所有任务顶点都被成功分配到相应的集卡车队列中。这一过程不仅充分考虑了运输任务的实际约束条件，如最大队列长度，同时也努力实现了路线的最优选择，确保初始解的质量和实用性。通过局部最优决策搜索求解，提高了初始解生成的执行速度。虽然贪婪算法可能无法保证全局最优解，但它为后续更复杂算法的优化提供了一个可靠的基础，特别适用于问题规模较大或对快速决策有要求的场景。因此，本小节设计的贪婪算法，是一个有效且实用的启发式策略，为后续算法的设计优化奠定了基础。

5.4.2　邻域结构

邻域解搜索算子是局部搜索算法中用于探索解空间的一个重要工具。通过对当前解施加小的扰动来生成一系列邻近的解，称为"邻域解"。在邻域解搜索算子中，交换操作是通过在路径内部选择两个子任务顶点并互换它们的位置来得到新解，这种变换方式可以通过改变子任务的执行顺序从而带来解的质量的改进。

每个集装箱任务顶点被细分为前后两个子任务顶点,分别对应任务的第一和第二阶段。这种细分旨在更准确地模拟实际的运输流程,其中第一阶段可能涉及集装箱的提取或装载,而第二阶段则涉及集装箱的运输和卸载。为了优化运输路线,在邻域搜索过程中,我们专注于对第一阶段的子任务顶点进行操作。具体而言,采用随机交换的方式,选取两个尚未被服务的第一阶段任务顶点并交换它们的位置,以探索可能的更优运输路径。这种策略的选择基于一个假设:第一阶段任务顶点的优化有潜力改善整个运输计划。与此同时,第二阶段任务顶点的处理则较为复杂,因为它们的顺序直接受到集卡车队列路线的影响。因此,在邻域结构的设计中,第二阶段任务顶点的位置不参与随机交换过程。这种设计考虑到了实际运输过程中的物流约束,如集卡车的行进路线和装卸作业的逻辑顺序。第二阶段任务顶点的访问顺序与集卡车路线相关,关于第二阶段任务顶点的处理及它们与集卡车路线之间的关系将在本章的 5.4.3 小节中展开讨论。

5.4.3 集卡车路线的确定

当邻域解生成后,需要固定驾驶员操控集卡车队列的行驶路线。由于每一个集装箱任务顶点拆分成前后两个子任务顶点,在客户处进行集装箱装卸货操作时,需要考虑集卡车队列是否在该客户处等待。为了进一步降低运输总成本,需要尽可能地减少驾驶员的总工作时间,因此采用让集卡车队列在某些客户处不等待的策略,这与 Xue 等(2021)思考的角度不同。由于在实际中,最大集卡车队列长度总是被限制在一个较小的范围内,如 2、3 或 4,所以,可以采用枚举法分析验证给定任务顶点序列的所有可能的客户访问路线。插入节点位置如图 5.3 所示,假如集卡车队列长度 $I=3$,对于服务编号为 1、2 和 3 的客户,对应的第二阶段任务顶点分别为 4、5 和 6。驾驶员在访问第二阶段任务顶点之前必须先访问对应的第一阶段任务顶点。图 5.3 中,向下的箭头表示第二阶段任务顶点可以插入的位置,此时有 $(2\times I-1)!!$ 种可能,当 $I=3$ 时,$5!!=15$,即有 15 种可以插入的情形。

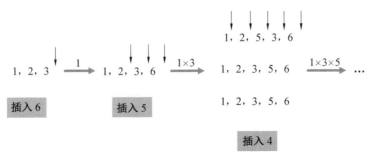

图 5.3　插入节点位置

为了实现将第二阶段任务顶点插入对应的第一阶段任务顶点所在的集卡车队列路线中，同时满足前后两个子任务顶点上活动的开始时间的前后逻辑性，可以采用回溯算法来生成所有可能的排列，然后过滤掉不满足时间逻辑性的集卡车队列路线。回溯算法的工作原理是在每一步选择中尝试所有的可能性，如果发现已选择的路径不可能达到最终解，就回退到上一步继续尝试其他的可能性，该算法的核心是深度优先搜索和剪枝。深度优先搜索尝试沿着树的深度遍历树的节点，以尝试找到解决方案。如果节点已经包含了不可能给出正确解答的部分就进行剪枝，即放弃继续搜索这条路径。这种方式可以大大减少搜索空间，提高搜索效率。

5.4.4 Metropolis 准则

在模拟退火算法中，Metropolis 准则被广泛用于接受或拒绝候选解，以便在探索解空间过程中找到全局最优解或近似最优解。根据目标值的变化，即使得到的某个解比当前解要差，仍以一定的概率接受该新解。这个概率由一个接受概率函数决定，并基于温度参数和新旧解之间的目标值差异。在模拟退火算法的早期阶段，设置温度参数较大，接受概率也较高，这有助于算法跳出局部最优并在解空间中进行更广泛的搜索。随着算法的进行，温度逐渐降低，接受概率也随之降低，这使得算法更倾向于接受更优的解，从而朝着全局最优解的方向收敛。

Metropolis 准则的核心思想是在搜索过程中保持一定的随机性，以便充分探索解空间并避免陷入局部最优解。通过合理地调整温度参数和接受概率函数，Metropolis 准则能够有效平衡全局搜索和局部搜索，从而提高模拟退火算法的收敛速度和解的质量。根据 Metropolis 准则决定是否接受新解，如果新解的值比当前解更优，则接受新解，否则以一定概率接受该新解。

假如目标函数为 $f(s)$，父代解 s_1 的目标值为 $f(s_1)$，子代解 s_2 的目标值为 $f(s_2)$，那么目标值差异 $\mathrm{d}f = f(s_2) - f(s_1)$，接受子代解（新解）的准则为

$$p = \begin{cases} 1, \mathrm{d}f < 0 \\ \exp\left(-\dfrac{\mathrm{d}f}{T_k}\right), \mathrm{d}f \geqslant 0 \end{cases} \tag{5.3}$$

模拟退火算法通过在不同温度下随机生成新解，并根据 Metropolis 准则决定是否接受新解，从而在搜索空间中寻找到近似最优解，最终得到集卡车队列的最优路线。

5.5 实验分析

本节旨在通过求解算例验证所建立的数学模型的正确性和有效性，以及所设计

算法的有效性。通过改变模拟退火算法中的最大迭代次数,分析最大迭代次数对目标值的影响。通过将模拟退火算法所得实验结果与 CPLEX 软件结果进行对比,突出模拟退火算法的性能。本章与第 4 章相同,实验数据仍然采用随机生成算例,关于实验环境、所使用的软件工具以及随机数据的产生与第 4 章相同,这里不再赘述。

5.5.1 算法参数设置与调试

根据 Xue 等(2021)对参数的设置,本小节算法参数设置如下:初始温度 $T_0=20$,终止温度 $T_{end}=0.0001$,冷却因子 $q=0.99$。另外,最大集卡车队列长度 $I=3$。目标函数为最小化总成本,包括集卡车的部署成本和驾驶员的雇佣成本,在目标函数的参数设置中,$c1=200$,$c2=50$。对于每个算例,规定采用 CPLEX 软件的最长运行时间为 3 600 s。本小节共随机生成了 27 个算例,其中包含 14 个小规模算例(R1~R14)和 13 个中大规模算例(R15~R27)。

本小节对算法中的最大迭代次数进行调试优化。最大迭代次数作为算法求解过程中的一个关键参数,直接决定了算法探索解空间的深度和广度。通过设定不同的最大迭代次数,包括 100、300 和 500,旨在揭示最大迭代次数对求解过程及最终解质量的影响程度。通过对比不同最大迭代次数下的目标值变化,选取较为合适的最大迭代次数。不同最大迭代次数下的实验结果见表 5.1。

表 5.1 不同最大迭代次数下的实验结果

算例	客户数量	最大迭代次数		
		100	300	500
R1	4	1 732	1 544.16	1 508
R2	4	1 683.6	1 523.3	1 480.5
R3	5	1 761.5	1 621	1 583
R4	5	1 802	1 632	1 613
R5	6	2 218	2 150	2 102.5
R6	6	2 317	2 171.3	2 066
R7	7	2 620.4	2 490.8	2 440
R8	7	2 610.1	2 420.1	2 409
R9	8	3 021.4	2 721.4	2 671.5
R10	8	2 920.8	2 805.8	2 640
R11	9	3 429.1	3 319.1	3 255
R12	9	3 558	3 328.3	3 217
R13	10	3 729	3 529	3 450

续表5.1

算例	客户数量	最大迭代次数		
		100	300	500
R14	10	3 427.6	3 265.1	3 255
R15	12	4 237.2	4 132.5	4 027.5
R16	12	4 538.5	4 194	4 147
R17	15	5 454.71	5 243.4	5 172
R18	15	5 650.8	5 456.9	5 439.5
R19	20	7 889	7 262.3	7 119
R20	20	7 690.1	7 058.2	6 912.5
R21	24	9 127.1	8 267.2	8 163
R22	25	9 135.3	8 569.9	8 499
R23	30	11 023	9 954	9 908
R24	35	13 204.6	11 065	11 110.5
R25	40	13 768	13 265	13 311.5
R26	45	15 980	14 805	14 778
R27	50	16 522	16 129	16 094

结果表明，随着最大迭代次数的增加，目标值呈现出明显的下降趋势，这表明增加迭代次数对于模拟退火算法深入探索解空间、寻找更优解具有积极的影响。在较低的迭代次数设置下（如 Maxiter = 100），由于搜索的不充分性，模拟退火算法未能实现较为理想的优化效果。这表明，在此阶段，模拟退火算法可能仅在解空间的局部区域内进行探索，尚未触及更优质的潜在解空间。当迭代次数提高至300，解的质量得到了显著提升，验证了增加迭代次数有助于得到更优的目标值。这一结果表明，更多的迭代次数为模拟退火算法提供了更广泛的搜索范围，使其有机会跳出局部最优，进而接近全局最优解。当 Maxiter 设置为500时，可以看到目标值仍有减小趋势，但减小速度十分平缓。这表明在达到某一迭代次数阈值之后，进一步增加迭代次数可能不会带来成本效益上的显著增加，反而会增加额外的计算负担。

最大迭代次数对目标值的影响如图 5.4 所示，通过曲线的变化趋势可以直接观察到参数不同设置下的算法求解性能。可以明显看出，对于每一个算例，随着最大迭代次数的增加，目标值呈现下降的趋势。特别是当最大迭代次数调整至300时，模拟退火算法展现出了较佳的性能；当最大迭代次数调整至500时，目标值改进不明显。这表明当最大迭代次数设置为300时，模拟退火算法能够更有效地探索解空间，寻找到更接近全局最优解的解决方案。因此,5.5.2小节实验中,模拟退火算法将最大迭代次数设置为300。综上,合理设定最大迭代次数对于确保模拟退火算法性能和效率的平衡至关重要。在实际应用中,一个既能保证求解质量又不会过度消耗计算资源的最大迭代次数对于一个算法是比较重要的。

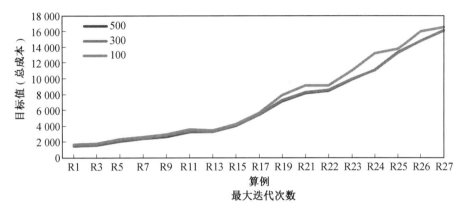

图 5.4　最大迭代次数对目标值的影响

5.5.2　模拟退火算法与CPLEX软件结果比较

表5.2是对小规模和中大规模随机算例的求解结果,包含采用CPLEX软件和模拟退火算法的求解结果进行比较,涉及目标值(总成本)、总工作时间、驾驶员数量和CPU求解时间。

实验结果表明,对于小规模算例,即客户数量不超过10时,CPLEX软件能够较短时间内得到最优解,同时,模拟退火算法可以在更短的时间内获得最优解。随着客户数量的增加,算例的复杂程度相应增加,CPLEX的计算时间呈指数级增长。当客户数量大于10时,CPLEX在规定时间内只能求得可行解,而模拟退火算法能够在较短的时间内找到比CPLEX更优的解,且需要的驾驶员数量相对较小。当客户数量大于30时,由于计算机内存限制,CPLEX无法在规定时间内获得可行解,而模拟退火算法在有效时间内可以求得满意解。

表 5.2 小规模和中大规模随机算例的求解结果

算例	客户数量	CPLEX 软件				模拟退火算法			
		总工作时间/h	目标值/元	驾驶员数量/个	CPU求解时间/s	总工作时间/h	目标值/元	驾驶员数量/个	CPU求解时间/s
R1	4	14.16	1 508	2	0.35	14.16	1 508	2	0.42
R2	4	13.61	1 480.5	2	0.63	13.61	1 480.5	2	0.88
R3	5	11.66	1 583	2	9.87	11.66	1 583	2	0.68
R4	5	12.26	1 613	2	1.49	12.26	1 613	2	0.91
R5	6	18.05	2 102.5	3	4.71	18.05	2 102.5	3	1.73
R6	6	17.32	2 066	3	18.75	17.32	2 066	3	1.73
R7	7	20.80	2 440	3	21.53	20.80	2 440	3	2.35
R8	7	20.18	2 409	3	7.59	20.18	2 409	3	2.36
R9	8	21.43	2 671.5	3	25.96	21.43	2 671.5	3	2.47
R10	8	20.80	2 640	3	49.81	20.80	2 640	3	2.95
R11	9	29.10	3 255	4	75.67	29.10	3 255	4	3.29
R12	9	28.34	3 217	4	79.74	28.34	3 217	4	3.47
R13	10	29.00	3 450	4	147.9	29.00	3 450	4	9.45
R14	10	27.62	3 381	4	3 600	25.1	3 255	4	6.34
R15	12	37.20	4 260	5	3 600	32.55	4 027.5	4	10.34
R16	12	38.65	4 332.5	7	3 600	34.94	4 147	4	10.21
R17	15	54.71	5 735.5	8	3 600	43.44	5 172	5	165.38
R18	15	50.80	5 540	7	3 600	46.99	5 439.5	5	167.05
R19	20	89.04	8 452	15	3 600	62.38	7 119	8	83.19
R20	20	90.16	8 508	15	3 600	58.25	6 912.5	7	89.32
R21	24	127.17	11 158.5	22	3 600	67.26	8 163	9	102.31
R22	25	—	—	—	3 600	69.98	8 499	9	183.65
R23	30	—	—	—	3 600	78.16	9 908	12	215.67
R24	35	—	—	—	3 600	82.21	11 110.5	14	323.29
R25	40	—	—	—	3 600	106.23	13 311.5	15	508.89
R26	45	—	—	—	3 600	115.56	14 778	17	1 567.66
R27	50	—	—	—	3 600	121.88	16 094	19	3 644.38

注:"—"表示由于内存限制,CPLEX 软件无法给出可行解。

图 5.5 更直观地显示了分别基于 CPLEX 软件与模拟退火算法得到的总工作时间的对比。具体而言,当客户数量不大于 10 时,两者的总工作时间相同;随着客户数量的继续增加,模拟退火算法中驾驶员的总工作时间明显减少;当客户数量大于 24 时,由于算例规模过大,CPLEX 软件在规定时间内无法求得可行解,而模拟退火算法可以求得满意解。

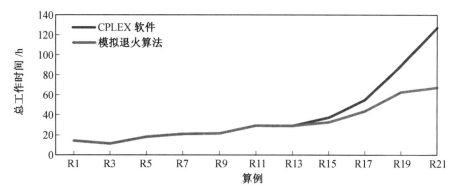

图 5.5 CPLEX 软件与模拟退火算法总工作时间对比

图 5.6 更直观地显示了分别基于 CPLEX 软件与模拟退火算法得到的目标值的对比。与图 5.5 类似,当客户数量小于等于 10 时,两者的总成本相同;随着客户数量的继续增加,模拟退火算法中目标值明显减小;当客户数量大于 24 时,CPLEX 软件在规定时间内无法求得可行解,而模拟退火算法可以求得满意解。综上,改进的模拟退火算法能够获得比 CPLEX 软件更小的目标值,能够减小集卡车队列模式下的集装箱接驳运输问题的总成本,提高运输效率。

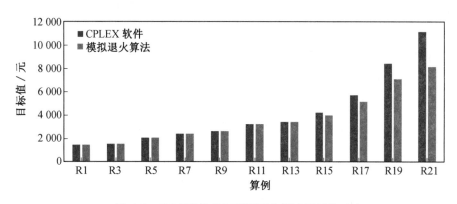

图 5.6 CPLEX 软件与模拟退火算法目标值对比

图 5.7 更直观地显示了分别基于 CPLEX 软件与模拟退火算法得到的驾驶员数量的对比。随着客户数量的增加,CPLEX 软件求解出的驾驶员需求量明显增大。例

如,对于算例 R21,客户数量为 24,CPLEX 软件求出的解中驾驶员数量为 22,说明随着问题规模的增大,模型变得十分复杂,此时 CPLEX 软件只能求得可行解,驾驶员需求数量比较大;而模拟退火算法求解出的驾驶员数量为 9,明显小于 CPLEX 软件求解得到的驾驶员数量 22,说明此时每个驾驶员尽可能操控多辆集卡车,体现了改进的模拟退火算法的优势。综上,设计的模拟退火算法能够使每个集卡车队列尽可能地满足最大队列长度,以此来减少雇佣驾驶员的数量,进而降低整个运输过程的总成本,提高运输效率。

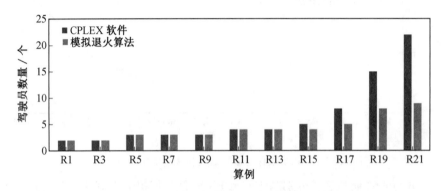

图 5.7 CPLEX 软件与模拟退火算法驾驶员数量对比

5.6 本章小结

本章针对集卡车队列模式下考虑驾驶员数量限制的集装箱接驳运输问题,构建了数学模型,并设计了改进的模拟退火算法。具体而言,本章的目标是探讨如何优化驾驶员的雇佣数量,并确保每个驾驶员的工作效率最大化,同时尽可能降低运输总成本。在模型求解过程中能够考虑驾驶员队列长度的最大化利用和驾驶员数量的经济性。这一改进将使模型更加贴近实际运输过程中的经济要求,从而提供更为有效的运输方案。在模拟退火算法设计过程中,首先根据贪婪算法获得初始解,其次根据 Metropolis 准则确定最优解,最后基于大量随机生成的算例,并与 CPLEX 软件所求得的解进行比较,验证所设计算法的有效性。

在半自动集卡车队列模式下,一个驾驶员可以操控多辆集卡车,这种运输方式可以部分抵消因驾驶员数量限制带来的潜在运力下降。较少的驾驶员意味着更简单的调度和管理工作,从而减轻物流管理的负担。由于集卡车是作为一个整体队列运行的,相比传统模式,集卡车队列模式在调度和路线规划方面可以更加集中和高效。通过优化集卡车队列中每个驾驶员的工作安排,可以最大化利用每个驾驶员的工作时

第5章　集卡车队列模式下考虑驾驶员数量限制的集装箱接驳运输问题的建模与优化

间,减少空车行驶和等待时间,从而最小化总成本。适当的驾驶员数量限制可以保证驾驶员有足够的休息时间,从而减少因疲劳驾驶导致的安全隐患。在半自动集卡车队列模式下,虽然一个驾驶员需要操控多辆集卡车,但通过科学合理的规划,可以确保驾驶员的工作负荷处于安全范围内。

第6章 考虑部分客户需要被多次访问的多尺寸集装箱接驳运输问题

6.1 引　言

集装箱接驳运输是指,在某一区域一家物流公司使用集卡车作为交通运输工具为若干客户提供集装箱运输服务的操作过程。在接驳运输过程中,由于客户需求不同,不可避免地会出现集装箱尺寸不同、客户需要多次被访问的情形。对接驳运输的优化研究旨在最大限度地利用有限的车辆、燃料和时间等,达到减少资源的浪费、提高运输效率、减少交通拥堵、缩短出行时间、提高交通网络通行能力等目的。多尺寸集装箱接驳运输示意图如图 6.1 所示。客户 1、2、3 提出请求运输集装箱分别到客户 4、5、6 处,集卡车 1 首先从堆场 0 出发,到达客户 1 装载要运送的一个小尺寸集装箱,然后前往下一个客户 2 装载要运送的一个小尺寸集装箱,运往客户 4,卸下一个集装箱,之后前往客户 5 卸下从客户 1 装载的集装箱,最后空车返回堆场 0;集卡车 2 从堆场 0 出发前往客户 3 装载一个大尺寸集装箱,运送到客户 6 卸下该集装箱,之后空车返回堆场 0。

本章的主要研究内容如下。

(1) 通过虚拟需要访问多次的部分客户,生成新的客户节点,同时保持任务类型、位置等信息不变。

(2) 通过限制集卡车访问客户的顺序,消除求解过程中产生的子回路。

(3) 建立数学规划模型,根据引入的状态转移逻辑设计相应约束,并对模型进行线性化处理。

6.2 问题定义

6.2.1 问题描述

关于客户的请求,每个请求对应一对节点(拾取和交付节点),换言之,需要从一个客户位置拾取一个集装箱,并将该集装箱交付到对应的另一个客户位置。所有客户节点分为两种类型:拾取节点和交付节点,每个拾取节点对应一个交付节点。集卡

第6章 考虑部分客户需要被多次访问的多尺寸集装箱接驳运输问题

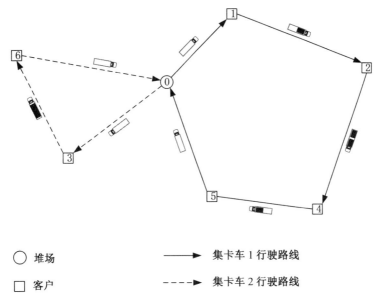

图 6.1 多尺寸集装箱接驳运输示意图

车完成分配的请求后,返回唯一的堆场。所有集卡车的规格都是相同的,但每辆集卡车可以装载的不同规格的集装箱的数量不同(例如,一辆集卡车最多装载一个 40 ft 的集装箱或两个 20 ft 的集装箱)。如果某个客户请求运输的集装箱数量超过集卡车的最大容量,就需要多次访问该客户节点以满足运输请求。本章研究内容不考虑时间窗约束,但限制卡车沿途访问节点的顺序。

假设需要处理 n 个集装箱运输请求,那么节点集合 $N=\{0,1\cdots,n,n+1,\cdots,2n\}$,其中,0 代表出发和返回的堆场,其余节点为客户节点。拾取节点集合 $P=\{1,\cdots,n\}$,交付节点集合 $D=\{n,\cdots,2n\}$。对于每个属于 P 的拾取节点 i,对应属于 D 的交付节点为 $i+n$。令 $G=\{N,A\}$ 表示有向图,$A=\{(i,j) \mid i \in N, j \in N, i \neq j\}$ 是节点之间形成的有向弧集合。每个客户节点都有对应的任务类型和集装箱的规格与数量。任务类型集合 $U=\{+,-\}$,其中,+ 代表拾取任务,是拾取节点的任务类型,- 代表交付任务,是交付节点的任务类型。集装箱类型集合 V 与集装箱的尺寸和是否装有货物有关,$V=\{e20, e40, f20, f40\}$,其中,$e20$ 代表空的 20 ft 集装箱,$e40$ 代表空的 40 ft 集装箱,$f20$ 代表满的 20 ft 集装箱,$f40$ 代表满的 40 ft 集装箱。一个客户节点的任务可以表示为 $r_i=(u_i,v_i,k_i)$,$u_i \in U$,$v_i \in V$,其中,k_i 表示节点任务对应的集装箱个数。本书引入状态转换逻辑,用状态表示车辆此时装载的集装箱规格与数量。状态转换逻辑策略主要包括两部分:集卡车在访问客户节点之后会因为完成节点的任务产生一个状态,由于上一时刻的集卡车状态并不确定,因此访问节点后可能存在多个状态;集卡车经过弧之后会产生状态转换对,同样存在多种状态转换的可能性。

集卡车状态转换示意图如图 6.2 所示。其中,状态 0~5 表示集卡车访问节点后的状态,集卡车到达堆场节点后的状态为 0,即空车状态。$(+, f20, 2)$ 表示,在一个拾取客户位置,一辆集卡车需要装载两个 20 ft 的满集装箱;$(-, e40, 1)$ 表示,在一个交付客户位置,一辆集卡车需要卸载一个 40 ft 的空集装箱。两个节点之间会产生有向的状态转换对,如 $\langle 0,1 \rangle, \langle 1,2 \rangle$。注意这些状态都满足集卡车负载规格的要求。

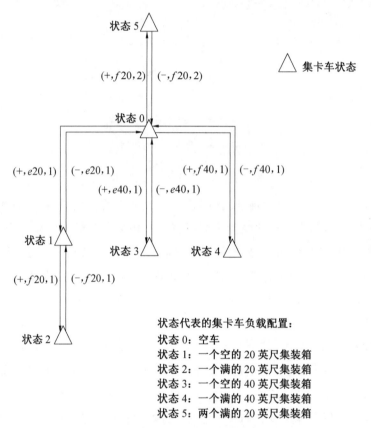

图 6.2　集卡车状态转换示意图

为了满足客户的需求,一些客户节点需要被访问两次。此种情况下,集卡车的行驶路径中可能会形成子环,使集卡车访问客户的顺序变得不清晰,建立数学模型也变得具有挑战性。为解决这个问题,对需要被访问多次的客户节点和堆场进行复制,创建对应的虚拟节点。由原始堆场节点复制生成的虚拟堆场节点作为集卡车行驶路线的终点。虚拟节点在位置、状态转换逻辑和任务类型方面与对应的原始节点保持一致。虚拟节点设置后,对应的原始节点所分配的集装箱任务数量从多个减少到 1 个,从而确保每个节点只被访问一次。

第6章 考虑部分客户需要被多次访问的多尺寸集装箱接驳运输问题

令 m 表示需要访问两次的拾取客户节点(或交付客户节点)的数量,此时,原始和虚拟拾取节点(或交付客户节点)的总数为 $n+m$。包括原始节点和虚拟节点在内的所有节点集合记为 $N'=\{0,1,\cdots,n,n+1,\cdots,n+m,\cdots,2(n+m)+1\}$,其中 0 和 $2(n+m)+1$ 分别为原始和虚拟的堆场节点。所有拾取客户节点的集合,包括原始节点和虚拟节点,记为 $P'=\{1,\cdots,n+m\}$。所有交付节点的集合,包括原始节点和虚拟节点,记为 $D'=\{n+m+1,\cdots,2(n+m)\}$。所有节点形成的弧集合 $A'=\{(i,j)\mid i\in N',j\in N',i\neq j\}$。

以图 6.2 描述的集卡车状态为基础,集卡车行驶路线示意图如图 6.3 所示。图 6.3 共有 3 个请求,0~6 代表节点,0 为堆场节点,1~3 为拾取客户节点,4~6 为分别与 1~3 对应的交付客户节点。每辆集卡车最初从堆场出发,到达拾取客户节点装载客户请求的集装箱,再前往相应的交付客户节点并卸下集装箱,之后前往其他客户节点进行服务,最后返回堆场。当某辆集卡车访问某客户时,如果一次不能完成该客户的集装箱运输任务,可以允许该辆或其他集卡车多次访问该客户节点来完成任务。图 6.3 中集卡车 1 的行驶路线为 $(0-2-5-3-6-2-5-0)$,集卡车 2 的行驶路线为 $(0-1-4-0)$。如果节点之间没有确定路线时,此时集卡车访问节点后可能有多种状态。例如,集卡车访问客户节点 1 时可能经过弧 $(0,1)$,此时访问客户节点 1 之后集卡车的状态是状态 5,经过弧 $(1,4)$ 后的状态转换对是 $\langle 5,0 \rangle$;集卡车访问客户节点 1 时也可能经过弧 $(3,1)$,此时访问客户节点 1 之后集卡车的状态是状态 2,经过弧 $(1,4)$ 后的状态转换对是 $\langle 2,1 \rangle$。当路线确定后集卡车访问节点之后只会有一个状态,集卡车经过弧后也只会有一种状态转换对。通过预先设定好两个节点之间可能存在的状态转换对便可以限制集卡车的访问顺序和路径,排除不符合访问规则的路线,例如弧 $(0,4)$ 之间可能的状态转换对个数为 0,也就意味着集卡车不会在弧 $(0,4)$ 之间行驶。

图 6.3 中,集卡车 1 行驶路线中访问的客户 2 和 5 分别需要被访问两次。以图 6.4 为例,$N'=\{0,1,2,\cdots,9\}$,$P'=\{1,2,3,4\}$,$D'=\{5,6,7,8\}$,集卡车 1 的行驶路线是 $(0-2-6-3-7-4-8-9)$,集卡车 2 的行驶路线是 $(0-1-5-9)$。

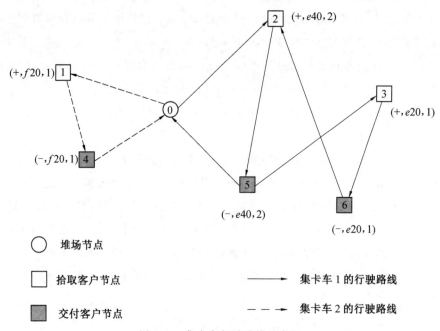

图 6.3　集卡车行驶路线示意图

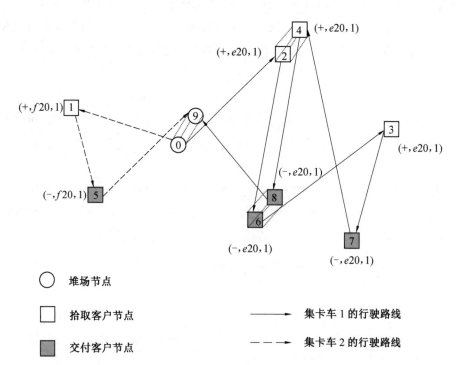

图 6.4　带有虚拟节点的集卡车行驶路线示意图

6.2.2 相关假设

(1) 每个客户请求要运输的集装箱规格是相同的,每个请求最多可以包括两个集装箱,需要从一个拾取客户节点运往对应的一个交付客户节点。

(2) 处于相同状态下的集卡车每千米的燃油消耗是相同的。

(3) 如果有客户请求运输两个集装箱,且符合某辆集卡车的负载要求,那么集卡车只访问该客户节点一次即可。

6.3　MINLP 模型

6.3.1　符号说明与数学模型

本章相关符号和决策变量说明见表 6.1。

表 6.1　相关符号和决策变量说明

符号	含义
集合	
T	集卡车集合
V	集装箱集合
N'	所有节点集合,包括原始和虚拟的节点
P'	所有拾取客户节点集合,包括原始和虚拟的节点
D'	所有交付客户节点集合,包括原始和虚拟的节点
A'	所有节点,包括原始和虚拟的节点之间形成的弧集合
参数	
Ω_{ij}	集卡车经过弧 (i,j) 可能产生的状态转换对集合
Δ_i	集卡车访问节点 i 之后可能产生的状态
τ_{ij}	节点 i 与 j 之间的距离
s_h	h 状态下集卡车每千米的燃油价格
c	集卡车数量
d	真实和虚拟拾取节点(交付节点)的总数,$d=n+m$
决策变量	
$x_{i,j}^t$	0~1 变量,如果集卡车 t 经过弧 (i,j),则为 1;否则为 0
$y_i^{t,h}$	0~1 变量,如果集卡车 t 访问节点 i 之后的状态是 h,则为 1;否则为 0,$h \in \Delta_i$
$z_{i,j}^{t,h,h'}$	0~1 变量,如果集卡车 t 经过弧 (i,j) 对应的状态转换对是 (h,h'),则为 1;否则为 0
u_i^t	非负整数变量,集卡车 t 访问到节点 i 时在路线中的次序

本章所研究问题可以描述为如下 MINLP 模型。

$$\min \sum_{t \in T} \sum_{i \in N'} \sum_{j \in N'} \sum_{h \in \Delta_i} y_i^{t,h} s_h \tau_{i,j} x_{i,j}^t \tag{6.1}$$

$$\text{s.t.} \sum_{t \in T} \sum_{j \in N'} x_{i,j}^t = 1, \forall i \in P' \tag{6.2}$$

$$\sum_{j \in N'} x_{i,j}^t - \sum_{j \in N'} x_{d+i,j}^t = 0, \forall i \in P', t \in T \tag{6.3}$$

$$\sum_{j \in N'} x_{0,j}^t = 1, \forall t \in T \tag{6.4}$$

$$\sum_{i \in N'} x_{i,2d+1}^t = 1, \forall t \in T \tag{6.5}$$

$$\sum_{j \in N'} x_{j,i}^t - \sum_{j \in N'} x_{i,j}^t = 0, \forall t \in T, i \in P' \cup D' \tag{6.6}$$

$$x_{i,j}^t = 0, \forall (i,j) \in A', t \in T, |\Omega_{i,j}| = 0 \tag{6.7}$$

$$u_i^t + 1 + M(x_{i,j}^t - 1) \leqslant u_j^t, \forall (i,j) \in A', t \in T \tag{6.8}$$

$$u_i^t \leqslant u_{d+i}^t, \forall t \in T, i \in P' \tag{6.9}$$

$$\sum_{t \in T} u_{2d+1}^t = 2(d+c) \tag{6.10}$$

$$u_i^t \leqslant M \sum_{j \in N'} x_{i,j}^t, \forall t \in T, i \in P' \cup D' \tag{6.11}$$

$$u_0^t = 1, \forall t \in T \tag{6.12}$$

$$\sum_{(h,h') \in \Omega_{i,j}} z_{i,j}^{t,h,h'} = x_{i,j}^t, \forall (i,j) \in A', t \in T, |\Omega_{i,j}| \geqslant 1 \tag{6.13}$$

$$2z_{i,j}^{t,h,h'} \leqslant y_i^{t,h} + y_j^{t,h'}, \forall (i,j) \in A', t \in T, |\Omega_{i,j}| \geqslant 1, (h,h') \in \Omega_{i,j} \tag{6.14}$$

$$\sum_{h \in \Delta_i} y_i^{t,h} = \sum_{j \in N'} x_{i,j}^t, \forall i \in P' \cup D', t \in T \tag{6.15}$$

$$y_0^{t,h} = 1, \forall t \in T, h \in \Delta_0 \tag{6.16}$$

$$y_{2d+1}^{t,h} = 1, \forall t \in T, h \in \Delta_{2d+1} \tag{6.17}$$

$$x_{i,j}^t \in \{0,1\}, \forall (i,j) \in A', t \in T \tag{6.18}$$

$$y_i^{t,h} \in \{0,1\}, \forall t \in T, h \in \Delta_i, i \in N' \tag{6.19}$$

$$z_{i,j}^{t,h,h'} \in \{0,1\}, \forall (i,j) \in A', t \in T, (h,h') \in \Omega_{i,j} \tag{6.20}$$

$$u_i^t \in N, \forall t \in T, i \in N' \tag{6.21}$$

目标函数式(6.1)表示最小化所有集卡车的总燃油消耗。约束式(6.2)表示对应每一个真实或虚拟节点的任务只能执行一次。约束式(6.3)表示相对应的装载和卸载任务,由同一辆集卡车完成运输。约束式(6.4)和式(6.5)分别限制每辆集卡车从堆场出发并返回堆场。约束式(6.6)表示节点的流量守恒约束,到达客户节点的集卡车完成任务后必须离开该节点。约束式(6.7)表示,如果两个节点之间不存在状态转换,那么集卡车不会经过这两个节点间的弧。

约束式(6.8)~(6.12)是限制集卡车在路线上访问节点的次序。约束式(6.8)表示访问后面节点的次序要比前面节点次序大。约束式(6.9)限制集卡车首先要访问拾取客户节点才会访问对应的交付客户节点。约束式(6.10)保证集卡车最后返回堆场节点时的次序相加正好是所有集卡车访问的节点个数。约束式(6.11)限制了在集卡车没有访问客户节点的情况下,该节点不会在该集卡车的路线中产生次序。约束式(6.12)限制每辆集卡车从堆场出发的次序为1。

约束式(6.13)限制集卡车 t 经过弧 (i,j) 时会从可能存在的状态转换中选出一对 (h,h')。当集卡车 t 经过弧 (i,j) 时,在集合 Ω_{ij} 中的所有状态转换对都是集卡车可能产生的状态转换对,但是最终集卡车只会产生一种状态转换对,需要从集合 Ω_{ij} 中选出其中一个作为集卡车 t 的状态转换对情况。约束式(6.14)会限制集卡车 t 访问弧两端的节点后的状态与从式(6.13)中选出的状态转换对保持一致。当经过弧 (i,j) 的集卡车 t 选择一个状态转换对 (h,h') 后,约束式(6.14)会限制集卡车 t 访问节点 i 之后的状态是 h,集卡车访问 j 之后的状态是 h'。约束式(6.15)限制集卡车 t 经过某个客户节点后只会产生一个状态。约束式(6.16)和式(6.17)表示集卡车 t 在堆场的状态为 0,Δ_{2d+1} 和 Δ_0 中只有一个状态 0。约束式(6.18)~(6.20)将决策变量定义为 0、1 变量。约束式(6.21)将决策变量定义为非负整数变量。

6.3.2 模型计算复杂度分析

对于 MINLP 模型,随着集合中元素个数的增加,决策变量个数会显著上升。本节对 MINLP 模型进行计算复杂度分析。MINLP 模型的计算复杂度为 $O(|V||N|\sum_i|\Delta_i|)$,其中 $|\ |$ 表示某集合的基数,推导如下。

变量 $y_i^{t,h}$ 计算与 i、t、h 有关,节点 i 的个数限制在 $O(|N|)$ 范围内,集卡车 t 的个数限制在 $O(|V|)$ 范围内,集卡车状态 h 与访问某个节点 i 之后的可能状态 Δ_i、h 和 i 相关,集卡车状态 h 的个数限制在 $O(\sum_i|\Delta_i|)$ 范围内。因此,变量 $y_i^{t,h}$ 的个数限制在 $O(|V|\sum_i|\Delta_i|)$ 范围内。变量 $x_{i,j}^t$ 的计算与 i、j、t 有关,客户节点 j 的个数限制在 $O(|N|)$ 范围内。当 $y_i^{t,h}$ 中的 i 和 t 确定时,$x_{i,j}^t$ 中的 i 和 t 也是确定的,只与 j 有关。综上,MINLP 模型的计算复杂度为 $O(|V||N|\sum_i|\Delta_i|)$。

6.4 模型线性化处理

上述数学规划模型中,目标函数是非线性的,因此,数学模型是非线性的,不便于直接使用优化求解软件求解。同时为了减少计算资源的消耗,引入新的变量对模型进行线性化处理,以提高求解效率。

引入决策变量 δ_i^t 表示集卡车 t 从节点 i 行驶到下一节点的燃油成本。

$$\min \sum_{t \in T} \sum_{i \in N} \delta_i^t \tag{6.22}$$

$$\text{s.t.} \quad \delta_i^t \geqslant M(y_i^{t,h} - 1) + s_h \tau_{i,j} x_{i,j}^t, \forall t \in T, h \in \Delta_i, i \in N', j \in N' \tag{6.23}$$

$$\delta_i^t \geqslant 0, \forall t \in T, i \in N' \tag{6.24}$$

线性化之后的目标函数见式(6.22),同时引入约束式(6.23)和式(6.24)。当 $y_i^{t,h}$ 为 1 时,约束式(6.23)转换为 $\delta_i^t \geqslant s_h \tau_{i,j} x_{i,j}^t$,由于目标函数式(6.22)取最小值,所以 $\delta_i^t = s_h \tau_{i,j} x_{i,j}^t$,同时约束式(6.24)松弛掉,此时等式的右侧与式(6.1)效果相同。当 $y_i^{t,h}$ 为 0 时,约束式(6.23)和式(6.24)会限制 $\delta_i^t \geqslant 0$,同时由于目标函数式(6.22)取最小值,所以 $\delta_i^t = 0$。综上,通过式(6.22)~(6.24)可以实现和式(6.1)相同的效果。此时原始模型等价转换为目标函数式(6.22)和约束式(6.2)~(6.21)、(6.23)、(6.24),且转换后的模型为 MILP 模型。

6.5 实验分析

6.5.1 实验环境与算例生成

本章实验是在一台安装有 64 位操作系统的个人计算机上进行的,其详细硬件配置如下:中央处理器为 Intel(R) Core(TM) i7 – 10700 CPU @ 2.90 GHz,随机存取存储器为 16 GB,存储配置包括一个 256 GB 的固态硬盘和一个 1 TB 的机械硬盘。

实验中使用的优化求解器是 GUROBI 10.0 API 的 Python 3.7,采用 Python 语言编写程序,并使用虚拟环境管理器 Anaconda 构建环境。

实验中的算例采用基于仿真生成的数据,算例生成方法具体如下:所有的客户都是在一个边长为 200 km 的正方形区域内随机生成的,并利用欧氏距离计算两个位置间的距离。集装箱类型包括 20 ft 空集装箱(e20)、20 ft 满集装箱(f20)、40 ft 空集装箱(e40)和 40 ft 满集装箱(f40)。一辆集卡车一次可以装载的集装箱规格为:最多两个 e20,最多两个 f20,最多一个 e20 和一个 f20,最多一个 e40,或最多一个 f40。一辆集卡车空载时每千米的燃油成本定为 10 港元;如果集卡车装载一个 e20 集装箱时,燃料成本定为每千米10.5港元;如果集卡车装载两个$e20$集装箱,燃料成本定为每千米11港元;当装有一个$f20$集装箱时,燃料成本定为每千米13港元;如果集卡车装载两个$f20$集装箱,燃料成本设定为每千米16港元;当装载一个$e20$和一个$f20$集装箱时,燃料成本定为每千米13.5港元;如果集卡车装载一个$e40$集装箱,燃料成本设定为每千米11港元;装载一个$f40$集装箱,燃料成本设定为每千米15港元。每个请求的集装箱的类型和数量都是随机产生的。模型求解的终止条件设置为运行3 600 s或找到最优解。注意,对于相同数量的请求,算例中对应的节点坐标是不同的。

6.5.2 小规模算例求解结果分析

小规模算例的求解结果见表6.2。从结果可以看出,求解器对于小规模算例均可以有效求解,并能够快速求得最优解。由于算例规模相对较小,求解的计算时间可以控制在毫秒级,但也会受到计算机当前资源限制的影响而产生微小的差异。

表6.2中,一个请求对应一对拾取客户节点和交付客户节点,部分请求中要运输的集卡车并不能一次性装载完毕,比如两个$e40$集装箱,这些请求对应的拾取客户节点和交付客户节点需要访问两次,也就是需要虚拟复制新的客户节点。每个算例中有一个真实的堆场节点和复制出的一个虚拟堆场节点。因此,对于表6.2中的每个算例,节点总数量=2×请求数量+需访问两次的客户数量+2(1个实际堆场和1个虚拟堆场)。

表6.2 小规模算例的求解结果

算例	请求数量	需访问两次的客户数量	节点总数量	车辆数	目标值/港元	计算时间/s
R1	3	2	10	1	10 859	0.01
R2	3	2	10	2	7 740	0.02
R3	3	2	10	3	12 110	0.02
R4	4	2	12	1	12 474	0.03
R5	4	2	12	2	13 947	0.01
R6	4	2	12	3	12 929	0.01
R7	5	2	14	1	11 565	0.01
R8	5	2	14	2	9 880	0.17
R9	5	2	14	3	15 805	0.04
R10	5	2	14	4	13 408	0.04

以算例R5为例,求解结果如图6.5所示。图6.5中共有4个请求,使用两辆集卡

车来执行运输任务,节点1~5是拾取客户节点,节点6~10是交付客户节点,0和11是车辆出发和返回的堆场节点。其中拾取客户节点4(对应于交付客户节点9)需要被访问两次,节点5(对应节点4)和节点10(对应节点9)分别是虚拟客户节点。节点0~11的坐标依次是(11,70),(158,68),(181,42),(71,112),(49,165),(49,165),(30,76),(180,179),(99,89),(166,25),(166,25),(11,70)。

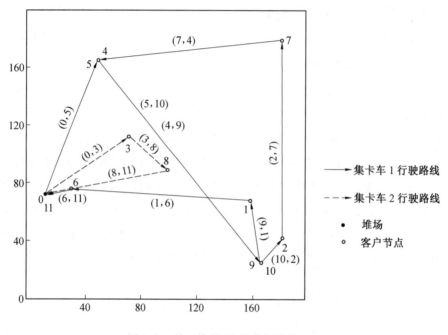

图 6.5 关于算例 R5 的求解结果

集卡车1首先从堆场0出发到达拾取客户节点5,装载一个$f40$集装箱,再到交付客户节点10卸下集装箱,然后到达拾取客户节点2,装载一个$e20$集装箱前往交付客户节点7卸下该集装箱。之后前往拾取客户节点4装载一个$f20$集装箱,前往节点9进行交付。接着前往节点1装载一个$e20$集装箱并交付到节点6,最后返回堆场。集卡车2则是从堆场出发前往拾取客户节点3装载两个$e20$集装箱,交付到节点8,最后返回堆场。经计算,求解结果与实际情况一致,这样的路径也是最优解。以上表明对于小规模算例,所建模型是有效的。

6.5.3 中大规模算例求解结果分析

中大规模算例的求解结果见表6.3,表格中属性的数量关系与6.2节中的描述相同。根据表6.3中算例的求解结果,算例R11~R31都可以在有效时间内求得最优解,但是消耗的计算时间随算例规模的增大显著增加。例如,对于请求数量为7的算例R17,求解时间是0.86 s,目标值是19 565港元;对于请求数量为20的较大规模算例 R30，求解时间是 746.00 s，目标值是 73 457 港元。

综上，对于小规模和中大规模算例，使用优化求解器均可以在较短时间内求出最优解。虽然对中大规模算例的求解时间会增加，但也可以求得最优解。

表 6.3 中大规模算例的求解结果

算例	请求数量	需访问两次的客户数量	节点总数量	车辆数	目标值/港元	计算时间/s
R11	6	2	16	2	14 421	0.25
R12	6	2	16	3	13 054	0.39
R13	6	2	16	4	22 912	0.49
R14	7	4	20	3	18 636	0.51
R15	7	4	20	4	22 872	0.88
R16	7	4	20	5	19 270	2.00
R17	7	4	20	6	19 565	0.86
R18	8	4	22	3	25 778	58.00
R19	8	4	22	4	26 249	3.00
R20	8	4	22	5	27 504	6.00
R21	8	4	22	6	24 231	34.00
R22	9	6	26	6	30 565	709.00
R23	9	6	26	7	34 206	6.00
R24	9	6	26	8	31 481	5.00
R25	10	6	28	6	37 971	1 537.00
R26	10	6	28	7	40 571	224.00
R27	10	6	28	8	35 524	129.00
R28	15	8	40	15	74 114	1 503.00
R29	15	8	40	16	65 074	193.00
R30	20	14	56	25	73 457	746.00
R31	20	14	56	26	125 513	431.00

6.6 本章小结

本章针对部分客户节点可以被多次访问的多尺寸集装箱接驳运输优化问题进行了研究。在考虑问题场景时设置了车辆和集装箱的负载搭配，相较于大部分只考虑车辆容量而忽略集装箱规格约束的研究更符合实际情况。同时在问题中设置部分节点需要访问多次才能完成任务，使问题场景更为严谨。通过引入状态转换逻辑方法，考虑集卡车访问节点的次序，并对需要多次访问的客户节点进行虚拟复制处理，建立了一个 MINLP 模型，并对模型进行了线性化处理。最后，基于大量算例进行求解分析，比较了 MINLP 模型在小规模和中大规模算例中的求解表现，充分验证了 MINLP 模型的有效性。

本书接下来将考虑采用深度强化学习算法对 MINLP 模型进行优化，以提高更大规模算例求解的效率。在之后的研究中也可以对研究问题场景进行扩展，比如考虑多家集卡车运输公司博弈访问客户的情况，或者客户能够动态增加删除集装箱任务请求的情形。

第 7 章　同时考虑标准集装箱与可折叠集装箱的接驳运输问题

7.1　引　言

随着城市物流行业的蓬勃发展及新型制造工艺的日趋成熟,一种新型的集装箱,可折叠集装箱应运而生,一辆集卡车可以同时装载多个处于折叠状态的此种类型的空箱。本章研究的可折叠集装箱具有操作便捷的特点,无须配备特定设备。在接驳运输中引入可折叠集装箱对于降低企业的运营成本和减少碳排放具有积极意义。

本章主要研究同时考虑标准集装箱与可折叠集装箱的接驳运输问题,同时考虑可折叠空箱受限的资源约束模式,并给出在该模式下集卡车的行驶路径及标准集装箱与可折叠集装箱的合理配置。7.2 节首先定义本章要求解的问题;7.3 节对该问题进行数学描述;7.4 节介绍求解该问题的主动式禁忌搜索算法;7.5 节给出数值实验的设计方法与结果分析;7.6 节对本章进行小结。

7.2　问题定义

7.2.1　问题描述

在某区域内,一家集卡车运输公司为一定数量的客户(发货人、收货人)提供接驳运输服务。该公司拥有一个堆场和一定数量的集卡车与集装箱,堆场用于停放集卡车与存放集装箱,集装箱的类型有两种:标准集装箱与可折叠集装箱。对该公司而言,堆场上存放的标准空箱是足够多的,而可折叠空箱的数目是有限的。无论标准集装箱是空箱还是满箱,一辆集卡车一次只能装载一个标准集装箱。然而,一辆集卡车一次可以装载一个可折叠满箱或多个可折叠空箱。计划期(通常为 1 d)内,该公司需要处理一定数量的进口集装箱任务与出口集装箱任务。

在计划期开始时,每个进口集装箱任务的集装箱类型是已知的。然而,在运输过程中,需要决策每个出口集装箱任务的集装箱类型。对于一个进口集装箱任务,一辆集卡车首先将一个满箱从堆场运至相应的收货人位置,待卸货操作完成后,该辆集卡车将产生的空箱从收货人位置运至他处。对于一个出口集装箱任务,一辆集卡车首先将一个空箱从他处运至相应的发货人位置,待装货操作完成后,该辆集卡车将产生的满箱运至堆场。

将每个集装箱任务视为一个订单。在集装箱的装卸货过程中,之前提供集装箱运输服务的集卡车可以选择离开客户位置,基于此,将每个订单分解为两个子订单。对于一个进口订单,子订单 1 表示一辆集卡车将一个满箱从堆场运到相应的收货人位置,子订单 2 表示在收货人位置,将产生的空箱装上集卡车。对于一个出口订单,子订单 1 表示在发货人位置,将一个空箱从集卡车上卸下,子订单 2 表示集卡车将满箱从发货人位置运至堆场。一辆集卡车的行驶路线如图 7.1 所示,该辆集卡车最初在堆场装上两个可折叠空箱,行驶至发货人 1 位置并卸下一个可折叠空箱用于装货,随后行驶至发货人 2 位置并卸下一个可折叠空箱用于装货,然后空载行驶至发货人 3 位置,装上一个可折叠满箱,最后返回堆场并卸下该满箱。

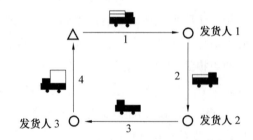

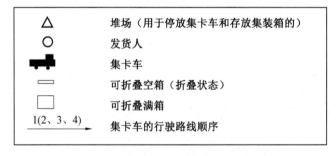

图 7.1 一辆集卡车的行驶路线

在计划期内,集卡车可以随时访问堆场。每个集装箱任务都有一个时间窗,该时间窗由相应的客户设置,规定客户位置的装卸箱活动必须在时间窗内开始并结束。集卡车最初从堆场出发,完成一系列集装箱任务后,最终返回堆场。问题的优化目标是最小化集卡车的总工作时间。

第7章 同时考虑标准集装箱与可折叠集装箱的接驳运输问题

7.2.2 相关假设

(1)所有集装箱的尺寸是相同的。

(2)每个客户只有一个集装箱任务。

(3)不考虑集卡车差异,且每辆集卡车的行驶速度为定值。

(4)与运输时间相比,集卡车装卸集装箱的时间和可折叠集装箱的折叠、展开时间相对较短,且本章研究的是便于操作的可折叠集装箱,因此上述时间忽略不计。

(5)在计划期开始之前,关于接驳任务的信息是已知的,且在计划期内保持不变。

7.2.3 符号说明

0——虚拟订单(或子订单),表示集卡车最初从堆场出发或最终返回堆场;

I_s——使用标准集装箱的进口订单集合;

I_f——使用可折叠集装箱的进口订单集合;

E——出口订单集合;

$A = I_s \cup I_f \cup E$——订单集合;

I_{1s}——使用标准集装箱的进口订单1集合;

I_{2s}——使用标准集装箱的进口订单2集合;

I_{1f}——使用可折叠集装箱的进口订单1集合;

I_{2f}——使用可折叠集装箱的进口订单2集合;

E_1——出口订单1集合;

E_2——出口订单2集合;

$N = I_{1s} \cup I_{2s} \cup I_{1f} \cup I_{2f} \cup E_1 \cup E_2$;

$V = \{0\} \cup N$——子订单集合;

$\delta(i)$——对应于子订单$i \in N$的订单,$\delta(i) \in A$;

$\theta(i)$——对应于子订单$i \in N$的子订单,$\theta(i) \in N, \delta(i) = \delta(\theta(i))$;

τ_{ij}——一辆集卡车在对应于子订单$i \in V, j \in V$的两个客户位置(或堆场)之间的行驶时间,$\tau_{ij} = \tau_{ji}$;

n^t——初始时堆场上停放的集卡车数目;

n^f——初始时堆场上存放的可折叠空箱数目;

p_i——订单$i \in A$的装卸货时间;

B——一辆集卡车一次装载的最大可折叠空箱数目;

$[a_i, b_i]$——订单$i \in A$的时间窗。

7.3 数学描述

本节引入如下决策变量。

x_{ij}——如果一辆集卡车先后处理子订单 $i \in V$ 和 $j \in V, i \neq j$，则为 1，否则，为 0；

y_i——如果出口子订单 $i \in E_1$ 选用可折叠集装箱，则为 1，否则，为 0；

z_{ij}——如果集卡车在由子订单 $i \in N$ 向 $j \in N$ 转换过程中返回堆场，$i \neq j$，则为 1，否则，为 0；

s_i——子订单 $i \in N$ 上的活动的开始时刻；

r_{ij}——集卡车完成服务子订单 $i \in N$ 后而准备服务子订单 $j \in N$ 的活动的开始时刻，$i \neq j$；

F_{ij}^s——集卡车从子订单 $i \in I_{2f} \bigcup E_1$ 向 $j \in V$ 转换活动开始时，集卡车装载的可折叠空箱数目，$i \neq j$；

F_{ij}^e——集卡车从子订单 $i \in V$ 向 $j \in I_{2f} \bigcup E_1$ 转换活动结束时，集卡车装载的可折叠空箱数目，$i \neq j$。

令 t_i 表示子订单 $i \in N$ 上活动的服务时间，令 t_{ij} 表示集卡车从子订单 $i \in V$ 向 $j \in V$ 的转换时间，$i \neq j$。t_i 和 t_{ij} 的取值分别见表 7.1 和表 7.2。

表 7.1 t_i 的取值，$i \in N$

i	$I_{1s} \bigcup I_{1f} \bigcup E_2$	$I_{2s} \bigcup I_{2f} \bigcup E_1$
t_i	τ_{0i}	0

表 7.2 t_{ij} 的取值，$i\in V, j\in V, i\neq j$

i	j			
	$\{0\}\cup I_{1s}\cup I_{1f}$	E_1	I_{2f}	$I_{2s}\cup E_2$
$\{0\}\cup E_2$	0	τ_{0j}	τ_{0j}	τ_{0j}
E_1	τ_{i0}	$\begin{cases}\tau_{i0}+\tau_{0j}, \text{若 } y_i=1, F^s_{ij}=0 \text{ 或 } y_i=0\\ \tau_{ij}, \text{若 } y_i=1, 1\leq F^s_{ij}\leq B-1\end{cases}$	τ_{ij}	$\begin{cases}\tau_{ij}, \text{若 } y_i=1, F^s_{ij}=0 \text{ 或 } y_i=0\\ \tau_{i0}+\tau_{0j}, \text{若 } y_i=1, 1\leq F^s_{ij}\leq B-1\end{cases}$
I_{2f}	τ_{i0}	τ_{ij}	$\begin{cases}\tau_{i0}+\tau_{0j}, \text{若 } F^s_{ij}=B\\ \tau_{ij}, \text{若 } 1\leq F^s_{ij}\leq B-1\end{cases}$	$\tau_{i0}+\tau_{0j}$
I_{2s}	τ_{i0}	τ_{ij}	$\tau_{i0}+\tau_{0j}$	$\tau_{i0}+\tau_{0j}$
$I_{1s}\cup I_{1f}$	τ_{i0}	$\tau_{i0}+\tau_{0j}$	τ_{ij}	τ_{ij}

令 α_{ij} 表示集卡车从子订单 $i \in V$ 向 $j \in V$ 的转换活动引起的堆场上可折叠空箱数目的变化,$i \neq j$。令 β_{ij} 表示从子订单 $i \in V$ 向 $j \in V$ 的转换活动开始到引起堆场上可折叠空箱数目发生变化所持续的时间,$i \neq j$。α_{ij} 和 β_{ij} 的取值受到集卡车处理的集装箱类型的影响,分别见式(7.1)和式(7.2)。

$$\alpha_{ij} = \begin{cases} -F_{ij}^s (1 \leqslant F_{ij}^s \leqslant B), & \text{若 } i=0, j \in E_1, y_j=1 \\ -F_{ij}^s (0 \leqslant F_{ij}^s \leqslant B-1), & \text{若 } i=0, j \in I_{2f} \\ F_{ij}^s (0 \leqslant F_{ij}^s \leqslant B-1), & \text{若 } i \in E_1, j=0, y_i=1 \\ -F_{ij}^e (1 \leqslant F_{ij}^e \leqslant B), & \text{若 } i \in E_1, j \in E_1, y_i=1, y_j=1, F_{ij}^s=0 \\ -F_{ij}^e (1 \leqslant F_{ij}^e \leqslant B), & \text{若 } i \in E_1, j \in E_1, y_i=0, y_j=1 \\ F_{ij}^s (1 \leqslant F_{ij}^s \leqslant B-1), & \text{若 } i \in E_1, j \in I_{2s} \cup E_2 \cup I_{1s} \cup I_{1f}, y_i=1 \\ F_{ij}^s (1 \leqslant F_{ij}^s \leqslant B), & \text{若 } i \in I_{2f}, j \in \{0\} \cup I_{2s} \cup E_2 \cup I_{1s} \cup I_{1f} \\ F_{ij}^s, & \text{若 } i \in I_{2f}, j \in I_{2f}, F_{ij}^s=B \\ -F_{ij}^e (1 \leqslant F_{ij}^e \leqslant B), & \text{若 } i \in E_2 \cup I_{1s} \cup I_{1f}, j \in E_1, y_j=1 \\ 0, & \text{其他} \end{cases} \quad (7.1)$$

$$\beta_{ij} = \begin{cases} \tau_{i0}, & \text{若 } i \in E_1, j=0, y_i=1, 1 \leqslant F_{ij}^s \leqslant B-1 \\ \tau_{i0}, & \text{若 } i \in E_1, j \in E_1, y_i=1, y_j=1, F_{ij}^s=0 \\ \tau_{i0}, & \text{若 } i \in E_1, j \in E_1, y_i=0, y_j=1 \\ \tau_{i0}, & \text{若 } i \in E_1, j \in I_{2s} \cup E_2 \cup I_{1s} \cup I_{1f}, y_i=1, 1 \leqslant F_{ij}^s \leqslant B-1 \\ \tau_{i0}, & \text{若 } i \in I_{2f}, j \in I_{2f}, F_{ij}^s=B \\ 0, & \text{其他} \end{cases} \quad (7.2)$$

本章问题可以描述为如下 MINLP 模型。

$$\min \sum_{i \in N} (s_i + t_i + t_{i0}) x_{i0} - \sum_{i \in N} (s_i - t_{0i}) x_{0i} \quad (7.3)$$

$$\text{s.t.} \sum_{i \in V, i \neq j} x_{ij} = \sum_{i \in V, i \neq j} x_{ji} = 1, \forall j \in N \quad (7.4)$$

$$\sum_{i \in N} x_{0i} \leqslant n^t \quad (7.5)$$

$$s_i + t_i - r_{ij} \leqslant M(1 - x_{ij}), \forall i \in N, j \in V, i \neq j \quad (7.6)$$

$$r_{ij} + t_{ij} - s_j \leqslant M(1 - x_{ij}), \forall i \in V, j \in N, i \neq j \quad (7.7)$$

$$a_{\delta(i)} \leqslant s_i + t_i \leqslant b_{\delta(i)}, \forall i \in I_{1s} \cup I_{1f} \quad (7.8)$$

$$a_{\delta(i)} \leqslant s_i \leqslant b_{\delta(i)}, \forall i \in I_{2s} \cup I_{2f} \cup E_1 \cup E_2 \quad (7.9)$$

$$s_i + t_i + p_{\delta(i)} \leqslant s_{\theta(i)}, \forall i \in I_{1s} \cup I_{1f} \cup E_1 \quad (7.10)$$

第 7 章　同时考虑标准集装箱与可折叠集装箱的接驳运输问题

$$z_{ij} \leqslant x_{ij}, \forall i \in V, j \in V, i \neq j \tag{7.11}$$

$$\sum_{i \in V, i \neq j} F_{ij}^{e} + 1 = \sum_{k \in V, j \neq k} F_{jk}^{s}, \forall j \in I_{2f} \tag{7.12}$$

$$-M(1-y_j) \leqslant \sum_{i \in V, i \neq j} F_{ij}^{e} - \sum_{k \in V, j \neq k} F_{jk}^{s} - 1 \leqslant M(1-y_j), \forall j \in E_1 \tag{7.13}$$

$$F_{ij}^{s} \leqslant B x_{ij}, \forall i \in I_{2f} \bigcup E_1, j \in V, i \neq j \tag{7.14}$$

$$F_{ij}^{e} \leqslant B x_{ij}, \forall i \in V, j \in I_{2f} \bigcup E_1, i \neq j \tag{7.15}$$

$$F_{ij}^{s} - B z_{ij} \leqslant F_{ij}^{e} \leqslant F_{ij}^{s} + B z_{ij}, \forall i \in I_{2f} \bigcup E_1, j \in V,$$
$$i \neq j \text{ 或 } i \in V, j \in I_{2f} \bigcup E_1, i \neq j \tag{7.16}$$

$$\sum_{p \in V, q \in V, p \neq q, x_{pq}=1, r_{pq}+\beta_{pq} \leqslant r_{ij}+\beta_{ij}} x_{ij} \alpha_{pq} + n^f \geqslant 0, \forall i \in V, j \in V, i \neq j \tag{7.17}$$

$$s_i \in \mathbf{R}, \forall i \in N \tag{7.18}$$

$$r_{ij} \in \mathbf{R}, \forall i \in V, j \in V, i \neq j \tag{7.19}$$

$$y_i \in \{0,1\}, \forall i \in E_1 \tag{7.20}$$

$$x_{ij} \in \{0,1\}, \forall i \in V, j \in V, i \neq j \tag{7.21}$$

$$z_{ij} \in \{0,1\}, \forall i \in V, j \in V, i \neq j \tag{7.22}$$

$$F_{ij}^{s} \in \{0,1,\cdots,B\}, \forall i \in I_{2f} \bigcup E_1, j \in V, i \neq j \tag{7.23}$$

$$F_{ij}^{e} \in \{0,1,\cdots,B\}, \forall i \in V, j \in I_{2f} \bigcup E_1, i \neq j \tag{7.24}$$

目标函数式(7.3)最小化集卡车的总工作时间,其中,$s_i+t_i+t_{i0}$ 表示集卡车返回堆场的时刻,s_i-t_{0i} 表示集卡车离开堆场的时刻。约束式(7.4)限制每个子订单被集卡车访问且仅被访问一次。约束式(7.5)限制实际工作的集卡车数目不能超过堆场上最初停放的集卡车数目。约束式(7.6)和式(7.7)不仅描述一辆集卡车先后访问两个子订单的活动的开始时间的连续性,还起到消除子订单集 N 内部子回路的作用,其中,M 表示一个足够大的正数。约束式(7.8)和式(7.9)代表时间窗约束。约束式(7.10)描述一个订单的前后两个子订单之间的约束关系。在约束式(7.11)中,如果$z_{ij}=1$,那么x_{ij} 取值为1;否则,x_{ij} 取值为1或0。

在约束式(7.12)中,对于一个使用可折叠集装箱的进口子订单2,在相应的收货人位置,由于卸完货后产生一个可折叠空箱,因此,集卡车所携带的可折叠空箱数目加1。约束式(7.13)描述出口子订单1的情形,如果$y_j=0$,约束式(7.13)被松弛掉;否则,约束式(7.13)转化为 $\sum_{i \in V, i \neq j} F_{ij}^{e} - \sum_{k \in V, j \neq k} F_{jk}^{s} = 1$,表示在相应的发货人位置,由于需要一个可折叠空箱进行装货,因此,集卡车所携带的可折叠空箱数目减1。约束式(7.14)与式(7.15)分别表示一辆集卡车每次所装载的可折叠空箱数目不超过 B 个。在约束式(7.16)中,如果$z_{ij}=0$,那么$F_{ij}^{s}=F_{ij}^{e}$,表示集卡车从子订单 i 向子订单 j

转换中,如果不返回堆场,则集卡车携带的可折叠空箱数目保持不变;否则,约束式(7.16)被松弛掉。

约束式(7.17)限制堆场上的可折叠空箱数目非负。如果$x_{ij}=1$,那么,在堆场的空箱数目发生变化的时刻$r_{ij}+\beta_{ij}$之前,所有能够引起堆场的可折叠空箱数目发生变化的活动都应该被考虑,因此,需要考虑满足$p\in V, q\in V, p\neq q, x_{pq}=1, r_{pq}+\beta_{pq}\leqslant r_{ij}+\beta_{ij}$的子订单对$(p,q)$;否则,约束式(7.17)被松弛掉。约束式(7.18)~(7.24)表示变量类型约束,其中,**R** 表示实数集。

7.4 主动式禁忌搜索算法

由于7.3节中的模型存在难以解析表达的约束(7.17)及t_{ij}取值的不确定性,本章模型无法使用CPLEX等优化软件直接求解。因此,本节提出一个改进的主动式禁忌搜索(RTS)算法。针对本章问题,该算法主要借鉴文献Zhang等(2015)的RTS算法的思想,首先基于贪婪算法生成一个初始解,在迭代过程中,依据当前解是否为重复解及无重复解出现的次数的情况,不断调整禁忌表的长度。RTS算法流程图如图7.2所示。

RTS算法中使用的6个主要参数描述如下。

n_1—— 算法的最大迭代次数;

n_2—— 邻域规模;

n_3—— 无重复解出现的最大迭代次数;

n_4—— 有重复解出现的最大迭代次数;

nu_ n_3—— 无重复解出现的迭代次数;

nu_ n_4—— 有重复解出现的迭代次数。

7.4.1 编码与解码

采用带分隔符的顺序编码。一个解由被若干分隔符分离的子订单序列构成,分隔符用"0"表示。被相近的两个"0"分割的子订单序列对应一辆集卡车,且集卡车依次操作序列中的子订单。

7.4.2 初始解的生成

基于贪婪算法生成初始解。对于一个订单,当且仅当订单1被处理后,对应的订单2才能成为即将被处理的候选子订单。对于一辆集卡车,优先处理候选子订单中活动开始时间尽可能早的子订单。如果没有可行的子订单可以分配给当前集卡车,那么安排一辆新的集卡车去处理尚未被操作的子订单。

第 7 章　同时考虑标准集装箱与可折叠集装箱的接驳运输问题

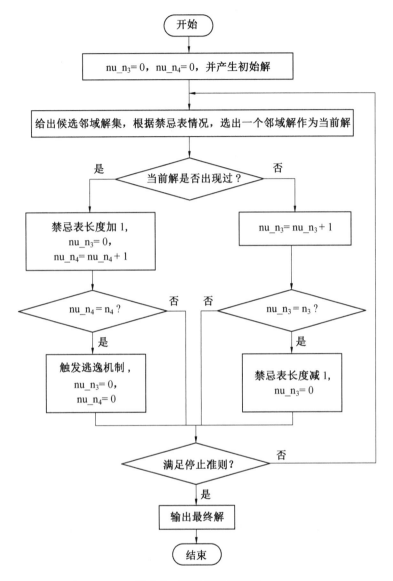

图 7.2　RTS 算法流程图

RTS 算法的具体步骤如下。

步骤 1　初始化。令 $n_t=0, U=N, I_u=\varnothing, X=\varnothing, \Omega=\varnothing$，其中，$\varnothing$ 表示空集。

步骤 2　令 $i^{\text{cur}}=0, \Omega=I_{1f}\bigcap U$。选取开始时间尽可能早的子订单作为集卡车访问的第一个子订单，令 $j=\arg\min\limits_{i\in\Omega}(a_i-\tau_{i0})$。将 j 追加至序列 X，并分别从集合 Ω 和 U 中移除，记为 $X=X\oplus j, \Omega=\Omega\setminus\{j\}, U=U\setminus\{j\}$。令 $I_u=I_u\bigcup\{j\}, i^{\text{cur}}=j, s_i^{\text{cur}}=a_j-\tau_{j0}, r_{0i^{\text{cur}}}=a_j-\tau_{j0}$。如果集合 Ω 中存在可以附加到 i^{cur} 之后的子订单，即满足约束式

(7.6)~(7.10)，那么，选取开始时间最早的子订单，记为 $j\in\Omega$，作为当前集卡车访问的子订单，并令 $X=X\oplus j, U=U\setminus\{j\}, I_u=I_u\bigcup\{j\}, i^{\mathrm{cur}}=j$。

步骤3 令 $\Omega=I_{1s}\bigcap U$。如果集合 Ω 中存在开始时间最早的子订单，记为 j，那么令 $X=X\oplus j, I_u=I_u\bigcup\{j\}, U=U\setminus\{j\}, i^{\mathrm{cur}}=j$。

步骤4 令 $\Omega=\{i\mid i\in I_{2s}\bigcap U, \theta^{-1}(i)\in I_u\}$。如果集合 Ω 中存在开始时间最早的子订单，记为 j，那么令 $X=X\oplus j, U=U\setminus\{j\}, i^{\mathrm{cur}}=j$。

步骤5 令 $\Omega=E_1\bigcap U$。如果 $i^{\mathrm{cur}}\in I_{2s}$，且集合 Ω 中存在开始时间最早的子订单，记为 j，那么令 $X=X\oplus j, I_u=I_u\bigcup\{j\}, U=U\setminus\{j\}, i^{\mathrm{cur}}=j$，并为 j 分配一个标准集装箱。

步骤6 令 $\Omega=\{i\mid i\in I_{2f}\bigcap U, \theta^{-1}(i)\in I_u\}$。如果 $i^{\mathrm{cur}}\in\{0\}\bigcup I_{1f}\bigcup I_{1s}$，且集合 Ω 中存在开始时间最早的子订单，记为 j，那么令 $X=X\oplus j, U=U\setminus\{j\}, i^{\mathrm{cur}}=j$。

步骤7 令 $\Omega=E_1\bigcap U$。如果 $i^{\mathrm{cur}}\in\{0\}\bigcup I_{1f}\bigcup I_{1s}\bigcup I_{2f}$，且集合 Ω 中存在开始时间最早的子订单，记为 j，那么令 $X=X\oplus j, I_u=I_u\bigcup\{j\}, U=U\setminus\{j\}, i^{\mathrm{cur}}=j$，并为 j 分配一个可折叠集装箱。

步骤8 令 $\Omega=\{i\mid i\in E_2\bigcap U, \theta^{-1}(i)\in I_u\}$。如果 $i^{\mathrm{cur}}\in\{0\}\bigcup E_1$，且集合 Ω 中存在开始时间最早的子订单，记为 j，那么令 $X=X\oplus j, U=U\setminus\{j\}, i^{\mathrm{cur}}=j$。

步骤9 令 $X=X\oplus 0, n_t=n_t+1$。如果 $U\neq\varnothing$，转步骤2；否则，表示所有子订单已经被处理完毕。

步骤10 如果 $n_t\leqslant n^t$，那么，生成一个初始解；否则，未生成可行解。

7.4.3 关于解的可行性的几点说明

关于解的可行性检验，做如下几点说明。

第一，一个邻域解被分隔符"0"分割成若干个子订单序列，每个子订单序列对应一辆集卡车，因此，根据"0"的个数判断是否满足集卡车数目约束。

第二，为邻域解中的每个出口订单1配置可折叠集装箱，判断一辆集卡车在两个子订单之间的转换过程中是否返回堆场，决策过程详见文献张瑞友等（2018）。

第三，依据拓扑原则计算每个子订单上的活动的开始时间。对于一个订单，当且仅当确定订单1的开始时间后，才能确定订单2的开始时间。子订单开始时间的确定依据约束式(7.6)～(7.10)，并依据尽可能早的原则。

第四，依据文献 Zhang 等（2011）中的检查方法，判断邻域解是否满足可折叠空箱约束。

若该邻域解可行，依据目标函数式(7.3)计算目标值。

7.4.4 RTS 算法的其他设置

RTS算法中,随机交换当前解中的两个元素得到一个邻域解。如果邻域解优于历史最优解,那么接受该邻域解作为新的当前解,并进入下一次迭代;否则,随机生成若干邻域解后,选择其中非禁忌的最优解作为新的当前解,并进入下一次迭代。如果该当前解在之前出现过,那么禁忌表的长度加1。如果无重复解出现的总次数达到一定的数值,那么禁忌表的长度减1。当重复解出现的总次数达到给定的数值时,触发逃逸机制。设置最大迭代次数作为算法的终止准则。关于算法的更多详细设置,参阅文献汪丁伟等(2007)。

7.5 数值实验

7.5.1 实验设置与算例生成

本章实验均在英特尔酷睿i7－2600双核CPU(3.40 GHz)、7.83 GB内存、64位Windows 7操作系统的个人计算机上运行。采用Visual Studio 2010 C++作为算法的编程语言。

实验中的算例随机生成。堆场、发货人、收货人的位置在长、宽均为集卡车行驶时间为180的欧几里得平面内随机生成,装卸货时间在区间[10,120]均匀分布,时间窗的下界与宽度分别在区间[0,240]和[240,480]随机生成。上述所有时间和时间窗的单位均为分钟,精确到1 min。目前应用较为广泛的可折叠集装箱是"四合一"箱,因此,B取值为4。

7.5.2 算法参数调试

针对不同规模的算例,进行算法的参数调试实验。随机生成包含3个小规模算例(即算例7.1～7.3)和3个大规模算例(即算例7.4～7.6)的两组算例,其中,小规模、大规模算例的集装箱任务个数分别是6和75。对3个主要参数n_1、n_2、n_3进行调整。本书参考张瑞友等(2018)文献,其他参数设置为:禁忌表的初始长度为5,当重复解出现的总次数为30时,触发逃逸机制。参数调试见表7.3。

由调试结果可知,随着最大迭代次数的增加或邻域解规模的增大,求解时间变长,同时,目标值得到改善。对于小规模算例,当n_1、n_2、n_3分别取值为200、10和100时,平均目标值最小,为1 167,且求解时间相对较短,为0.64 s,因此,下文求解小规模算例时,n_1、n_2、n_3的取值分别设置为200、10和100。类似地,下文求解大规模算例时,n_1、n_2、n_3的取值分别设置为4 000、30和100。

表 7.3　参数调试

算例规模	n_1, n_2	$n_3 = 20$		$n_3 = 100$	
		目标值 /min	CPU 求解时间 /s	目标值 /min	CPU 求解时间 /s
小规模	150, 10	1 211	0.47	1 199	0.45
	150, 20	1 199	0.72	1 186	0.79
	150, 30	1 197	1.01	1 176	1.10
	200, 10	1 185	0.68	1 167	0.64
	200, 20	1 189	1.07	1 183	1.14
	200, 30	1 198	1.54	1 190	1.63
	300, 10	1 184	1.08	1 188	1.11
大规模	2 000, 10	13 412	77.24	13 444	69.18
	2 000, 20	12 581	122.41	12 640	116.93
	2 000, 30	12 255	152.55	12 163	151.57
	4 000, 10	13 272	176.34	13 167	174.61
	4 000, 20	12 356	275.52	12 477	258.69
	4 000, 30	11 980	376.77	11 976	360.46
	5 000, 30	12 013	469.20	12 037	479.88

7.5.3　实验结果

7.3 节的模型无法使用 CPLEX 软件进行求解,为了验证标准集装箱与可折叠集装箱共存模式的有效性,得到使用标准集装箱的模式:所有的集装箱任务使用标准集装箱,且在装卸货过程中,集卡车在客户位置等待。记标准集装箱模式下的模型为 M1,每个订单的服务时间为 $t_i = \tau_{i0} + p_i, i \in I \cup E$,集卡车在两个订单之间的转换时间见表 7.4,其中,集合 I 表示进口任务集合。

表 7.4　集卡车在两个订单之间的转换时间

i	j		
	$\{0\}$	I	E
$\{0\}$	—	0	τ_{0j}
I	τ_{i0}	τ_{i0}	τ_{ij}
E	0	0	τ_{0j}

注:"—"表示无意义。

M1 可描述为如下混合整数线性规划模型。

第 7 章 同时考虑标准集装箱与可折叠集装箱的接驳运输问题

$$\min \sum_{i \in I \cup E} (s_i + t_i + t_{i0}) x_{i0} - \sum_{i \in I \cup E} (s_i - t_{0i}) x_{0i} \quad (7.25)$$

$$\text{s. t.} \sum_{j \in I \cup E, i \neq j} x_{ij} = \sum_{j \in I \cup E, i \neq j} x_{ji} = 1, \forall i \in I \cup E \quad (7.26)$$

$$\sum_{i \in I \cup E} x_{0i} \leqslant n^t \quad (7.27)$$

$$s_i + t_i + t_{ij} - s_j \leqslant M(1 - x_{ij}), \forall i \in I \cup E, j \in I \cup E, i \neq j \quad (7.28)$$

$$a_i \leqslant s_i + t_{0i} \leqslant b_i, \forall i \in I \quad (7.29)$$

$$a_i \leqslant s_i + t_i \leqslant b_i, \forall i \in I \quad (7.30)$$

$$a_i \leqslant s_i \leqslant b_i, \forall i \in E \quad (7.31)$$

$$a_i \leqslant s_i + p_i \leqslant b_i, \forall i \in E \quad (7.32)$$

$$s_i \in \mathbf{R}, \forall i \in I \cup E \quad (7.33)$$

$$x_{ij} \in \{0, 1\}, \forall i \in I \cup E, j \in I \cup E, i \neq j \quad (7.34)$$

按 7.5.1 小节方法生成 13 个算例(即算例 7.7~7.19),其中,小规模算例 7.7~7.10 的集装箱任务个数在区间[6,10]变化,大规模算例 7.11~7.19 的集装箱任务个数是 75。采用 Visual Studio 2010 C++调用优化软件 IBM ILOG CPLEX 12.6.1 对 M1 进行求解,对于每个算例,CPU 求解时间设置为 1 h。不同模式下的求解结果见表 7.5。

表 7.5 不同模式下的求解结果

算例	基于 CPLEX 软件对 M1 求解		基于 RTS 算法对标准集装箱与可折叠集装箱共存模式的求解		
	目标值 /min	CPU 求解时间 /s	目标值 /min	目标值差异 /%	CPU 求解时间 /s
7.7	1 375	0.42	1 206	12.29	0.75
7.8	1 779	0.29	1 739	2.25	0.83
7.9	1 964	0.81	1 829	6.87	0.86
7.10	2 216	0.70	2 006	9.48	1.04
7.11	13 383	3 600.00	12 183	8.97	387.46
7.12	12 937	3 600.00	11 354	12.24	379.90
7.13	12 444	3 600.00	10 595	14.86	330.94
7.14	14 521	3 600.00	12 812	11.77	395.64
7.15	13 788	3 600.00	12 056	12.56	371.91
7.16	14 717	3 600.00	13 530	8.07	390.68
7.17	13 205	3 600.00	11 549	12.54	413.61

续表7.5

算例	基于 CPLEX 软件对 M1 求解		基于 RTS 算法对标准集装箱与可折叠集装箱共存模式的求解		
	目标值/min	CPU 求解时间/s	目标值/min	目标值差异/%	CPU 求解时间/s
7.18	12 158	3 600.00	11 007	9.47	379.65
7.19	12 751	3 600.00	11 477	9.99	383.83
均值		2 492.48		10.10	264.39

注:"目标值差异"指的是表中第四列目标值相对于第二列目标值的差异。

由表 7.5 可知,对于小规模算例 7.7～7.10,通过使用 CPLEX 软件求解 M1,得到了最优解。对于每一个小规模算例,RTS 算法的求解时间相对较长,不过,RTS 算法求得的目标值小于 CPLEX 软件求得的目标值。对于大规模算例 7.11～7.19,CPLEX 软件没有求得最优解,RTS 算法在较短时间内求得的目标值有所降低。原因是,使用可折叠集装箱减少了集卡车不必要的行驶时间,同时 RTS 算法对目标值的改进有一定的效果。尽管堆场上的可折叠空箱数目受限,但是引入可折叠集装箱后能够有效降低接驳运输成本,从侧面体现出使用可折叠集装箱的效益。

7.6 本章小结

本章研究了同时考虑标准集装箱与可折叠集装箱的接驳运输问题。在该问题中,堆场上存放的标准空箱足够多而可折叠空箱数目有限,在装卸货过程中,集卡车可以离开客户位置去执行其他任务,优化目标是最小化集卡车的总工作时间。首先建立了该问题的一个 MINLP 模型,并设计了 RTS 算法进行求解,最后进行实验分析,实验结果验证了所设计算法的有效性。与传统的使用标准集装箱情形相比,考虑标准集装箱与"四合一"可折叠集装箱的混合模式能够有效降低集卡车运输公司的接驳运输成本,对集卡车运输公司具有一定的经济参考价值。

第 8 章 考虑双侧时间窗的可折叠集装箱的接驳运输问题

8.1 引　言

在第 7 章研究的问题中,假设堆场同时具有港口的功能,堆场对集装箱任务没有时间窗限制,另外,仅考虑了满箱任务情形。但在实际当中,港口和堆场往往是分离的,为了减少拥堵和提高工作效率,港口通常对进出的集卡车(或集装箱任务)设置时间窗。因此,在第 7 章的基础上,本章进一步研究在港口和堆场分离情形下,考虑双侧时间窗的可折叠集装箱的接驳运输问题,并引入满箱和空箱两类任务,问题的建模与优化求解也变得更为复杂。

基于此,本章提出了一个改进的集卡车状态转换方法来描述集卡车装载的空箱信息(包括集装箱类型和数量),并设计一个基于 LNS 的启发式求解算法,最后通过大量实验分析检验本章所设计算法的有效性。8.2 节为问题定义;8.3 节详细阐述改进的集卡车状态转换方法;8.4 节构建问题的 MINLP 模型;8.5 节设计一个基于 LNS 的启发式算法;8.6 节为数值实验;8.7 节对本章进行小结。

8.2 问题定义

在一个以出口为主的区域,一家集卡车运输公司为一定数量的客户(收货人、发货人)和港口提供集装箱接驳运输服务。该公司拥有一个堆场,一定数量的集卡车、标准集装箱及可折叠集装箱。集卡车、标准集装箱及可折叠集装箱都是同一个类型。堆场用于存储空箱及停放集卡车,且集卡车在工作时间内可以随时访问堆场。港口处的进口货物需要被运输到相应的收货人位置,发货人处的货物需要被运输到港口并等待下一步出口。该公司通过调度集卡车与集装箱在客户、堆场、港口之间运输货物。一个集装箱任务指一个集装箱或集装箱货物的运输。该公司需要在计划期内处理一定数量的集装箱任务,计划期通常是 1 d。在计划期初始时,关于集装箱任务的信息是已知的,并假定堆场上存放的标准空箱足够多,而可折叠空箱的数目是有限的。

计划期开始时，集卡车停放于堆场，在完成一系列集装箱任务后最终返回堆场。一辆集卡车一次可以携带一个标准集装箱、一个可折叠满箱或若干可折叠空箱。假定集卡车在两个位置之间的行驶时间仅仅依赖这两个位置的物理距离。将一个集装箱装上集卡车的时间或从集卡车上卸下的时间忽略不计。

可折叠集装箱具有易操作的特点，在堆场、港口及客户位置能够方便地对可折叠集装箱进行折叠、展开操作，因此，假定可折叠集装箱的折叠、展开时间忽略不计。一个可折叠集装箱在展开时的尺寸与一个标准集装箱的尺寸相同，然而，若干可折叠空箱在折叠状态下可以堆放在一起，因此，一辆集卡车一次可以装载多个可折叠空箱。

共有4种类型的集装箱任务需要操作，分别为：使用可折叠集装箱的进口满箱任务、使用标准集装箱的进口满箱任务、出口满箱任务和进口空箱任务。一个满箱任务对应一个确定的客户，而一个进口空箱任务没有明确的目的地。进口满箱任务的集装箱类型是事先已知的：标准集装箱或可折叠集装箱。然而，出口满箱任务的集装箱类型是需要决策的。进口空箱任务的集装箱类型是可折叠集装箱，这是因为堆场上的标准空箱已经足够多，无需进口标准空箱。

对于一个进口满箱任务，首先一辆集卡车将一个满箱（可折叠集装箱或标准集装箱）从堆场运至相应的收货人位置，在集装箱的卸货过程中，该辆集卡车可以选择在客户处等待，也可以选择离开客户处去执行其他任务，待卸货操作完成后，安排该辆集卡车或另一辆集卡车将产生的空箱从收货人位置运至他处。

对于一个出口满箱任务，首先一辆装载有一个标准空箱或若干可折叠空箱的集卡车，行驶至相应的发货人位置，卸下一个空箱。在集装箱的装货过程中，如果该辆集卡车已经不再装载有空箱，那么，该辆集卡车可以选择在客户处等待，也可以选择离开客户处去执行其他任务；否则，该辆集卡车离开客户处去执行其他任务或返回堆场。待装货操作完成后，某辆集卡车将产生的满箱从发货人位置运至港口。

对于一个进口空箱任务，在港口处将一个空箱装上集卡车，并安排集卡车准备驶往堆场或某个发货人位置。

港口和客户分别设置时间窗，用于限制集装箱活动（装卸货、装卸箱）的开始时间。对于一个进口满箱任务，港口和相应的收货人分别设置起始时间窗和目的时间窗。对于一个出口满箱任务，相应的发货人和港口分别设置起始时间窗和目的时间窗。对于一个进口空箱任务，空箱没有明确的目的地，因此，只有港口设置一个起始时间窗。

本书参考Sterzik等(2015)文献中的信息，集卡车的总工作时间可以间接地反映总成本，因此，本章优化目标是最小化集卡车的总工作时间，包括集卡车的行驶时间和等待时间。

以下符号用于描述该问题。

I^f——进口满箱任务集合;

E——出口满箱任务集合;

I^e——进口空箱任务集合;

C——集装箱任务集合,$C = I^e \bigcup I^f \bigcup E$;

m——在一个计划期的初始阶段,堆场上停放的集卡车数目;

n——在一个计划期的初始阶段,堆场上的可折叠空箱数目;

p_i——集装箱的装卸货时间,$i \in I^f \bigcup E$;

B——一辆集卡车一次能够装载的最大可折叠空箱数目;

$[T_i^{1L}, T_i^{1R}]$——集装箱任务 i 的起始时间窗,$i \in C, T_i^{1L} \leqslant T_i^{1R}$;

$[T_i^{2L}, T_i^{2R}]$——集装箱任务 i 的目的时间窗,$i \in I^f \bigcup E, T_i^{2L} \leqslant T_i^{2R}$。

8.3 改进的集卡车状态转换方法

不同于传统的使用标准集装箱的接驳服务,本章研究的问题中,一辆集卡车一次可以携带一个满箱、一个标准空箱或若干可折叠空箱。特别地,对于一个出口满箱任务,空箱的类型是不确定的。因此,基于文献 Zhang 等(2018)中的集卡车状态转换方法,针对所研究的问题,提出了改进的集卡车状态转换(improved truck state transition,ITST)方法。

8.3.1 满箱任务的分解

对于一个满箱任务,在集装箱的装卸货过程中,集卡车可以选择在客户处等待,也可以选择离开客户处。因此,将每个满箱任务分解为两个子任务:子任务 1 和子任务 2。

对于一个进口满箱任务,子任务 1 指的是,一辆集卡车将一个满箱从港口运输到相应的收货人位置,并卸下;子任务 2 指的是,在收货人位置,将产生的空箱装上集卡车。

对于一个出口满箱任务,子任务 1 指的是,一辆装载有一个标准空箱或若干可折叠空箱的集卡车,在相应的发货人位置,卸下一个空箱;子任务 2 指的是集卡车将装好货物的集装箱从发货人位置运输至港口,并卸下。

进口空箱任务没有明确的目的地,因此,一个进口空箱任务无法分解为两个子任务。我们将一个进口空箱任务本身视为一个子任务。

如下符号用于描述 ITST 方法。

I^{1s}——使用标准集装箱的进口满箱子任务 1 集合；

I^{2s}——使用标准集装箱的进口满箱子任务 2 集合；

I^{1f}——使用可折叠集装箱的进口满箱子任务 1 集合；

I^{2f}——使用可折叠集装箱的进口满箱子任务 2 集合；

E^1——出口满箱子任务 1 集合；

E^2——出口满箱子任务 2 集合；

V^1——与客户（发货人或收货人）相关的子任务集合，$V_1 = I^{1s} \cup I^{1f} \cup I^{2s} \cup I^{2f} \cup E^1 \cup E^2$；

V^2——与港口相关的子任务集合，$V^2 = I^e \cup I^{1s} \cup I^{1f} \cup E^2$；

V——子任务集合，$V = I^e \cup I^{1s} \cup I^{1f} \cup I^{2s} \cup I^{2f} \cup E^1 \cup E^2$；

N——$N = \{0\} \cup V$，其中，0 是虚拟的子任务，表示集卡车最初从堆场出发或最终返回堆场；

$\delta(i)$——对应于子任务 $i \in V$ 的集装箱任务，$\delta(i) \in C$；

$\theta(i)$——对应于子任务 $i \in V_1$ 的子任务，$\delta(i) = \delta(\theta(i))$，若 i 为子任务 1，则 $\theta(i)$ 表示与 i 对应的子任务 2，反之亦然；

l_i——表示客户位置、堆场或港口，$i \in V^1 \cup \{0, G\}$，l_0 与 l_G 分别表示堆场和港口，若 i 属于 V^1，则 l_i 表示对应于子任务 i 的客户位置；

$t(l_i, l_j)$——集卡车在两个位置 l_i 与 l_j 之间的行驶时间，i 与 j 分别属于集合 $V^1 \cup \{0, G\}$，$t(l_i, l_j) \geqslant 0$，$t(l_i, l_j) = t(l_j, l_i)$。

8.3.2 集卡车状态定义

集卡车状态 $S(l, c, e)$，其中，l 表示集卡车的当前状态，c 和 e 分别表示集卡车携带空箱的类型和数目，$c \in \{'S', 'F'\}$，$0 \leqslant e \leqslant B$。$c = 'S'$ 表示集卡车携带一个标准空箱，此时，$e = 1$。$c = 'F'$ 表示集卡车携带若干可折叠空箱，此时，$0 \leqslant e \leqslant B$。令 $S(l, 'F', 0)$，表示集卡车没有携带集装箱。

如果一辆集卡车携带一个满箱，那么，没有必要表示集卡车的状态，因为集卡车需要将满箱直接运输到一个确定的目的地（收货人或港口）。因此，$S(l, c, e)$ 表示一辆集卡车携带空箱或不携带集装箱。集卡车的位置可能是堆场（l_0）、港口（l_G）或客户位置（$l_i, i \in V^1$）。

8.3.3 集卡车状态转换

如果一辆集卡车当前的状态是 $S(l, c, e)$，且集卡车即将处理的下一个子任务是

$i \in N$,那么集卡车随后的状态可以描述为

$\gamma(S(l,c,e),i) =$
$\begin{cases} S(l_i,'F',0), & 若 i \in I^{1s} \bigcup I^{1f} \\ S(l_i,'S',1), & 若 i \in I^{2s} \\ S(l_i,'F',1), & 若 i \in I^{2f}, c='S' \\ S(l_i,'F',e'), 1 \leqslant e' \leqslant B, & 若 i \in I^{2f}, c='F', e=B \\ S(l_i,'F',e+1), & 若 i \in I^{2f}, c='F', 0 \leqslant e \leqslant B-1 \\ S(l_i,'F',0), & 若 i \in E^1, c='S' \\ S(l_i,'F',e'), 0 \leqslant e' \leqslant B-1, & 若 i \in E^1, c='F', e=0 \\ S(l_i,'F',e-1), & 若 i \in E^1, c='F', 1 \leqslant e \leqslant B \\ S(l_G,'F',0), & 若 i \in E^2 \\ S(l_G,'F',e+1), & 若 i \in I^e, c='F', 0 \leqslant e \leqslant B-1 \\ S(l_G,'F',e'), 1 \leqslant e' \leqslant B, & 若 i \in I^e, c='S' 或 i \in I^e, c='F', e=B \\ S(l_0,'F',0), & 若 i=0 \end{cases}$ (8.1)

在式(8.1)中,e'表示集卡车随后携带的可折叠空箱数目。

转换时间为

$h(S(l,c,e),i) =$
$\begin{cases} t(l,l_G), & 若 i \in I^{1s} \bigcup I^{1f}, c='F', e=0 \\ t(l,l_0)+t(l_0,l_G), & 若 i \in I^{1s} \bigcup I^{1f}, c='S' 或 i \in I^{1s} \bigcup I^{1f}, c='F', e \geqslant 1 \\ t(l,l_i), & 若 i \in I^{2s}, c='F', e=0 \\ t(l,l_0)+t(l_0,l_i), & 若 i \in I^{2s}, c='S' 或 i \in I^{2s}, c='F', e \geqslant 1 \\ t(l,l_i), & 若 i \in I^{2f}, c='F', e \leqslant B-1 \\ t(l,l_0)+t(l_0,l_i), & 若 i \in I^{2f}, c='S' 或 i \in I^{2f}, c='F', e=B \\ t(l,l_0)+t(l_0,l_i), & 若 i \in E^1, c='F', e=0 \\ t(l,l_i), & 若 i \in E^1, c='S' 或 i \in E^1, c='F', e \geqslant 1 \\ t(l,l_i), & 若 i \in E^2, c='F', e=0 \\ t(l,l_0)+t(l_0,l_i), & 若 i \in E^2, c='S' 或 i \in E^2, c='F', e \geqslant 1 \\ t(l,l_G), & 若 i \in I^e, c='F', e \leqslant B-1 \\ t(l,l_0)+t(l_0,l_G), & 若 i \in I^e, c='S' 或 i \in I^e, c='F', e=B \\ t(l,l_0), & 若 i=0 \end{cases}$ (8.2)

式(8.1)与式(8.2)的得出主要基于两个因素:集卡车的当前状态和即将处理的

下一个子任务。表 8.1 总结了集卡车状态转换的所有情形。

表 8.1　集卡车状态转换的所有情形

情形	子情形	子任务 i	c 和 e/所有情形
1	1.1	$i \in I^{1s} \bigcup I^{1f}$	$c={'}F{'}, e=0$
	1.2	$i \in I^{1s} \bigcup I^{1f}$	$c={'}S{'}$;或 $c={'}F{'}, e \geqslant 1$
2	2.1	$i \in I^{2s}$	$c={'}F{'}, e=0$
	2.2	$i \in I^{2s}$	$c={'}S{'}$;或 $c={'}F{'}, e \geqslant 1$
3	3.1	$i \in I^{2f}$	$c={'}S{'}$
	3.2	$i \in I^{2f}$	$c={'}F{'}, e=B$
	3.3	$i \in I^{2f}$	$c={'}F{'}, 0 \leqslant e \leqslant B-1$
4	4.1	$i \in E^{1}$	$c={'}S{'}$
	4.2	$i \in E^{1}$	$c={'}F{'}, e=0$
	4.3	$i \in E^{1}$	$c={'}F{'}, e \geqslant 1$
5	5.1	$i \in E^{2}$	$c={'}F{'}, e=0$
	5.2	$i \in E^{2}$	$c={'}S{'}$;或 $c={'}F{'}, e \geqslant 1$
6	6.1	$i \in I^{e}$	$c={'}S{'}$
	6.2	$i \in I^{e}$	$c={'}F{'}, e=B$
	6.3	$i \in I^{e}$	$c={'}F{'}, 0 \leqslant e \leqslant B-1$
7		$i=0$	

情形 1　$i \in I^{1s} \bigcup I^{1f}$。

情形 1.1　$c={'}F{'}, e=0$。集卡车不携带集装箱，因此，集卡车由当前位置直接行驶至港口，状态转换时间为 $t(l, l_G)$。在港口设置的时间窗内将满箱装上集卡车，随后，集卡车行驶至相应的收货人位置，并在收货人设置的时间窗内将满箱从集卡车上卸下，集卡车最终状态为 $S(l_i, {'}F{'}, 0)$。

情形 1.2　$c={'}S{'}$;或 $c={'}F{'}, e \geqslant 1$。集卡车当前携带一个标准空箱或至少一个可折叠空箱，因此，集卡车不得不返回堆场，并卸下所携带的空箱，然后行驶至港口，状态转换时间为 $t(l, l_0)+t(l_0, l_G)$。集卡车随后的活动类似于情形 1.1，集卡车最终状态为 $S(l_i, {'}F{'}, 0)$。

情形 2　$i \in I^{2s}$。

情形 2.1　$c={'}F{'}, e=0$。集卡车当前不携带集装箱，因此，集卡车由当前位置直接行驶至相应的收货人位置，并在收货人设置的时间窗内将产生的空箱装上集卡车。状态转换时间为 $t(l, l_i)$，集卡车最终状态为 $S(l_i, {'}S{'}, 1)$。

第8章 考虑双侧时间窗的可折叠集装箱的接驳运输问题

情形 2.2 $c='S'$,或 $c='F', e \geqslant 1$。集卡车当前携带一个标准空箱或至少一个可折叠空箱,因此,集卡车不得不返回堆场,并卸下所携带的空箱,然后行驶至相应的收货人位置,并在收货人设置的时间窗内将产生的空箱装上集卡车。集卡车最终状态为 $S(l_i,'S',1)$,状态转换时间为 $t(l,l_0)+t(l_0,l_i)$。

情形 3 $i \in I^{2f}$。

情形 3.1 $c='S'$。集卡车当前携带一个标准空箱,没有多余的空间可以装载另一个可折叠空箱,因此,集卡车不得不返回堆场,并卸下标准空箱,然后行驶至相应的收货人位置,并在收货人设置的时间窗内将产生的空箱装上集卡车。集卡车最终状态为 $S(l_i,'F',1)$,状态转换时间为 $t(l,l_0)+t(l_0,l_i)$。

情形 3.2 $c='F', e=B$。集卡车当前携带 B 个可折叠空箱,没有多余的空间可以装载另一个可折叠空箱,因此,集卡车不得不返回堆场,并卸下至少一个可折叠空箱,然后行驶至相应的收货人位置,并在收货人设置的时间窗内将产生的空箱装上集卡车。集卡车最终状态为 $S(l_i,'F',e')$,$1 \leqslant e' \leqslant B$,状态转换时间为 $t(l,l_0)+t(l_0,l_i)$。

情形 3.3 $c='F', 0 \leqslant e \leqslant B-1$。集卡车当前不携带集装箱或至多携带 $B-1$ 个可折叠空箱,可以装载另一个可折叠空箱。因此,集卡车从当前位置直接行驶至相应的收货人位置,并在收货人设置的时间窗内将产生的空箱装上集卡车。集卡车最终状态为 $S(l_i,'F',e+1)$,状态转换时间为 $t(l,l_i)$。

情形 4 $i \in E^1$。

情形 4.1 $c='S'$。集卡车当前携带一个标准空箱,因此,集卡车直接行驶至相应的发货人位置,并在发货人设置的时间窗内将标准空箱卸下。集卡车最终状态为 $S(l_i,'F',0)$,状态转换时间为 $t(l,l_i)$。

情形 4.2 $c='F', e=0$。集卡车当前不携带集装箱,因此,集卡车不得不返回堆场,并装载一个标准空箱或至少一个可折叠空箱,然后行驶至相应的发货人位置,并在发货人设置的时间窗内卸下一个空箱。集卡车最终状态为 $S(l_i,'F',e')$,$0 \leqslant e' \leqslant B-1$,状态转换时间为 $t(l,l_0)+t(l_0,l_i)$。

情形 4.3 $c='F', e \geqslant 1$。集卡车当前至少携带一个可折叠空箱,因此,集卡车从当前位置行驶至相应的发货人位置,并在发货人设置的时间窗内卸下一个空箱。集卡车最终状态为 $S(l_i,'F',e-1)$,状态转换时间为 $t(l,l_i)$。

情形 5 $i \in E^2$。

情形 5.1 $c='F', e=0$。集卡车当前不携带集装箱,因此,集卡车行驶至相应的发货人位置,状态转换时间为 $t(l,l_i)$。在发货人设置的时间窗内将满箱装上集卡车，然后行驶至港口，并在港口设置的时间窗内将满箱卸下，集卡车最终状态为 $S(l_G, 'F', 0)$。

情形 5.2 $c = 'S'$；或 $c = 'F', e \geqslant 1$。集卡车当前携带一个标准空箱或至少一个可折叠空箱，因此，集卡车不得不返回堆场，并卸下所有空箱，然后行驶至相应的发货人位置，状态转换时间为 $t(l, l_0) + t(l_0, l_i)$。集卡车随后的活动类似于情形 5.1，集卡车最终状态为 $S(l_G, 'F', 0)$。

情形 6 $i \in I^e$。

情形 6.1 $c = 'S'$。集卡车当前携带一个标准空箱，没有多余的空间可以装载另一个可折叠空箱，因此，集卡车不得不返回堆场，并卸下标准空箱，装载至多 $B-1$ 个可折叠空箱，然后行驶至港口，并在港口设置的时间窗内将空箱装上集卡车。集卡车最终状态为 $S(l_G, 'F', e), 1 \leqslant e \leqslant B$，状态转换时间为 $t(l, l_0) + t(l_0, l_G)$。

情形 6.2 $c = 'F', e = B$。集卡车当前携带 B 个可折叠空箱，因此，集卡车不得不返回堆场，并卸下至少一个可折叠空箱，然后行驶至港口，并在港口设置的时间窗内将空箱装上集卡车。集卡车最终状态为 $S(l_G, 'F', e'), 1 \leqslant e' \leqslant B$，状态转换时间为 $t(l, l_0) + t(l_0, l_G)$。

情形 6.3 $c = 'F', 0 \leqslant e \leqslant B-1$。集卡车当前不携带集装箱或至多携带 $B-1$ 个可折叠空箱，因此，集卡车从当前位置行驶至港口，并在港口设置的时间窗内将空箱装上集卡车。集卡车最终状态为 $S(l_G, 'F', e+1)$，状态转换时间为 $t(l, l_G)$。

情形 7 $i = 0$。

在完成一系列子任务后，集卡车返回堆场，并卸下空箱（如果携带的话）。因此，集卡车最终状态为 $S(l_0, 'F', 0)$，状态转换时间为 $t(l, l_0)$。

令 $\alpha(S(l, c, e), i)$ 表示集卡车由当前状态转向服务子任务 $i, i \in N$ 时所引起的堆场上可折叠空箱数目的变化，表示如下

$$\alpha(S(l,c,e),i) = \begin{cases} e, \text{若 } i \in I^{1s} \bigcup I^{1f} \bigcup I^{2s} \bigcup E^2 \bigcup \{0\}, c = 'F', e \geqslant 1 \\ k(1 \leqslant k \leqslant B), \text{若 } i \in I^{2f} \bigcup I^e, c = 'F', e = B \\ -k(0 \leqslant k \leqslant B), \text{若 } i \in E^1, c = 'F', e = 0 \\ 0, \text{其他} \end{cases} \quad (8.3)$$

令 $\mu(S(l, c, e), i)$ 表示集卡车由当前状态开始到转向服务子任务 $i, i \in N$ 时引起堆场上可折叠空箱数目发生变化所持续的时间，表示如下

$$\mu(S(l,c,e),i) = \begin{cases} t(l,l_0), \text{若 } i \in I^{1s} \bigcup I^{1f} \bigcup I^{2s} \bigcup E^2 \bigcup \{0\}, c = {'F'}, e \geqslant 1 \\ t(l,l_0), \text{若 } i \in I^{2f} \bigcup I^{e}, c = {'F'}, e = B \\ t(l,l_0), \text{若 } i \in E^1, c = {'F'}, e = 0 \\ 0, \text{其他} \end{cases}$$

(8.4)

8.4 构建问题的 MINLP 模型

构建问题的 MINLP 模型引入如下决策变量。

x_{ij}——如果一辆集卡车先后连续访问子任务 $i \in N$ 和 $j \in N, i \neq j$，则为 1，否则，为 0；

y_i^C——在客户位置装卸箱活动的开始时刻，$i \in V^1$；

y_i^T——在港口位置装卸箱活动的开始时刻，$i \in V^2$；

y_{ij}——一辆集卡车服务过子任务 $i \in N$ 后，而准备服务子任务 $j \in N$ 的时刻，$i \neq j$。

本章问题可描述为如下 MINLP 模型。

$$\min \sum_{i \in V}(y_{i0} + h(S_i, 0))x_{i0} - \sum_{j \in V} y_{0j} \tag{8.5}$$

$$\text{s.t.} \sum_{i \in N, i \neq j} x_{ij} = \sum_{i \in N, i \neq j} x_{ji} = 1, \forall j \in V \tag{8.6}$$

$$\sum_{i \in V} x_{0i} \leqslant m \tag{8.7}$$

$$y_i^C + p_{\delta(i)} \leqslant y_{\theta(i)}^C, \forall i \in I^{1s} \bigcup I^{1f} \bigcup E^1 \tag{8.8}$$

$$y_i^T + t(l_G, l_i) \leqslant y_i^C, \forall i \in I^{1s} \bigcup I^{1f} \tag{8.9}$$

$$y_i^C + t(l_i, l_G) \leqslant y_i^T, \forall i \in E^2 \tag{8.10}$$

$$T_{\delta(i)}^{1L} \leqslant y_i^T \leqslant T_{\delta(i)}^{1R}, \forall i \in I^{1s} \bigcup I^{1f} \bigcup I^{e} \tag{8.11}$$

$$T_{\delta(i)}^{2L} \leqslant y_i^C \leqslant T_{\delta(i)}^{2R}, \forall i \in I^{1s} \bigcup I^{1f} \bigcup I^{2s} \bigcup I^{2f} \tag{8.12}$$

$$T_{\delta(i)}^{1L} \leqslant y_i^C \leqslant T_{\delta(i)}^{1R}, \forall i \in E^1 \bigcup E^2 \tag{8.13}$$

$$T_{\delta(i)}^{2L} \leqslant y_i^T \leqslant T_{\delta(i)}^{2R}, \forall i \in E^2 \tag{8.14}$$

$$y_{0j} \leqslant Mx_{0j}, \forall j \in V \tag{8.15}$$

$$y_{ij} + h(S_i, j) - y_j^T \leqslant M(1 - x_{ij}), \forall i \in N, j \in I^{1s} \bigcup I^{1f} \bigcup I^{e}, i \neq j \tag{8.16}$$

$$y_{ij} + h(S_i, j) - y_j^C \leqslant M(1 - x_{ij}), \forall i \in N, j \in I^{2s} \bigcup I^{2f} \bigcup E^1 \bigcup E^2, i \neq j$$

(8.17)

$$\sum_{p\in N, q\in N, p\neq q, x_{pq}=1, y_{pq}+\mu(S_p,q)\leqslant y_{ij}+\mu(S_i,j)} x_{ij}\alpha(S_p,q)+n\geqslant 0, \forall i\in N, j\in E^1, i\neq j$$
(8.18)

$$S_i=\gamma(S_{u|x_{ui}=1},i), i\in N, u\in N, i\neq u \tag{8.19}$$

$$y_i^C\in \mathbf{R}, \forall i\in V^1 \tag{8.20}$$

$$y_i^T\in \mathbf{R}, \forall i\in V^2 \tag{8.21}$$

$$y_{ij}\in \mathbf{R}, \forall i\in N, j\in N, i\neq j \tag{8.22}$$

$$x_{ij}\in\{0,1\}, \forall i\in N, j\in N, i\neq j \tag{8.23}$$

目标函数式(8.5)最小化集卡车的总工作时间,其中,$\sum_{i\in V}(y_{i0}+h(S_i,0))x_{i0}$ 表示集卡车返回堆场的时刻之和,$\sum_{j\in V}y_{0j}$ 表示集卡车最初离开堆场的时刻之和。因此,$\sum_{i\in V}(y_{i0}+h(S_i,0))x_{i0}-\sum_{j\in V}y_{0j}$ 表示集卡车的总工作时间。

约束式(8.6)是一个流平衡约束,保证每个子任务被集卡车服务且仅被服务一次。约束式(8.7)对使用的集卡车数目进行限制。

在约束式(8.8)中,$y_i^C+p_{\delta(i)}$ 表示某个满箱任务在相应客户位置的装卸货活动结束的时刻,$y_{\theta(i)}^C$ 表示对应的子任务2在相应客户位置的装卸箱活动开始的时刻,因此,$y_i^C+p_{\delta(i)}\leqslant y_{\theta(i)}^C$。在约束式(8.9)中,$y_i^T+t(l_G,l_i)$ 表示服务于进口满箱子任务1的集卡车到达相应收货人位置的时刻,y_i^C 表示该满箱任务在收货人位置的卸箱活动开始的时刻,因此,$y_i^T+t(l_G,l_i)\leqslant y_i^C$。在约束式(8.10)中,$y_i^C+t(l_i,l_G)$ 表示服务于出口满箱子任务2的集卡车到达港口的时刻,y_i^T 表示该满箱任务在港口的卸箱活动开始的时刻,因此,$y_i^C+t(l_i,l_G)\leqslant y_i^T$。

约束式(8.11)~(8.14)是时间窗约束。当 x_{0j} 取值为0时,约束式(8.15)和目标函数式(8.5)共同确保 y_{0j} 取值为0。

约束式(8.16)和式(8.17)确保同一辆集卡车服务前后两个子任务时间的连续性,其中,$h(S_i,j)$ 的定义见式(8.2),M 是一个足够大的正数。例如,如果 $x_{ij}=1$,约束式(8.16)变为 $y_{ij}+h(S_i,j)-y_j^T\leqslant 0$;否则,约束式(8.16)松弛掉。

约束式(8.18)为可折叠空箱数目约束,表示堆场上的可折叠空箱数目必须是非负整数。只有出口满箱子任务1需要空箱,如果该箱是来自堆场的可折叠集装箱,必会导致堆场上可折叠空箱数目的下降,因此,只需考虑 $i\in N, j\in E_1, i\neq j$ 的情形。如果 $x_{ij}=1$,那么,在 $y_{ij}+\mu(S_i,j)$ 时刻之前,需要考虑引起堆场上可折叠空箱数目变化的所有活动,因此,满足 $p\in N, q\in N, p\neq q, x_{pq}=1, y_{pq}+\mu(S_p,q)\leqslant y_{ij}+\mu(S_i,j)$ 的子任务对 (p,q) 需要被考虑;如果 $x_{ij}=0$,约束式(8.18)被松弛掉。

约束式(8.19)表示集卡车状态的转换,其中,$\gamma(S_{u|x_{ui}=1}, i)$的定义见式(8.1)。约束式(8.20)~(8.23)是变量类型约束,其中,$\mathbf{R}$代表实数集。

8.5 基于LNS的启发式算法

由于状态转换的特点及模型中存在难以解析表达的约束(8.18),所以,8.4节的模型无法直接通过优化软件CPLEX进行求解。因此,本节设计了一个基于LNS的启发式算法,该算法考虑了时间窗约束、集卡车状态转换等关键特性。

在启发式算法设计过程中,引入如下两个参数。

β—— 移除系数,$0 < \beta < 1$;

H—— 给定的最长计算时间。

编码与解码机制与3.5节中的方法类似,在此略去。

8.5.1 初始解的生成

基于贪婪算法生成初始解,主要考虑4个原则。第一,对于一个满箱任务,当且仅当子任务1被处理后,对应的子任务2才能成为即将被处理的候选子任务。第二,对于一辆集卡车,优先处理候选任务中活动开始时间尽可能早的子任务。第三,如果一辆集卡车准备处理一个出口满箱子任务1,且本身尚未携带集装箱,那么,它首先返回堆场,并携带一个标准空箱。最后,如果没有可行的子任务能够分配给当前集卡车,那么安排一辆新的集卡车去处理尚未被操作的子任务。

初始解的生成步骤具体如下。

步骤1 初始化。令$m^U = 0$,$\Omega = I^{1s} \bigcup I^{1f} \bigcup E^1 \bigcup I^e$,$X = (0)$。

其中,

m^U—— 使用的集卡车数目;

Ω—— 候选子任务集;

X—— 依次被分配的子任务序列。

步骤2 令

$$i^C = \underset{i \in \Omega}{\arg\min} \begin{cases} T^{1L}_{\delta(i)}, & \text{若 } i \in I^{1s} \bigcup I^{1f} \bigcup E^1 \bigcup I^e \\ y_{\theta(i)} + p_{\delta(i)}, & \text{若 } i \in I^{2s} \bigcup I^{2f} \bigcup E^2 \end{cases} \quad (8.24)$$

令$\Omega = \Omega \setminus \{i^C\}$,$X = X \oplus i^C$,其中,$\oplus$表示将一个子任务追加在一个序列后面。令$j = i^C$,并令

$$y_j^T = \begin{cases} T^{1L}_{\delta(j)}, & \text{若 } j \in I^{1s} \bigcup I^{1f} \bigcup I^e \\ \max(y_j^C + t(l_j, l_G), T^{2L}_{\delta(j)}), & \text{若 } j \in E^2 \end{cases} \quad (8.25)$$

$$y_j^C = \begin{cases} \max(y_j^T + t(l_G, l_j), T_{\delta\langle j\rangle}^{2L}), & \text{若 } j \in I^{1s} \bigcup I^{1f} \\ T_{\delta\langle j\rangle}^{1L}, & \text{若 } j \in E^1 \\ y_{\theta\langle j\rangle} + p_{\delta\langle j\rangle}, & \text{若 } j \in I^{2s} \bigcup I^{2f} \bigcup E^2 \end{cases} \quad (8.26)$$

$$y_{0j} = \begin{cases} y_j^T - t(l_0, l_G), & \text{若 } j \in I^{1s} \bigcup I^{1f} \bigcup I^e \\ y_j^C - t(l_0, l_j), & \text{若 } j \in I^{2s} \bigcup I^{2f} \bigcup E^1 \bigcup E^2 \end{cases} \quad (8.27)$$

如果 $j \in E^1$，那么为 j 配置一个标准集装箱。如果 $j \in I^{1s} \bigcup I^{1f} \bigcup E^1$，那么，$\Omega = \Omega \bigcup \{\theta(j)\}$。

步骤 3 如果 $\Omega \neq \varnothing$ ($\varnothing$ 表示空集)，转步骤 4；否则，表示所有的子任务已经被处理完毕，令 $m^U = m^U + 1$, $X = X \oplus 0$，转步骤 7。

步骤 4 能够追加到 j 之后的子任务集合为

$$\Omega' = \left\{ i \mid i \in \Omega, y_j + h(S_j, i) \leqslant \begin{cases} T_{\delta\langle i\rangle}^{1R} & \text{若 } i \in I^{1s} \bigcup I^{1f} \bigcup I^e \bigcup E^2 \\ T_{\delta\langle i\rangle}^{1R} - p_{\delta\langle i\rangle} & \text{若 } i \in E^1 \\ T_{\delta\langle i\rangle}^{2R} & \text{若 } i \in I^{2s} \bigcup I^{2f} \end{cases} \right\} \quad (8.28)$$

如果 $\Omega' \neq \varnothing$，转步骤 5；否则，转步骤 6。

步骤 5 活动开始时间最早的子任务为

$$i^C = \underset{i \in \Omega'}{\arg\min} \begin{cases} \max(y_j + h(S_j, i), T_{\delta\langle i\rangle}^{1L}), & \text{若 } i \in I^{1s} \bigcup I^{1f} \bigcup E^1 \bigcup I^e \\ \max(y_j + h(S_j, i), y_{\theta\langle i\rangle} + p_{\delta\langle i\rangle}), & \text{若 } i \in I^{2s} \bigcup I^{2f} \bigcup E^2 \end{cases} \quad (8.29)$$

令 $\Omega = \Omega \setminus \{i^C\}$, $X = X \oplus i^C$, $q = i^C$。令

$$y_q^T = \begin{cases} \max(y_j + h(S_j, q), T_{\delta\langle q\rangle}^{1L}), & \text{若 } q \in I^{1s} \bigcup I^{1f} \bigcup I^e \\ \max(y_q^C + t(l_q, l_G), T_{\delta\langle q\rangle}^{2L}), & \text{若 } q \in E^2 \end{cases} \quad (8.30)$$

$$y_q^C = \begin{cases} \max(y_q^T + t(l_G, l_q), T_{\delta\langle q\rangle}^{2L}), & \text{若 } q \in I^{1s} \bigcup I^{1f} \\ \max(y_j + h(S_j, q), T_{\delta\langle q\rangle}^{1L}), & \text{若 } q \in E^1 \\ \max(y_j + h(S_j, q), y_{\theta\langle q\rangle} + p_{\delta\langle q\rangle}), & \text{若 } q \in I^{2s} \bigcup I^{2f} \bigcup E^2 \end{cases} \quad (8.31)$$

$$y_{jq} = \begin{cases} y_j^T, & \text{若 } j \in E^2 \bigcup I^e \\ y_j^C, & \text{若 } j \in I^{1s} \bigcup I^{1f} \bigcup I^{2s} \bigcup I^{2f} \bigcup E^1 \end{cases} \quad (8.32)$$

如果 $q \in E_1$，且当前集卡车服务过 j 后未携带空箱，那么为 q 配置一个标准集装箱。令 $j = q$。如果 $j \in I^{1s} \bigcup I^{1f} \bigcup E^1$，那么，$\Omega = \Omega \bigcup \{\theta(j)\}$，并转步骤 3。

步骤 6 没有可行的子任务能够分配给当前集卡车，因此需要安排一辆新的集卡车。令 $X = X \oplus 0$, $m^U = m^U + 1$，并转步骤 2。

步骤 7 如果 $m^U \leqslant m$，表示生成了一个含有 m^U 个集卡车的可行解；否则，实际使

用的集卡车数目超过了限制,没有生成可行解。算法终止。

8.5.2 移除和插入操作

将一定数量的进口空箱子任务或满箱子任务 2 从当前解中随机移除,并重新插入破坏后的解序列的合适位置,得到一个新解。从当前解中移除的子任务个数是 $\lfloor \beta \mid I^e \cup I^{2s} \cup I^{2f} \cup E^2 \mid \rfloor$,其中,$\mid \quad \mid$表示给定集合中元素的个数,表示不大于给定数值的最大整数。如果一个破坏后的解序列含有两个或更多连续的分隔符,那么去掉多余的分隔符,直至保留一个分隔符。

对于破坏后的解序列,子任务上活动的结束时刻的计算采用前向顺序的方式。对于一个满箱任务,当且仅当子任务 1 上活动的结束时刻被求解之后,才能计算相应的子任务 2 上活动的结束时刻。

在修复操作中,所有移除的子任务将被重新逐一插入破坏的解序列中,且对插入的可行性进行检查。应该避免两种不可行的插入类型。第一种类型(记为类型 1)是指将一个子任务 2 插入含有相应子任务 1 的路径中,且该子任务 2 位于相应的子任务 1 的前面。第二种类型(记为类型 2)是指将一个子任务 2(例如,$\theta(3)$)插入含有子任务 1(例如,4)的路径,且 $\theta(3)$ 位于 4 的前面,3 和 $\theta(4)$ 同时位于另一条路径,且 3 位于 $\theta(4)$ 的后面。以类型 2 为例进行解释说明,插入前的一个子任务序列为

$$0, 4, 0, \theta(4), 3, 0 \tag{8.33}$$

插入子任务 $\theta(3)$ 后的子任务序列为

$$0, \theta(3), 4, 0, \theta(4), 3, 0 \tag{8.34}$$

在该情形下,一辆集卡车首先处理 $\theta(3)$,接着处理 4,另一辆集卡车首先处理 $\theta(4)$,接着处理 3。然而,该情形是不符合实际的,因此,该插入类型不可行。

规则 8.1 如果 j 是某辆集卡车服务的第一个子任务,那么关于 j 的计算参考式 (8.25)~(8.27);否则,关于 j 的计算参考式 (8.30)~(8.32)。

对于每个即将被插入的子任务 $j \in I^e \cup I^{2s} \cup I^{2f} \cup E^2$,选择最佳的插入位置。最佳的插入位置指的是使目标值增加最小的插入位置。如果子任务 j 被插入一个可行的位置中,那么插入后的解序列中每个子任务上活动的结束时刻的计算依据规则 8.1。如果子任务 j 被追加到解序列的末尾,那么在子任务 j 的后面追加一个分隔符,关于 j 的计算参考式 (8.25)~(8.27)。

当将所有移除的子任务重新插入解序列后,便得到一个修复解。

8.5.3 解的可行性检验

关于解的可行性检验,基于如下 3 个方面进行。

第一,一个解序列被分隔符"0"分割成若干个子任务序列,每个子任务序列对应

一辆集卡车。根据"0"的个数即可判断该解序列是否满足集卡车数目约束。

第二,出口满箱子任务 1 需要空箱,而其他子任务释放或不需要空箱。因此,对于情形 4.2 中的出口满箱子任务 1,优先为其配置一个可折叠空箱。判断一辆集卡车在服务某个子任务之前是否需要返回堆场,并确定该集卡车在离开堆场时携带的可折叠空箱数目,决策过程详见文献张瑞友等(2018)。

第三,给定一个得到的修复解,依据约束式(8.18),检查该解是否满足可折叠空箱数目约束。

8.5.4 解的最优性检验与算法的停止准则

对于一个可行解中的每个子任务序列,依据式(8.2)确定转换时间,并根据目标函数式(8.5)计算该可行解的目标值。如果得到的目标值优于历史最优解的目标值,那么更新历史最优解与当前解;否则,按照上述移除和插入操作,产生一个新解。当计算时间达到 H 时,算法终止。

8.6 数值实验

本节基于大量随机生成的算例对求解算法的有效性进行评估测试。本章实验均在英特尔酷睿 $i7-10750$H 双核 CPU(2.60 GHz)、16 GB 内存、64 位 Windows 10 操作系统的个人计算机上运行,并采用 Visual Studio 2010 C++ 作为算法的编程语言。

8.6.1 小节介绍算例生成方法;8.6.2 小节调试算法的几个重要参数;8.6.3 小节分析小规模和大规模算例的计算结果;8.6.4 小节对算法的稳定性进行测试;8.6.5 小节对参数 B 进行敏感性分析。

8.6.1 算例生成方法

实验中的算例随机生成。堆场、港口、客户(发货人、收货人)的位置在长、宽均为集卡车行驶时间为 120 的欧几里得平面内随机生成,客户位置的装卸货时间在区间 $[60,120]$ 随机分布,起始时间窗的下界在区间 $[0,180]$ 随机生成。对于每个满箱任务,目的时间窗的下界为港口和相应客户之间的行驶时间与相应的起始时间窗的下界之和。起始时间窗与目的时间窗的宽度分别在区间 $[300,600]$ 随机生成。上述所有时间和时间窗的单位均为分钟,精确到 1 min。目前应用较广泛的可折叠集装箱是"四合一"箱,在无特殊说明情况下,本章中的 B 取值为 4。

8.6.2 算法参数的调试

针对不同规模的算例,本小节进行算法参数的调试实验。小规模和大规模算例的集装箱任务个数的变化区间分别是[5,15],[75,90]。随机生成10个算例(不同规模算例各含5个)进行算法参数调试。

本小节仍采用3.6.2节的参数调试方法,不同规模实验中参数的取值范围见表8.2,参数的调试结果见表8.3。

表 8.2 不同规模实验中参数的取值范围

算例规模	β	H/s
小规模	0.2, 0.3, 0.4	1.00, 2.00, 3.00
大规模	0.2, 0.3, 0.4	500.00, 600.00, 700.00

表 8.3 参数的调节结果

算例规模	β	H/s
小规模	0.4	2.00
大规模	0.3	700.00

8.6.3 算例计算结果分析

本小节中,随机生成9个小规模算例和18个大规模算例用于测试算法性能。表8.4和表8.5分别展示了小规模和大规模算例的实验结果。在每个表中,第四列括号中的4个数字从左至右依次表示使用标准集装箱的进口满箱任务个数、使用可折叠集装箱的进口满箱任务个数、出口满箱任务个数及进口空箱任务个数。

实验结果表明,对于每个测试算例,最终解中使用可折叠集装箱的满箱任务个数通常大于初始解中使用可折叠集装箱的满箱任务个数。这是因为,在接驳运输中,随着使用可折叠集装箱的满箱任务个数的增多,会出现一辆集卡车一次装载多个可折叠空箱的情形,集卡车的不必要的行驶活动有所减少,目标值也随之减小。这表明,在算法优化过程中,与标准集装箱相比,可折叠集装箱被优先配置一个满箱任务。虽然堆场上的可折叠空箱数目受限,但是通过有效配置可折叠空箱能够有效降低集卡车的总工作时间。与初始解相比,最终解的目标值得到了有效改进,例如,小规模算例、大规模算例的目标值分别平均改进了17.43%和9.06%,实验结果验证了算法的有效性。

以表8.5中算例8.25为例进行分析。在初始解中,17个可折叠集装箱被用于满箱任务,目标值是11 969 min,而在最终解中,38个可折叠集装箱被用于满箱任务,目标值是11 288 min,目标值相对改进了5.69%。同时发现,最终解中,使用可折叠集装箱的满箱任务个数(38)大于堆场上的可折叠空箱的初始数目(35),原因是,在接驳运输中,部分进口满箱任务或进口空箱任务释放的可折叠空箱被用于部分满箱任务。实验结果表明,该算法能够有效处理同时考虑标准集装箱与可折叠集装箱的接驳运输问题。

表8.4 小规模算例的实验结果

算例	m	n	任务个数	初始解 NF	初始解 目标值/min	最终解 NF	最终解 目标值/min	目标值改进/%	CPU求解时间/s
8.1	3	2	5 (1, 1, 2, 1)	1	762	2	640	16.01	2.00
8.2	6	3	8 (2, 1, 3, 2)	1	1 037	3	840	19.00	2.00
8.3	6	3	8 (2, 1, 3, 2)	2	1 188	2	853	28.20	2.00
8.4	7	5	10 (2, 1, 5, 2)	1	1 937	4	1 688	12.85	2.00
8.5	7	5	10 (2, 1, 5, 2)	2	1 645	4	1 286	21.82	2.00
8.6	8	5	12 (1, 2, 6, 3)	2	1 902	5	1 585	16.67	2.00
8.7	8	5	12 (1, 2, 6, 3)	4	1 490	6	1 346	9.66	2.00
8.8	10	6	15 (2, 2, 7, 4)	5	2 204	6	1 943	11.84	2.00
8.9	10	6	15 (2, 2, 7, 4)	4	2 396	5	1 898	20.78	2.00
均值								17.43	2.00

注:"NF"指的是使用可折叠集装箱的满箱任务个数。"目标值改进"指的是,与初始解得到的目标值相比,最终解得到的目标值的相对改进量。

表8.5 大规模算例的实验结果

算例	m	n	个数	初始解 NF	初始解 目标值/min	最终解 NF	最终解 目标值/min	目标值改进/%	CPU求解时间/s
8.10	55	30	75 (20, 10, 35, 10)	6	11 164	23	9 546	14.49	700.00
8.11	55	30	75 (20, 10, 35, 10)	13	9 508	24	8 787	7.58	700.00
8.12	55	30	75 (20, 10, 35, 10)	6	12 467	28	10 728	13.95	700.00
8.13	55	30	75 (20, 10, 35, 10)	5	9 621	23	7 719	19.77	700.00
8.14	55	32	80 (21, 11, 36, 12)	13	11 831	29	10 995	7.07	700.00
8.15	55	32	80 (21, 11, 36, 12)	16	10 729	25	9 869	8.02	700.00
8.16	55	32	80 (21, 11, 36, 12)	16	11 205	25	10 785	3.75	700.00
8.17	55	32	80 (21, 11, 36, 12)	14	12 141	25	11 855	2.36	700.00
8.18	55	32	80 (21, 11, 36, 12)	15	12 000	28	11 212	6.57	700.00
8.19	57	35	85 (22, 11, 40, 12)	6	14 920	28	13 175	11.70	700.00
8.20	57	35	85 (22, 11, 40, 12)	15	10 864	27	9 749	10.26	700.00
8.21	57	35	85 (22, 11, 40, 12)	8	14 282	26	12 984	9.09	700.00
8.22	57	35	85 (22, 11, 40, 12)	15	13 140	32	12 599	4.12	700.00
8.23	57	35	85 (22, 11, 40, 12)	17	12 023	29	11 357	5.54	700.00

续表8.5

算例	m	n	个数	初始解		最终解		目标值改进/%	CPU求解时间/s
				NF	目标值/min	NF	目标值/min		
8.24	60	35	90 (20, 15, 45, 10)	16	11 800	34	10 702	9.31	700.00
8.25	60	35	90 (20, 15, 45, 10)	17	11 969	38	11 288	5.69	700.00
8.26	60	35	90 (20, 15, 45, 10)	17	13 117	37	11 296	13.88	700.00
8.27	60	35	90 (20, 15, 45, 10)	15	12 257	37	11 032	9.99	700.00
均值								9.06	700.00

注:"NF"指的是使用可折叠集装箱的满箱任务个数。"目标值改进"指的是,与初始解得到的目标值相比,最终解得到的目标值的相对改进量。

8.6.4 算法的稳定性测试

选取6个大规模算例(算例8.11、8.13、8.14、8.15、8.25和8.27),用于测试LNS算法的稳定性。使用LNS算法对每个算例分别独立求解3次,每次测试的运行时间是700 s,LNS算法的稳定性测试结果如图8.1所示。3次测试中,目标值相对差异的最大值是1.49%(算例8.13),目标值相对差异的最小值是0.45%(算例8.14),总之,目标值相对差异是可以接受的。测试结果显示出,LNS算法具有一定的稳定性。

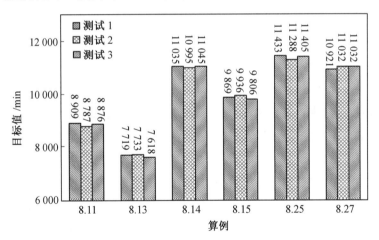

图8.1 LNS算法的稳定性测试结果

8.6.5 参数 B 的敏感性分析

选取7个大规模算例(算例8.10、8.16、8.17、8.20、8.24、8.25和8.26)用于分析参数 B 的敏感性。在 B 取值分别为2和4的情形下,使用LNS算法求解每个算例。B 取值不同情形下的目标值如图8.2所示,对于每个算例,当 B 取值由2增大到4时,目标值随之下降。最小的目标值相对下降值是2.71%(算例8.25),最大的目标值相对下降值是 6.55%（算例 8.17）。换言之，随着集卡车每次能够携带的最大可折叠空箱数目的增多，使集卡车的非必要行驶活动（如前往堆场取送空箱）有所减少，进而导致集卡车的总工作时间呈现下降趋势。

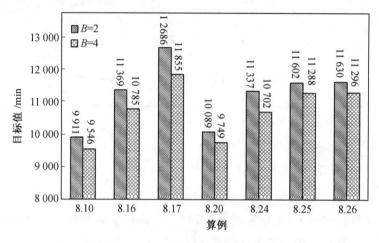

图 8.2 B 取值不同情形下的目标值

8.7　本章小结

在第 7 章的基础上，本章进一步研究了考虑双侧时间窗的可折叠集装箱接驳运输问题。该问题中，需要同时调度 4 种类型的集装箱任务（使用可折叠集装箱的进口满箱任务、使用标准集装箱的进口满箱任务、出口满箱任务及进口空箱任务），并考虑可折叠空箱数目约束。客户和港口分别设置时间窗从而限制相关活动的开始时刻。首先，基于 ITST 方法对该问题进行了数学描述，其次，设计了一个 LNS 算法，最后，通过大量算例测试，验证模型和算法的有效性。实验结果表明，引入可折叠集装箱的接驳模式能够有效降低集卡车运输公司的运营成本，在一定程度上显示了可折叠集装箱在接驳运输中的优势。此外，评估了 LNS 算法的稳定性，并分析了一个关键参数（集卡车一次能够携带的最大可折叠空箱数目）对目标值的影响。随着集卡车每次能够携带的最大可折叠空箱数目的增多，集卡车的总工作时间呈现减少趋势。

第 9 章　考虑桥高及水深的空箱内河运输问题

9.1　引　言

集装箱内河运输是集装箱运输供应链中的重要一环,与接驳运输相比,内河运输具有运输距离长、运输量大、易受水文条件影响的特点。充分挖掘内河黄金水道的航运价值对于促进节能减排、降低企业运营成本、推动内陆经济均衡发展具有重要意义。一方面,与铁路运输或航空运输相比,内河运输具有运输成本低、货运量大的明显优势;另一方面,随着江河两岸所建桥梁的日益增多,集装箱内河运输的安全问题日益引起一线管理人员和科研人员的关注。

本章主要研究考虑桥高及水深的空箱内河运输问题,分析可折叠集装箱对内河中的集装箱运输船的高度及吃水深度的影响,并给出空箱和集装箱运输船的有效调度方案。9.2 节首先讨论可折叠集装箱在内河运输中的潜在优势及面临的挑战;9.3 节对研究的问题进行描述并给出相应的数学模型;9.4 节对模型的计算复杂度进行分析;9.5 节给出数值实验的设计方法和结果分析;9.6 节对本章进行小结。

9.2　可折叠集装箱在内河运输中的潜在优势及面临的挑战

9.2.1　潜在优势

许多研究已经深入讨论了可折叠集装箱在空箱运输中的优势,例如,当可折叠集装箱被折叠堆放时,能够大幅节省港口或堆场的库存空间,并便于集卡车的装卸箱操作。此外,一辆集卡车一次可以运输较多的可折叠空箱,从而在较短时间内为客户提供更高效的服务,对提高企业工作效率和节约运输成本具有重要意义。

除了上述基本优点,可折叠集装箱在内河运输中也具有独特优势。由于内河上的桥梁高度对航行中的集装箱运输船的高度有一定的限制作用,因此,对大型运输船的航行限制是内河运输的瓶颈之一。当大型运输船运载有满箱或较重货物时,由于吃水较深,船在水面上的高度能够满足桥高限制。然而,当运输船进行空箱运输时,很难保障运输船既能装载较多的标准空箱,同时满足桥高等限制。换言之,当运输船装载较少的标准空箱时,虽然能够满足桥高等限制,但是航运公司的经济效益可能受到负面影响;当运输船装载有较多标准空箱时,可能会影响驾驶舱的视线,同时无法满足桥高等限制。现实中也时常出现关于运输船装载大量空箱却无法满足桥高等限制的失败案例。这意味着,由于桥高的限制,大型运输船通常无法在内河运输中装载较多的标准空箱,从而影响运输企业的规模效益。然而,可折叠集装箱具有能折叠堆放的特点,可以有效降低运输船上集装箱的总体高度。因此,运输船能够装载更多的可折叠空箱,且不遮挡驾驶舱的视线,同时由于吃水较深进一步降低水面上的船高。装载有标准集装箱与可折叠集装箱的运输船在内河中航行的情形如图 9.1 所示。

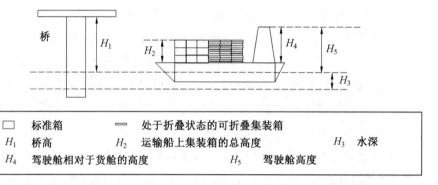

图 9.1　装载有标准集装箱与可折叠集装箱的运输船在内河中航行的情形

9.2.2　面临的挑战

可折叠集装箱空箱在内河运输时具有上述便利,但目前可折叠集装箱在实际运输中并未得到推广应用,这是因为可折叠集装箱的应用面临一些难题。难题之一是在港口处操作可折叠集装箱的高昂的固定成本(包括人力成本和特定设备的购买成本)。同时,可折叠集装箱的平均购买成本相对标准集装箱也较高。另外,集装箱公司是否引入可折叠集装箱在一定程度上也依赖于港口的选择,当一个港口缺少能够操控可折叠集装箱的配套基础设施或缺少熟练操作工人时,公司将无法为该港口分配可折叠集装箱。在这种情况下,必要的特定设备、人员配置及政府补贴有助于促进可折叠集装箱在工业领域的推广应用。

在内河运输中使用可折叠集装箱的另一个难题是空箱运输的复杂性。第一,为了集装箱运输船航行的安全性,需要监测水深,运输船的吃水深度受到水道的实际情形的限制。运输船的总质量对船的吃水深度和水面以上的船高都会产生影响,需要在船的吃水深度和水面以上船的高度之间维持平衡,空箱运输优化也变得较为复杂。第二,受到桥高和水深的限制,大型运输船难以在内河的上游航行,因此,在内河的上中游,小型运输船被广泛使用。另外,部分港口会出现中转活动,当一个大型集

第 9 章　考虑桥高及水深的空箱内河运输问题

装箱运输船到达某个港口后,集装箱将被小型运输船转运到上游港口,这种情形下,考虑转运的决策也变得较为复杂。综上,设计可行有效的空箱内河运输优化方法有利于促进可折叠集装箱在内河运输领域的推广应用。表 9.1 简要总结了在内河运输中使用可折叠集装箱的优势和挑战。

表 9.1　在内河运输中使用可折叠集装箱的优势和挑战

	优势	挑战
成本	较小的库存空间及较短的操作时间	较高的生产、租赁/购买、维护费用
	较高的运输船空间利用率使得单位集装箱的运输成本降低	特定设备的成本及港口雇员的培训成本
	桥高约束下,大型运输船的应用使单位集装箱的运输成本降低	经济效益的规模依赖于市场上可折叠集装箱的数量
可持续性	较高的运输船使用率能够有效减少温室气体排放量	—
决策复杂性	—	由于集装箱类型的增多,为管理人员提供最优的资源配置决策将变得更加复杂

注:"—"表示不适用。

9.3　问题描述及数学模型

一个航运公司为某内河沿线的若干港口提供空箱运输服务,提供的集装箱的类型有两种:标准集装箱和可折叠集装箱。对于有空箱需求的港口而言,标准集装箱与可折叠集装箱的功能是相同的。在满足港口空箱需求的前提下,需要考虑桥高及水深约束,从而合理调度空箱和集装箱运输船,达到公司的总运营成本最小化的目的。本节主要假设描述如下。

(1) 所有集装箱都是 20 ft 的集装箱;
(2) 各港口对空箱的需求信息是已知的,且在计划期内保持不变;
(3) 不同港口之间行驶的每种类型的运输船的数量是固定的;
(4) 每种类型的运输船的航速是固定的;
(5) 当集装箱为空箱时,一个标准集装箱与一个可折叠集装箱的质量相同;
(6) 一个标准集装箱对运输船货舱的高度贡献度是固定的,一个标准集装箱或可折叠集装箱对运输船的吃水深度贡献度是固定的。

数学符号描述如下。

0——枢纽港；

P_I——空箱数量充裕的内河沿线港口集合；

P_D——对空箱有需求的内河沿线港口集合，$P_I \cap P_D = \varnothing$；

P——内河沿线港口集合，$P = P_I \cup P_D$；

I_i^s——计划期开始时，港口$\{0\} \cup P_I$的标准集装箱库存量，$I_i^s \geqslant 0$；

I_i^f——计划期开始时，港口$\{0\} \cup P_I$的可折叠集装箱库存量，$I_i^f \geqslant 0$；

V_{ij}——考虑航道宽度，两个港口i和j之间允许通航的集装箱运输船的类型；

G_v——类型为$v \in V_{ij}$的集装箱运输船的容量（装载的标准集装箱个数）；

d_{ij}——两个港口i和j之间的航行距离，$i \in \{0\} \cup P, j \in \{0\} \cup P, i \neq j$；

H_{ij}——集装箱运输船从港口i航行至港口j的保守船高限制，$i \in \{0\} \cup P, j \in \{0\} \cup P, i \neq j, H_{ij} = \min\{h_{ia}, h_{ab}, \cdots, h_{hj}\}$，其中，$i, a, b, \cdots, h$和$j$是内河沿线依次排列的港口，$h_{ia}$表示港口$i$和$a$之间的桥梁对运输船的高度限制；

W_{ij}——集装箱运输船从港口i航行至港口j的保守水深限制，$i \in \{0\} \cup P, j \in \{0\} \cup P, i \neq j, W_{ij} = \min\{w_{ia}, w_{ab}, \cdots, w_{hj}\}$，其中，$i, a, b, \cdots, h$和$j$是内河沿线依次排列的港口，$w_{ia}$表示港口$i$和$a$之间的水深；

B——可折叠集装箱与标准集装箱的转换比，即B个可折叠集装箱在折叠堆放状态时的高度与一个标准集装箱的高度相同；

T_i^s——在港口i，一个标准集装箱的分期购买成本，$i \in P_D$；

T_i^f——在港口i，一个可折叠集装箱的分期购买成本，$i \in P_D$；

F_i——在港口i安装操作可折叠集装箱的特定设备的分期固定成本，$i \in P_D$；

L_i——在港口i装卸一个标准集装箱的成本，$i \in \{0\} \cup P$；

P_{ijv}——能够从港口i行驶至港口j的类型为v的运输船集合，$i \in \{0\} \cup P, j \in P, i \neq j, v \in V_{ij}$；

D_i——计划期结束时，港口i的集装箱库存量，$i \in P_D, \sum_{i \in P_I}(I_i^s + I_i^f) \leqslant \sum_{i \in P_D} D_i$；

h_v——一个标准集装箱对一个类型为v的运输船的货舱的高度贡献度，$v \in V_{ij}$，即一个标准集装箱被添加到船上后，货舱中集装箱高度的增加量；

w_v——一个标准集装箱对一个类型为v的运输船的吃水深度贡献度，$v \in V_{ij}$，即一个标准集装箱被添加到船上后，运输船的吃水深度的增加量；

b_v——类型为v的运输船的单位距离的航行成本，$v \in V_{ij}$；

第 9 章 考虑桥高及水深的空箱内河运输问题

M_v——对于类型为 v 的运输船,驾驶舱相对于货舱的高度,$v \in V_{ij}$;

N_v——对于类型为 v 的运输船,当没有装载集装箱时,驾驶舱相对于水面的高度,$v \in V_{ij}$;

Q_v——类型为 v 的运输船,当没有装载集装箱时,船的吃水深度,$v \in V_{ij}$;

C_{ijv}——类型为 v 的运输船,从港口 i 至港口 j 的航行成本,$i \in \{0\} \bigcup P, j \in P$, $i \neq j, v \in V_{ij}, C_{ijv} = d_{ij} b_v$;

M——一个足够大的正数。

决策变量描述如下。

R_{ijvl}——如果类型为 v 的运输船 l 从港口 i 航行至港口 j,$i \in \{0\} \bigcup P, j \in P, i \neq j, v \in V_{ij}, l \in P_{ijv}$,则取值为 1,否则,取值为 0;

z_i——如果在港口 i 配置可以操作可折叠集装箱的特定设备,$i \in P_D$,则取值为 1,否则,取值为 0;

n_{ijv}——从港口 i 航行至港口 j 的类型为 v 的运输船的个数,$i \in \{0\} \bigcup P, j \in P, v \in V_{ij}, i \neq j$;

x_{ijvl}——从港口 i 航行至港口 j 的类型为 v 的运输船 l 所装载的标准集装箱的个数,$i \in \{0\} \bigcup P, j \in P, i \neq j, v \in V_{ij}, l \in P_{ijv}$;

y_{ijvl}——从港口 i 航行至港口 j 的类型为 v 的运输船 l 所装载的可折叠集装箱的个数,$i \in \{0\} \bigcup P, j \in P, i \neq j, v \in V_{ij}, l \in P_{ijv}$;

s_i——在计划期结束时,港口 i 的标准集装箱个数,$i \in P_D$;

f_i——在计划期结束时,港口 i 的可折叠集装箱个数,$i \in P_D$。

本章问题可描述为如下 MILP 模型。

$$\min \sum_{i \in P_D} F_i z_i + \sum_{i \in P_D} (T_i^s s_i + T_i^f f_i) + \sum_{i \in \{0\} \bigcup P} \sum_{j \in P, j \neq i} \sum_{v \in V_{ij}} C_{ijv} n_{ijv} + \\ \sum_{i \in \{0\} \bigcup P} \sum_{j \in P, j \neq i} \sum_{v \in V_{ij}} \sum_{l \in P_{ijv}} (L_i + L_j) \left(x_{ijvl} + \frac{1}{B} y_{ijvl} \right) \quad (9.1)$$

s. t.

$$s_i = \sum_{j \in \{0\} \bigcup P, j \neq i} \sum_{v \in V_{ij}} \sum_{l \in P_{ijv}} x_{jivl} - \sum_{j \in P, j \neq i} \sum_{v \in V_{ij}} \sum_{l \in P_{ijv}} x_{ijvl}, \forall i \in P_D \quad (9.2)$$

$$f_i = \sum_{j \in \{0\} \bigcup P, j \neq i} \sum_{v \in V_{ij}} \sum_{l \in P_{ijv}} y_{jivl} - \sum_{j \in P, j \neq i} \sum_{v \in V_{ij}} \sum_{l \in P_{ijv}} y_{ijvl}, \forall i \in P_D \quad (9.3)$$

$$s_i + f_i = D_i, \forall i \in P_D \quad (9.4)$$

$$f_i \leqslant M z_i, \forall i \in P_D \quad (9.5)$$

$$y_{ijvl} \leqslant M z_i, \forall i \in P_D, j \in P, v \in V_{ij}, l \in P_{ijv}, i \neq j \quad (9.6)$$

$$y_{jivl} \leqslant M z_i, \forall i \in P_D, j \in \{0\} \bigcup P, v \in V_{ij}, l \in P_{ijv}, i \neq j \quad (9.7)$$

$$I_i^s + \sum_{j\in\{0\}\cup P, j\neq i}\sum_{v\in V_{ij}}\sum_{l\in P_{ijv}} x_{jivl} \geqslant \sum_{j\in P, j\neq i}\sum_{v\in V_{ij}}\sum_{l\in P_{ijv}} x_{ijvl}, \forall i \in P_I \quad (9.8)$$

$$I_i^f + \sum_{j\in\{0\}\cup P, j\neq i}\sum_{v\in V_{ij}}\sum_{l\in P_{ijv}} y_{jivl} \geqslant \sum_{j\in P, j\neq i}\sum_{v\in V_{ij}}\sum_{l\in P_{ijv}} y_{ijvl}, \forall i \in P_I \quad (9.9)$$

$$x_{ijvl} + \frac{1}{B}y_{ijvl} \leqslant R_{ijvl}\, G_v, \forall i \in \{0\}\cup P, j\in P, v\in V_{ij}, l\in P_{ijv}, i\neq j \quad (9.10)$$

$$h_v x_{ijvl} + \frac{1}{B}h_v y_{ijvl} \leqslant M_v, \forall i \in \{0\}\cup P, j\in P, v\in V_{ij}, l\in P_{ijv}, i\neq j \quad (9.11)$$

$$N_v - w_v(x_{ijvl} + y_{ijvl}) \leqslant H_{ij}, \forall i \in \{0\}\cup P, j\in P, v\in V_{ij}, l\in P_{ijv}, i\neq j \quad (9.12)$$

$$Q_v + w_v(x_{ijvl} + y_{ijvl}) \leqslant W_{ij}, \forall i \in \{0\}\cup P, j\in P, v\in V_{ij}, l\in P_{ijv}, i\neq j \quad (9.13)$$

$$n_{ijv} = \sum_{l\in P_{ijv}} R_{ijvl}, \forall i \in \{0\}\cup P, j\in P, v\in V_{ij}, i\neq j \quad (9.14)$$

$$z_i \in \{0,1\}, \forall i \in P_D \quad (9.15)$$

$$R_{ijvl} \in \{0,1\}, \forall i \in \{0\}\cup P, j\in P, v\in V_{ij}, l\in P_{ijv}, i\neq j \quad (9.16)$$

$$n_{ijv} \in \{0\}\cup \mathbf{Z}^+, \forall i \in \{0\}\cup P, j\in P, v\in V_{ij}, i\neq j \quad (9.17)$$

$$x_{ijvl} \in \{0\}\cup \mathbf{Z}^+, \forall i \in \{0\}\cup P, j\in P, v\in V_{ij}, l\in P_{ijv}, i\neq j \quad (9.18)$$

$$y_{ijvl} \in \{0\}\cup \mathbf{Z}^+, \forall i \in \{0\}\cup P, j\in P, v\in V_{ij}, l\in P_{ijv}, i\neq j \quad (9.19)$$

$$s_i \in \{0\}\cup \mathbf{Z}^+, \forall i \in P_D \quad (9.20)$$

$$f_i \in \{0\}\cup \mathbf{Z}^+, \forall i \in P_D \quad (9.21)$$

目标函数式(9.1)中,$\sum_{i\in P_D}F_i z_i$、$\sum_{i\in P_D}(T_i^s s_i + T_i^f f_i)$、$\sum_{i\in\{0\}\cup P}\sum_{j\in P, j\neq i}\sum_{v\in V_{ij}}C_{ijv}n_{ijv}$ 及 $\sum_{i\in\{0\}\cup P}\sum_{j\in P, j\neq i}\sum_{v\in V_{ij}}\sum_{l\in P_{ijv}}(L_i + L_j)\left(x_{ijvl} + \frac{1}{B}y_{ijvl}\right)$ 分别表示在港口配置特定设备的成本、标准集装箱和可折叠集装箱的购买成本、运输船的航行成本、在港口处的装卸箱成本,因此,目标函数式(9.1)最小化航运公司的总成本。针对有集装箱需求的港口,约束式(9.2)和式(9.3)分别是关于标准集装箱与可折叠集装箱的流平衡约束。约束式(9.4)表示在计划期结束时,有集装箱需求的港口的集装箱库存由标准集装箱和可折叠集装箱组成。约束式(9.5)~(9.7)表示可折叠集装箱可以在某港口被操作当且仅当该港口配置有特定设备。约束式(9.8)确保有标准集装箱初始库存的港口在计划期结束时的标准集装箱库存非负;类似地,约束式(9.9)确保有可折叠集装箱初始库存的港口在计划期结束时的可折叠集装箱库存非负。约束式(9.10)是对运输船的容量限制。约束式(9.11)限制运输船上集装箱的总高度不超过驾驶舱的高度。约束式(9.12)和式(9.13)分别定义运输船的高度限制和吃水限制,在约束式(9.12)中,一个类型为 v 的运输船装载 x_{ijvl} 个标准集装箱和 y_{ijvl} 个可折叠集装箱后,水面以上船的高度下降 $w_v(x_{ijvl}+y_{ijvl})$。约束式(9.14)表示在两个港口之间航行的某种类型的运输船的个数。约束式(9.15)~(9.21)定义决策变量类型,其中,$\mathbf{Z}^+$ 表示正整数集。

9.4 模型的计算复杂度分析

本节对9.3节的 MILP 模型的计算复杂度进行分析。港口数量是 $|P|+1$,集装箱运输船的类型个数是 $|V_{ij}|$。实际上,由于港口附近水深和运输船的设计水深的限制,在计划期内通常只有一定类型的运输船能够访问指定的港口,因此,有 $|V_{ij}| \leqslant |P|+1$ 和 $|P_{ijv}| \leqslant |P|+1$,模型中决策变量的个数为 $O(|P|^4)$。现实中的内河,例如,长江或莱茵河沿线的主要港口数量通常是有限的,该数学模型可以通过使用商业优化软件 CPLEX 求解。综上分析,可以将上述模型视为一个实用有效的空箱内河调运方法,为相关的集装箱内河运输公司进行决策优化提供参考。

9.5 数值实验的设计方法和结果分析

本节以中国长江沿线的19个主要港口为案例进行实验分析,这些港口的位置及跨江大桥的高度等信息是可以公开获取的。这些港口从上游到下游依次是宜宾、泸州、重庆、宜昌、荆州、武汉、九江、安庆、铜陵、芜湖、马鞍山、南京、镇江、扬州、泰州、江阴、苏州、南通和上海。我们假定除上海港外,其余港口均有空箱需求。

基于经济与地理等因素,通常将长江划分为上游、中游和下游。上游港口是宜宾、泸州、重庆和宜昌,中游港口是荆州、武汉和九江,其余港口位于下游。上海港作为重要的枢纽港,联结着长江经济带与世界其他区域,并为其他18个港口提供空箱输送的业务。如果某港口接收空箱并输出空箱,那么称该港口为中转港(转运港),任意一个港口都可能成为中转港。长江沿线两岸建有许多桥梁,对航行的集装箱运输船的高度有一定的限制,长江两岸主要桥梁及相关信息见表9.2。

表 9.2 长江两岸主要桥梁及相关信息

桥梁	桥高/m	船高限制/m
苏通长江公路大桥	62	60
江阴长江公路大桥	50	48
泰州大桥	50	48
润扬大桥	50	48
南京长江第四大桥	50	48
南京长江第二大桥	24	23
南京长江大桥	24	23
南京长江第三大桥	24	23
马鞍山长江大桥	32	30
芜湖长江大桥	24	23
安庆长江大桥	24	23
九江长江大桥	24	23
武汉长江二桥	24	23
武汉长江大桥	18	17
荆州长江大桥	18	17
枝城长江大桥	18	17
宜昌长江大桥	18	17
重庆长江大桥	18	17

数据来源：长江航道局(http://www.cjhdj.com.cn)。

9.5.1 实验设置及算例介绍

本章实验均在英特尔酷睿 i7—2600 双核 CPU（3.40 GHz）、7.83 GB 内存、64 位 Windows 7 操作系统的个人计算机上运行。使用优化软件 IBM ILOG CPLEX 12.6.1 对线性规划模型进行求解，并采用 Visual Studio 2010 C++ 调用 CPLEX 软件求解器。CPU 求解时间设置为 1 h，CPLEX 软件求解器的其他配置采用默认方式。

由于涉及商业机密等，各港口的集装箱需求信息难以直接获取，因此，基于中华人民共和国交通运输部网站提供的全国港口集装箱吞吐量，本章及第 10 章采用随机生成的方法得到各港口的集装箱需求量。在计划期内，上海港作为一个枢纽港，其他 18 个港口需要一定数量的空箱。8 种类型的集装箱运输船的相关参数见表 9.3。对任意 i、j 及 $v \in V_{ij}$，$|P_{ijv}|$ 取值为 7。实验中，对任意 i、j，V_{ij} 含有所有类型的运输船。两个相邻港口之间的航行距离、水深限制及桥高制约引起的船高限制等参数见

第9章 考虑桥高及水深的空箱内河运输问题

表9.4,其中,关于水深的数据摘自交通运输部长江航务管理局网站2019年6月提供的长江航道的维护水深,基于截至2019年11月长江沿线两岸已建的桥梁信息,得到船高限制。计划期(一个月)结束后各个港口的集装箱目标库存见表9.5。18个港口的标准集装箱初始库存量和可折叠集装箱初始库存量分别设置为0。所有港口的空箱总需求量$\sum_{i \in P_D} D_i$为95 396 TEU,并设置I_0^s和I_0^f的取值分别为95 396 TEU。

表9.3 8种类型的集装箱运输船的相关参数

运输船类型	h/m	w/m	容量/TEU	M_v/m	N_v/m	Q_v/m	设计吃水/m	航行成本/($·km)$^{-1}$
R1	0.050 0	0.002 67	150	7.5	8.0	2.6	3.0	7.789
R2	0.040 0	0.002 50	200	8.0	8.5	3.0	3.5	8.150
R3	0.034 0	0.002 00	250	8.5	9.0	3.0	3.5	9.056
R4	0.030 0	0.001 67	300	9.0	9.5	3.5	4.0	8.476
R5	0.027 1	0.001 14	350	9.5	10.0	3.6	4.0	9.190
R6	0.019 6	0.000 53	941	18.5	19.0	4.5	5.0	15.305
R7	0.018 8	0.000 88	1 140	21.5	22.0	6.0	7.0	19.933
R8	0.017 6	0.000 85	1 300	23.0	23.5	8.0	9.1	24.006

注:"h"表示一个标准集装箱对一个运输船货舱的高度贡献度,"w"表示一个标准集装箱对一个运输船的吃水深度贡献度。

数据来源:容量、设计吃水和航行成本源于Yang等(2014),Zheng和Yang(2016)。

表9.4 两个相邻港口之间的航行距离、水深限制及桥高制约引起的船高限制等参数

两个相邻的港口	距离/km	水深限制/m	船高限制/m
宜宾 — 泸州	130	3.2	17
泸州 — 重庆	254	3.5	17
重庆 — 宜昌	648	4.0	17
宜昌 — 荆州	232	4.5	17
荆州 — 武汉	475	4.5	17
武汉 — 九江	251	5.0	23
九江 — 安庆	196	5.0	23
安庆 — 铜陵	113	7.0	23
铜陵 — 芜湖	104	7.0	23
芜湖 — 马鞍山	48	9.0	23

续表9.4

两个相邻的港口	距离/km	水深限制/m	船高限制/m
马鞍山 — 南京	48	9.0	23
南京 — 镇江	77	12.5	48
镇江 — 扬州	19	12.5	48
扬州 — 泰州	62	12.5	48
泰州 — 江阴	69	12.5	48
江阴 — 苏州	19	12.5	48
苏州 — 南通	51	12.5	60
南通 — 上海	128	12.5	68

数据来源：长江航道局(http：//www.cjhdj.com.cn/)。

基于表9.3中运输船的设计吃水和表9.4中的水深限制，可以判断每个港口只能被部分类型的运输船访问。具体为：上海、南通、苏州、江阴、泰州、扬州、镇江和南京可以被所有类型的运输船访问，马鞍山、芜湖、铜陵和安庆可以被除类型为R8之外的运输船访问，九江和武汉可以被类型为R1、R2、R3、R4、R5、R6的运输船访问，荆州、宜昌和重庆可以被类型为R1、R2、R3、R4、R5的运输船访问。泸州可以被类型为R1、R2、R3的运输船访问，宜宾只能被类型为R1的运输船访问。目前研究最广泛的可折叠集装箱是"四合一"箱，故 B 取值为4。其他参数取值为：对任意 $i \in \{0\} \bigcup P$，$F_i = \$10\,000, T_i^s = \$18, T_i^f = \$36, L_i = \$15$。

表9.5　计划期(一个月)结束后各个港口的集装箱目标库存

港口	目标库存/TEU	港口	目标库存/TEU	港口	目标库存/TEU
宜宾	2 600	泸州	3 750	重庆	6 700
宜昌	1 060	荆州	1 250	武汉	10 060
九江	3 790	安庆	860	铜陵	190
芜湖	5 800	马鞍山	1 270	南京	15 000
镇江	3 500	扬州	4 420	泰州	2 950
江阴	5 150	苏州	20 286	南通	6 760
上海	♯				

注："♯"表示上海港的空箱初始库存是充裕的。

9.5.2　实验结果与分析

通过 CPLEX 软件求解模型得到的目标值(总成本)是 5.186 4 million USD，求解时间是3 600 s。CPLEX 软件提供的目标下界是 5.174 0 million USD，可行解的

第 9 章　考虑桥高及水深的空箱内河运输问题

目标值与下界的差异是 0.24%,该差异在实际中是可以接受的,因此,可以将该可行解视为近似最优解。

实验结果表明,大多数集装箱由上海港直接运输到目的港,然而,在运输过程中也存在中转活动的现象。8 个中转港分别是芜湖、安庆、九江、武汉、荆州、宜昌、重庆和泸州。集装箱首先被运输到中转港,再转运到其他港口。中转港主要位于长江的上游和中游,而大多数喂给港位于长江的上游,原因是长江上游和中游的水位通常较浅,较浅的水位限制了大型运输船的直接通航。此种情形下,优先安排小型运输船从中转港运输集装箱到相应的喂给港,例如,R1 类型的运输船被选为从中转港到相应的喂给港的交通工具。我们也观察到,存在同时有多个中转港服务于一个喂给港的现象,例如,芜湖、安庆、九江和武汉同时向有大量空箱需求的重庆港运输集装箱。

近优解中各航段的详细信息见表 9.6。表 9.6 显示,除了上海—铜陵航段,其余航段都配置了可以处理可折叠集装箱的特定设备,尽管上海港能够为这些港口同时提供标准集装箱与可折叠集装箱,然而最终选择的集装箱类型是可折叠集装箱,主要原因是可折叠集装箱具有易折叠的特点,能够节约运输船的存放空间。在受到水深和桥高限制的情形下,一艘运输船能够装载更多的可折叠集装箱,因此,优先安排运输可折叠集装箱至长江沿线的目的港。在集装箱运输过程中,使用了 7 种类型的运输船。大型运输船(如 R6、R7 和 R8)主要用于长江的中、下游港口的集装箱运输,例如,安庆、芜湖、南京、镇江、扬州、泰州、江阴、苏州和南通。这些港口拥有较深的水位,并且对空箱的需求量较大,例如,一个装载 5 150 个可折叠集装箱的 R8 类型的运输船从上海港直接航行至江阴港。小型运输船主要用于长江的上游和中游港口的集装箱运输,例如,宜宾、泸州、重庆等,这些港口的水位相对较浅。

表 9.6　近优解中各航段的详细信息

航段	运输船类型	运输船个数/个	集装箱类型	每个运输船的集装箱运载量/TEU
上海—南通	R6	2	可折叠集装箱	2 996, 3 764
上海—苏州	R6	3	可折叠集装箱	3 764, 3 764, 3 764
	R7	2	可折叠集装箱	4 434, 4 560
上海—江阴	R8	1	可折叠集装箱	5 150
上海—泰州	R6	1	可折叠集装箱	2 950
上海—扬州	R7	1	可折叠集装箱	4 420
上海—镇江	R6	1	可折叠集装箱	3 500

续表9.6

航段	运输船类型	运输船个数/个	集装箱类型	每个运输船的集装箱运载量/TEU
上海—南京	R6	4	可折叠集装箱	3 708, 3 764, 3 764, 3 764
上海—马鞍山	R5	1	可折叠集装箱	1 270
上海—芜湖	R6	2	可折叠集装箱	3 608, 3 764
上海—铜陵	R2	1	标准集装箱	190
上海—安庆	R6	1	可折叠集装箱	3 480
上海—九江	R5	4	可折叠集装箱	1 154, 1 228, 1 228, 1 228
上海—武汉	R4	3	可折叠集装箱	995, 1 000, 1 000
	R5	7	可折叠集装箱	1 228, 1 228, 1 228, 1 228, 1 228, 1 228, 1 228
上海—荆州	R5	2	可折叠集装箱	789, 789
上海—宜昌	R4	2	可折叠集装箱	750, 750
	R5	3	可折叠集装箱	789, 789, 789
上海—重庆	R1	6	可折叠集装箱	524, 524, 524, 524, 524, 524
芜湖—重庆	R1	3	可折叠集装箱	524, 524, 524
安庆—重庆	R1	5	可折叠集装箱	524, 524, 524, 524, 524
九江—重庆	R1	2	可折叠集装箱	524, 524
武汉—重庆	R1	3	可折叠集装箱	489, 518, 524
荆州—泸州	R1	1	可折叠集装箱	328
宜昌—泸州	R1	7	可折叠集装箱	337, 337, 337, 337, 337, 337, 337
重庆—泸州	R1	5	可折叠集装箱	299, 337, 337, 337, 337
宜昌—宜宾	R1	2	可折叠集装箱	224, 224
重庆—宜宾	R1	7	可折叠集装箱	224, 224, 224, 224, 224, 224, 224
泸州—宜宾	R1	3	可折叠集装箱	136, 224, 224

9.5.3 不同比例可折叠集装箱的比较结果

为进一步评估可折叠集装箱的优势,本小节比较分析使用不同比例的可折叠集装箱情形下的成本。令 $I_0^s + I_0^f = 2 \times 95\,396 = 190\,792$ TEU,并设置上海港在计划期开始时的可折叠集装箱库存量占集装箱总库存量的比例分别为 0%、1%、3%、5%、

7%和10%。算例的其他信息及相关参数的设置与9.5.1小节相同。不同比例可折叠集装箱情形下的计算结果见表9.7,其中,Gap值为CPLEX软件求得的目标值与CPLEX软件提供的目标下界之间的相对差异。其中,最大的Gap值为0.38%(情形4),最小的Gap值是0.24%(情形1),Gap平均值是0.31%,在实际应用中,是可以接受的。6种不同比例的可折叠集装箱情形下的总成本、装卸箱成本、运输船的航行成本、集装箱的购买成本及特定设备的固定成本如图9.2所示。

表9.7 不同比例可折叠集装箱情形下的计算结果

情形	可折叠箱比例/%	目标值/million USD	下界/million USD	CPU求解时间/s	Gap值/%
1	0	6.594 6	6.578 4	3 600.00	0.24
2	1	6.436 4	6.414 8	3 600.00	0.34
3	3	6.173 3	6.150 9	3 600.00	0.36
4	5	5.992 6	5.969 8	3 600.00	0.38
5	7	5.863 8	5.848 2	3 600.00	0.27
6	10	5.741 1	5.724 3	3 600.00	0.29

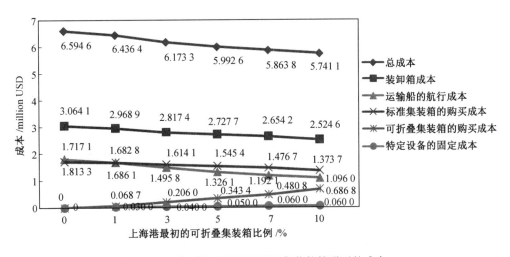

图9.2 6种不同比例的可折叠集装箱情形下的成本

在图9.2中,从情形1到情形6,装卸箱成本占总成本的比例依次是46.46%、46.13%、45.64%、45.52%、45.26%、43.97%,随着可折叠集装箱比例的上升,装卸箱成本在总成本中的比重逐渐下降,部分原因是可折叠集装箱的装卸效率更高。同时发现,随着可折叠集装箱库存量占比的不断上升,与装卸箱成本逐渐下降的趋势相比,运输船的航行成本呈现出更加显著的下降趋势。这意味着当涉及桥高和水深限制时,运输船节省的费用相当可观,显示出可折叠集装箱在内河运输中的优势。另外,随着可折叠集装箱库存量占比的不断增大,关于可折叠集装箱的购买成本和特定设备的固定成本分别逐渐增加,然而,其他成本呈现出更为明显的下降趋势,因此,总成本在整体上呈现下降的趋势。

9.5.4 关于桥高与可折叠集装箱库存量占比的敏感性分析

本小节分析桥高与可折叠集装箱库存量占比对总成本的联合影响,假定准备在长江上修建新的桥梁。基于生态环境保护政策等现实因素,本小节没有考虑水深的敏感性分析。

首先,假定在宜宾港和上海港之间随机修建新的桥梁。为了分析桥高对总成本的影响,新的桥梁既不能太高也不能太低,因此,新的桥梁高度在区间[20.00,24.00] m 随机设置。其次,假定新建桥梁对运输船的高度限制比新建桥梁的高度少 1 m。基于 5 个算例(对应 5 个建桥方案)进行实验分析,相关算例的信息如下。

算例 9.1 (泰州,扬州,23.80);

算例 9.2 (泰州,扬州,23.78),(南京,马鞍山,23.86);

算例 9.3 (上海,南通,23.42),(泰州,扬州,23.52),(马鞍山,芜湖,23.72);

算例 9.4 (苏州,江阴,23.60),(扬州,镇江,23.70),(南京,马鞍山,23.30),(重庆,泸州,21.90);

算例 9.5 (南通,苏州,23.42),(扬州,镇江,23.52),(芜湖,铜陵,23.72),(安庆,九江,23.60),(荆州,宜昌,20.78)。

注:上述算例中,符号 (A_1, A_2, d) 表示在两个港口 A_1 和 A_2 之间修建了一座高度为 $d(m)$ 的桥梁。

上海港提供的空箱总量与 9.5.3 小节相同,对于每个算例,设置可折叠集装箱库存量占比为 0%、30% 和 50%。实验结果显示,CPLEX 软件求得的目标值与下界之间的相对差异值在 0.09% ~ 0.35% 之间变化,这些差异在实际应用中是可以接受的,因此,可以将求得的可行解视为近似最优解。不同建桥方案的总成本如图 9.3 所示,其中,"0 座桥"表示长江上没有修建新的桥梁。由图可知,对于每个建桥方案,总成本与可折叠集装箱库存量占比呈现负相关的关系。此外,对于给定比例的可折叠集装箱库存量,随着修建桥梁个数的增加,总成本呈现逐渐增加的趋势,这意味着新桥的位置和高度限制了运输船从上海港到目的港的直接运输,进而造成中转活动的增加。随着修建桥梁个数的增加,与可折叠集装箱库存量占比较大情形下的总成本相比,可折叠集装箱库存量占比较小情形下的总成本的增加趋势更明显。例如,当可折叠集装箱库存量占比为 0% 时,从 0 座桥的建桥方案到 5 座桥的建桥方案,总成本增加了 2.951 8 million USD;当可折叠集装箱库存量占比为 50% 时,总成本增加了

2.800 7 million USD。因此，可以推测，使用可折叠集装箱在一定程度上可以减少桥梁对空箱内河运输产生的负面影响。

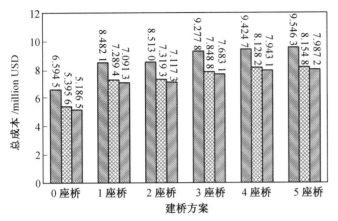

图 9.3　不同建桥方案的总成本

9.5.5　关于特定设备固定成本与可折叠集装箱库存量占比的敏感性分析

本小节分析在不同的可折叠集装箱库存量占比下，特定设备的固定成本对总成本的影响。参数 $F_i, i \in P_D$ 的取值区间为 \$[5 000, 250 000]，上海港提供的空箱总量与 9.5.3 小节相同，设置可折叠集装箱库存量占比为 0%～10%。特定设备的固定成本对总成本的影响如图 9.4 所示。

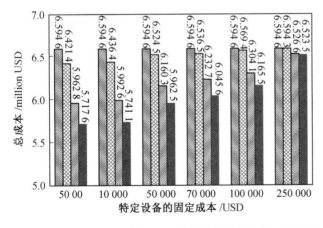

图 9.4　特定设备的固定成本对总成本的影响

实验结果表明，CPLEX 软件求得的目标值与下界之间的相对差异值为 0.23%～0.64%，这些差异值在实际应用中，是可以接受的。当特定设备的固定成本相对较低时，通过引入可折叠集装箱可以达到降低内河运输总成本的目的，例如，当特定设备的固定成本是 $10 000 时,与可折叠集装箱库存量占比为 0% 的情形相比,可折叠集装箱库存量占比为 10% 情形下的总成本下降了 0.853 5 million USD(从 6.594 6 million USD 下降到 5.741 1 million USD)。然而,当特定设备的固定成本相对较高时,使用可折叠集装箱并不会导致总成本的显著下降。特别地,当特定设备的固定成本是 $250 000 时,可折叠集装箱库存量占比分别为 0% 和 1% 情形下的总成本并无明显差异,这种现象从侧面说明昂贵的固定成本是制约当前可折叠集装箱广泛应用的重要因素之一。然而,随着可折叠集装箱库存量占比升至 5%,总成本下降到 6.526 6 million USD,尽管下降幅度不显著,却反映出,通过增大可折叠集装箱库存量占比的措施在一定程度上可以部分抵消高昂的固定成本,从而引起总成本的下降。

9.5.6 关于可折叠集装箱购买成本与可折叠集装箱库存量占比的敏感性分析

本小节设置 $T_i^s = \$18$,$T_i^f = \alpha T_i^s$,$\alpha$ 的取值从 1.0 变化到 2.5。上海港提供的空箱总量与 9.5.3 小节相同,设置可折叠集装箱库存量占比为 10% 和 50%。实验结果表明,CPLEX 软件求得的目标值与下界之间的相对差异值为 0.22%~0.33%,这些差异值在实际应用中,是可以接受的。总成本与可折叠集装箱购买成本(α)之间的关系如图 9.5 所示。由图 9.5 可知,随着可折叠集装箱库存量占比的增大,总成本逐渐下降。例如,当 α 取值为 1.5 时,随着可折叠集装箱库存量占比由 10% 增加到 50%,总成本下降了 1.241 4 million USD。然而,当一个可折叠集装箱的购买成本相对较高时,通过增大可折叠集装箱库存量占比的措施并不会导致总成本的显著下降(参考 α 取值为 2.5 的情形)。因此,可折叠集装箱的购买成本是影响总成本的一个重要因素。同时说明,当可折叠集装箱的购买成本限定在一个合理区间时,引入可折叠集装箱的策略是有效的。

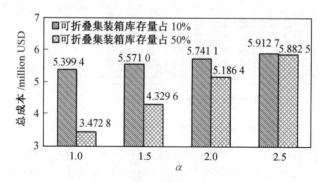

图 9.5 总成本与可折叠集装箱的购买成本(α)之间的关系

9.5.7 不同规模的算例实验

本小节基于 14 个不同规模的算例进一步验证数学模型的有效性,其中,每个算例含有的港口个数为 3～40。计划期开始时,上海港提供的可折叠集装箱库存量占比设置为 10%,其他参数的设置与 9.5.1 小节相同,不同港口数目情形下的计算结果见表 9.8。对于小规模算例(算例 9.6～9.8),在规定时间(1 h)内可以求得最优解。随着港口数目的增多,在规定时间内无法求得最优解,CPLEX 软件求得的目标值与下界之间的相对差异值逐渐变大,例如,算例 9.9～9.16 的差异值均小于 1.00%,算例 9.17～9.19 的差异值略大于 1.00%。然而,现实中的河流,例如长江沿线的主要港口数量通常不超过 20 个,因此,求得的可行解及相应的差异值是可以接受的,说明所建模型是有效的。

表 9.8 不同港口数目情形下的计算结果

算例	港口数目	目标值/million USD	下界/million USD	CPU 求解时间/s	Gap/%
9.6	3	1.348 7	1.348 7	1.49	0.00
9.7	5	1.757 3	1.757 3	5.56	0.00
9.8	7	2.172 6	2.172 6	2 649.86	0.00
9.9	10	3.333 6	3.325 6	3 600.00	0.24
9.10	13	3.631 8	3.622 0	3 600.00	0.27
9.11	16	4.409 9	4.394 3	3 600.00	0.35
9.12	19	5.741 1	5.724 3	3 600.00	0.29
9.13	20	5.842 7	5.823 0	3 600.00	0.34
9.14	22	6.105 6	6.077 3	3 600.00	0.46
9.15	25	6.451 2	6.413 3	3 600.00	0.59
9.16	27	6.625 1	6.572 7	3 600.00	0.79
9.17	30	6.919 6	6.849 2	3 600.00	1.02
9.18	35	7.295 0	7.199 4	3 600.00	1.31
9.19	40	7.670 6	7.491 4	3 600.00	2.34

注:"下界"指的是 CPLEX 求解模型时所提供的目标下界,"Gap"指的是目标值与下界之间的相对差异。

9.5.8 多周期情形下的实验分析

之前小节的研究主要针对计划期是单周期的情形,本小节考虑多周期情形下的空箱内河运输。对 9.3 节中的模型进行扩展,除变量 z_i 之外,对其余变量分别增加一个下标 t,用于标记周期。两节的主要区别在于约束式(9.2)和式(9.3),对于一个港口,某个周期内的关于可折叠集装箱与标准集装箱的目标库存量会受到上一个周期的影响,因此,重写约束式(9.2)和式(9.3)如下。

$$s_{i1} = \sum_{j\in\{0\}\cup P, j\neq i}\sum_{v\in V_{ij}}\sum_{l\in P_{ijv}} x_{jivl1} - \sum_{j\in P, j\neq i}\sum_{v\in V_{ij}}\sum_{l\in P_{ijv}} x_{ijvl1}, \forall i \in P_D \quad (9.22)$$

$$s_{it} = s_{i,t-1} + \sum_{j\in\{0\}\cup P, j\neq i}\sum_{v\in V_{ij}}\sum_{l\in P_{ijv}}\sum_{t\in T} x_{jivlt} - \sum_{j\in P, j\neq i}\sum_{v\in V_{ij}}\sum_{l\in P_{ijv}}\sum_{t\in T} x_{ijvlt}$$
$$\forall i \in P_D, t \in T, t \geqslant 2 \quad (9.23)$$

$$f_{i1} = \sum_{j\in\{0\}\cup P, j\neq i}\sum_{v\in V_{ij}}\sum_{l\in P_{ijv}} y_{jivl1} - \sum_{j\in P, j\neq i}\sum_{v\in V_{ij}}\sum_{l\in P_{ijv}} y_{ijvl1}, \forall i \in P_D \quad (9.24)$$

$$f_{it} = f_{i,t-1} + \sum_{j\in\{0\}\cup P, j\neq i}\sum_{v\in V_{ij}}\sum_{l\in P_{ijv}}\sum_{t\in T} y_{jivlt} - \sum_{j\in P, j\neq i}\sum_{v\in V_{ij}}\sum_{l\in P_{ijv}}\sum_{t\in T} y_{ijvlt},$$
$$\forall i \in P_D, t \in T, t \geqslant 2 \quad (9.25)$$

在约束式(9.22)~(9.25)中,T 表示一个计划期内的周期集合,$T = \{1,2,3,\cdots,|T|\}$。$|T|$ 取值为 4,其他参数的设置与 9.5.1 小节相同,各港口不同周期的目标库存量见表 9.9。

表 9.9 各港口不同周期的目标库存量

港口	目标库存/TEU			
	周期 1	周期 2	周期 3	周期 4
宜宾	5 760	7 760	8 760	7 760
泸州	19 286	20 286	19 786	20 986
重庆	5 150	4 150	5 150	6 250
宜昌	3 850	2 750	2 950	3 650
荆州	3 420	4 520	4 320	4 020
武汉	2 700	3 000	2 500	3 300
九江	13 000	14 600	14 000	13 500
安庆	800	1 100	1 000	1 200
铜陵	4 800	4 900	4 800	4 200
芜湖	200	290	270	290
马鞍山	790	820	860	890
南京	3 790	4 200	4 320	3 790
镇江	9 060	9 360	9 060	9 560
扬州	1 000	850	1 350	1 150
泰州	860	1 260	1 060	1 360
江阴	5 700	5 900	6 200	5 100
苏州	3 950	3 150	3 750	3 350
南通	2 600	2 900	3 200	2 600

第 9 章　考虑桥高及水深的空箱内河运输问题

续表9.9

港口	目标库存/TEU			
	周期 1	周期 2	周期 3	周期 4
上海	♯	♯	♯	♯

注："♯"表示上海港在各周期的初始空箱库存是充裕的。

在每个周期,可折叠集装箱库存量占比的设置值有 7 种情形:0%、1%、3%、5%、50%、90% 和 100%。假定上海港在每个周期提供的空箱总量与 9.5.3 小节相同,上海港提供的可折叠集装箱库存量占比依次增加情形下的实验结果见表 9.10。CPLEX 软件求得的目标值与下界之间的相对差异值为 0.38% ~ 0.80%,这些差异值在实际应用中,是可以接受的。随着可折叠集装箱库存量占比从 0% 增加到 100%,标准集装箱购买成本、装卸箱成本、运输船航行成本均呈现下降的趋势,而可折叠集装箱购买成本和设备固定成本逐渐上升。当可折叠集装箱库存量占比小于 50% 时,随着可折叠集装箱库存量占比的增加,总成本逐渐下降,其中,装卸箱成本与运输船航行成本之和的下降最显著。然而,当可折叠集装箱库存量占比大于 50% 时,随着可折叠集装箱库存量占比的增加,总成本没有表现出下降的趋势。例如,当可折叠集装箱库存量占比从 0% 增加到 50% 时,总成本从 11.767 1 million USD 下降到 11.552 1 million USD,然而,当可折叠集装箱库存量占比继续增加到 100% 时,总成本却增加到 15.046 7 million USD。实验结果表明,可折叠集装箱购买成本是影响内河运输中可折叠集装箱整体性能的一个重要因素,此外,一个合适的可折叠集装箱库存量占比能够在一定程度上促进总成本的下降。

表 9.10　上海港提供的可折叠集装箱库存量占比依次增加情形下的实验结果

可折叠箱比例/%	成本/million USD						CPU 求解时间/s	Gap/%
	Sta.	Fol.	装卸箱成本	航行成本	设备固定成本	总计		
0	6.566 5	0.000 0	3.333 2	1.867 4	0.000 0	11.767 1	3 600.00	0.54
1	6.409 3	0.314 3	3.156 3	1.715 8	0.040 0	11.635 8	3 600.00	0.56
3	6.149 9	0.833 1	3.031 9	1.557 7	0.050 0	11.622 6	3 600.00	0.72
5	6.030 2	1.072 5	2.929 2	1.472 2	0.050 0	11.554 2	3 600.00	0.78
50	6.013 1	1.106 8	2.909 7	1.462 6	0.060 0	11.552 1	3 600.00	0.75
90	3.025 4	7.082 2	2.335 2	1.065 1	0.150 0	13.657 9	3 600.00	0.80
100	0.000 0	13.132 9	0.895 7	0.838 1	0.180 0	15.046 7	3 600.00	0.38

注:"Sta."表示标准集装箱购买成本,"Fol."表示可折叠集装箱购买成本,"Gap"指的是求得的目标值与 CPLEX 软件提供的目标下界之间的相对差异。

9.6 本章小结

本章研究了使用可折叠集装箱及考虑桥高和水深限制的空箱内河运输问题,主要结论和相关政策建议总结如下。

第一,本章提出的空箱内河运输模型是有效的。基于以长江沿线 19 个港口构成的案例进行实验分析,本章模型在规定时间(1 h)内通过 CPLEX 软件进行求解,CPLEX 求得的目标值与提供的目标下界之间的偏差在 1% 以下。

第二,桥高是影响空箱内河运输的一个重要因素。由于内河上桥梁高度的限制,能够访问海港的大型集装箱运输船通常无法在内河中航行。因此,实际中当选择新建桥梁位置时,应当重视桥梁高度对内河运输的影响。

第三,引入可折叠集装箱是从整体上提高空箱内河运输性能的一个重要途径。与装载标准集装箱相比,集装箱运输船能够装载更多的可折叠集装箱(处于折叠状态),同时不会显著增加水面以上船的高度,因此,大型运输船可以航行至江河的中游,从而减小空箱运输的平均成本。此外,当桥高限制的制约因素凸显时,可折叠集装箱的优势更加明显。

本章通过实例分析了可折叠集装箱在现实中尚未有效应用的情形。当可折叠集装箱数目较少且操控可折叠集装箱的特定设备成本较高时,在港口处配置特定设备的投资收益并不明显。另外,相对较高的购买成本是影响可折叠集装箱在实际中推广应用的另一个重要因素。

第 10 章　同时考虑空箱及满箱的集装箱内河运输问题

10.1　引　言

在第 9 章研究的集装箱内河运输问题中，假设港口只有空箱运输需求，而不存在满箱运输需求，即所有的集装箱（无论是标准集装箱还是可折叠集装箱）都是空箱。然而，在实际的集装箱内河运输中，部分港口需要空箱，部分港口需要满箱，即往往存在需要同时运输空箱及满箱的情形。同时，由于空箱和满箱的质量不同，当集装箱运输船装载有空箱和满箱时，将对船的吃水深度和水面以上的船高产生不同的影响。研究同时考虑空箱及满箱的内河运输问题，更能够反映实际的集装箱内河运输情形，是现实的迫切需要。因此，本章研究同时考虑空箱及满箱的集装箱内河运输问题，并给出相应的数学模型及实验分析，为相关企业提供决策支持。10.2 节详细描述同时考虑空箱及满箱的集装箱内河运输问题；10.3 节建立该问题的一个 MILP 模型；10.4 节对数学模型的计算复杂度进行分析；10.5 节给出数值实验的设计方法及结果分析；10.6 节对本章进行小结。

10.2　问题描述

某集装箱航运公司安排运输船为某内河沿线的若干港口提供集装箱运输服务。与第 9 章不同的是，需要运输的集装箱不仅有空箱，还有满箱，更确切地说，既要向沿线部分港口运送空箱，又要向沿线部分港口运送满箱。

问题描述如下：在计划期内，某航运公司为某内河沿线的一系列港口提供集装箱运输服务。其中，为部分港口提供空箱运输服务，为部分港口提供满箱运输服务。提供的空箱类型既有标准集装箱，又有可折叠集装箱。所有集装箱（包括标准空箱、可折叠空箱和满箱）的尺寸都是 20 ft。如果在某个港口存在操作可折叠空箱的活动，那么需要在该港口配置能够操作可折叠空箱的特定设备，同时会产生相应的特定设备购置费用。对于有空箱需求的港口而言，标准空箱与可折叠空箱具有相同的功能，然而，一个标准空箱的购买成本小于一个可折叠空箱的购买成本。由于可折叠空箱具备可以折叠的特点,因此,一个可折叠空箱折叠后的高度远小于一个标准空箱的高度。可折叠空箱在内河运输中处于折叠状态。每个满箱的出发地和目的地都是明确的,并假定每个满箱的质量相同。

每个港口拥有一定数量的不同类型的集装箱运输船,对于给定类型的运输船,一个满箱的吃水深度贡献度与一个空箱的吃水深度贡献度是不同的。每种类型的运输船均能够装载满箱、标准空箱或可折叠空箱。考虑安全航行等因素,要求运输船在内河中航行时需满足装载容量限制、桥高限制及水深限制等条件。由于运输船在内河中航行时受到装载容量等限制,以及不同港口对集装箱需求存在差异等因素,在内河运输中,通常无法将一定数量的集装箱从初始港口直接运输到目的港口,因此会出现集装箱中转活动,即面临着中转港的选择问题。航运公司通过合理调配集装箱及运输船,满足内河沿线港口的不同需求。关于其他描述,详见第9章。

本章所研究问题的优化目标是最小化航运公司的运营总成本,包括在港口处配置特定设备的成本、标准空箱与可折叠空箱的购买成本、运输船的航行成本,以及在港口位置的装卸箱成本。在该问题中,需要决策的是运输船的类型选择、运输船的航行路径安排及各航线上关于集装箱(标准空箱、可折叠空箱及满箱)的调度方案,期望以最小的目标值满足内河沿线港口的集装箱需求,并满足如下约束:(1)每个运输船装载的集装箱数量不能超过运输船的运载能力;(2)运输船在内河中航行时,不能违背桥高、水深等限制;(3)内河沿线港口的集装箱运送需求(空箱或满箱需求)必须得到满足。将该问题称为同时考虑空箱及满箱的内河运输(container river transportation with empty and full containers,CRTEFC)问题。

10.3 建立 MILP 模型

本节采用与9.3节相似的技术,将CRTEFC问题抽象为图论模型,并建立该问题的一个数学模型。符号的含义详见9.3节,下面首先对在9.3节中没有引入的符号进行介绍,主要涉及将满箱等因素考虑到模型中所需要的符号。

为了便于求解 CRTEFC 问题,定义下面的符号。

P_1——有满箱需求(即需要从枢纽港运送满箱)的内河沿线港口集合;

w'_v——一个满箱对一个类型为 v 的运输船的吃水深度贡献度,即将一个满箱添加到运输船上后,该运输船的吃水深度的增加量,$v \in V_{ij}$;

d_i——计划期内,港口 i 的满箱需求数量,$i \in P_1$。

本节引入如下决策变量。

第10章 同时考虑空箱及满箱的集装箱内河运输问题

R_{ijvl}——如果类型为 v 的运输船 l 从港口 i 航行至 j,$i \in \{0\} \bigcup P$,$j \in P$,$i \neq j$,$v \in V_{ij}$,$l \in P_{ijv}$,则取值为 1,否则,取值为 0;

z_i——如果在港口 i 配置可以操作可折叠空箱的特定设备,$i \in P_D$,则取值为 1,否则,取值为 0;

n_{ijv}——从港口 i 航行至 j 的类型为 v 的运输船的个数,$i \in \{0\} \bigcup P$,$j \in P$,$i \neq j$,$v \in V_{ij}$;

x_{ijvl}——从港口 i 航行至 j 的类型为 v 的运输船 l 所装载的标准空箱的个数,$i \in \{0\} \bigcup P$,$j \in P$,$i \neq j$,$v \in V_{ij}$,$l \in P_{ijv}$;

y_{ijvl}——从港口 i 航行至 j 的类型为 v 的运输船 l 所装载的可折叠空箱的个数,$i \in \{0\} \bigcup P$,$j \in P$,$i \neq j$,$v \in V_{ij}$,$l \in P_{ijv}$;

x'_{ijvlk}——从港口 i 航行至 j 的类型为 v 的运输船 l 所装载的且等待最终运往港口 k 的满箱的个数,$i \in \{0\} \bigcup P$,$j \in P$,$i \neq j$,$v \in V_{ij}$,$l \in P_{ijv}$,$k \in P_1$,$k \neq i$;

s_i——在计划期结束时,港口 i 的标准空箱个数,$i \in P_D$;

f_i——在计划期结束时,港口 i 的可折叠空箱个数,$i \in P_D$。

CRTEFC 问题可建立如下 MILP 模型。

$$\min \sum_{i \in P_D} F_i z_i + \sum_{i \in P_D}(T_i^s s_i + T_i^f f_i) + \sum_{i \in \{0\} \bigcup P} \sum_{j \in P, j \neq i} \sum_{v \in V_{ij}} C_{ij} n_{ijv} +$$

$$\sum_{i \in \{0\} \bigcup P} \sum_{j \in P, j \neq i} \sum_{v \in V_{ij}} \sum_{l \in P_{ijv}} (L_i + L_j)\left(x_{ijvl} + \frac{1}{B} y_{ijvl}\right) +$$

$$\sum_{i \in \{0\} \bigcup P} \sum_{j \in P, j \neq i} \sum_{v \in V_{ij}} \sum_{l \in P_{ijv}} \sum_{k \in P, k \neq i} (L_i + L_j) x'_{ijvlk} \tag{10.1}$$

$$\text{s.t.} \quad s_i = \sum_{j \in \{0\} \bigcup P, j \neq i} \sum_{v \in V_{ij}} \sum_{l \in P_{ijv}} x_{jivl} - \sum_{j \in P, j \neq i} \sum_{v \in V_{ij}} \sum_{l \in P_{ijv}} x_{ijvl}, \forall i \in P_D \tag{10.2}$$

$$f_i = \sum_{j \in \{0\} \bigcup P, j \neq i} \sum_{v \in V_{ij}} \sum_{l \in P_{ijv}} y_{jivl} - \sum_{j \in P, j \neq i} \sum_{v \in V_{ij}} \sum_{l \in P_{ijv}} y_{ijvl}, \forall i \in P_D \tag{10.3}$$

$$\sum_{j \in \{0\} \bigcup P, j \neq i, j \neq k} \sum_{v \in V_{ij}} \sum_{l \in P_{ijv}} x'_{jivlk} = \sum_{j \in P, j \neq i} \sum_{v \in V_{ij}} \sum_{l \in P_{ijv}} x'_{ijvlk}, \forall i \in P, k \in P_1, i \neq k$$

$$\tag{10.4}$$

$$\sum_{i \in \{0\} \bigcup P, i \neq j} \sum_{v \in V_{ij}} \sum_{l \in P_{ijv}} x'_{ijvlj} = d_j, \forall j \in P_1 \tag{10.5}$$

$$s_i + f_i = D_i, \forall i \in P_D \tag{10.6}$$

$$f_i \leqslant M z_i, \forall i \in P_D \tag{10.7}$$

$$y_{ijvl} \leqslant M z_i, \forall i \in P_D, j \in P, v \in V_{ij}, l \in P_{ijv}, i \neq j \tag{10.8}$$

$$y_{jivl} \leqslant M z_i, \forall i \in P_D, j \in \{0\} \bigcup P, v \in V_{ij}, l \in P_{ijv}, i \neq j \tag{10.9}$$

$$I_i^s + \sum_{j \in \{0\} \cup P, j \neq i} \sum_{v \in V_{ij}} \sum_{l \in P_{ijv}} x_{jivl} \geqslant \sum_{j \in P, j \neq i} \sum_{v \in V_{ij}} \sum_{l \in P_{ijv}} x_{ijvl}, \forall i \in P_I \quad (10.10)$$

$$I_i^f + \sum_{j \in \{0\} \cup P, j \neq i} \sum_{v \in V_{ij}} \sum_{l \in P_{ijv}} y_{jivl} \geqslant \sum_{j \in P, j \neq i} \sum_{v \in V_{ij}} \sum_{l \in P_{ijv}} y_{ijvl}, \forall i \in P_I \quad (10.11)$$

$$x_{ijvl} + \frac{1}{B} y_{ijvl} + x'_{ijvlk} \leqslant R_{ijvl} G_v, \forall i \in \{0\} \cup P, j \in P,$$
$$v \in V_{ij}, l \in P_{ijv}, k \in P_1, i \neq j, i \neq k \quad (10.12)$$

$$N_v - w_v(x_{ijvl} + y_{ijvl}) - w'_v x'_{ijvlk} \leqslant H_{ij}, \forall i \in \{0\} \cup P, j \in P,$$
$$v \in V_{ij}, l \in P_{ijv}, k \in P_1, i \neq j, i \neq k \quad (10.13)$$

$$Q_v + w_v(x_{ijvl} + y_{ijvl}) + w'_v x'_{ijvlk} \leqslant W_{ij}, \forall i \in \{0\} \cup P, j \in P,$$
$$v \in V_{ij}, l \in P_{ijv}, k \in P_1, i \neq j, i \neq k \quad (10.14)$$

$$n_{ijv} = \sum_{l \in P_{ijv}} R_{ijvl}, \forall i \in \{0\} \cup P, j \in P, v \in V_{ij}, i \neq j \quad (10.15)$$

$$z_i \in \{0, 1\}, \forall i \in P_D \quad (10.16)$$

$$R_{ijvl} \in \{0, 1\}, \forall i \in \{0\} \cup P, j \in P, v \in V_{ij}, l \in P_{ijv}, i \neq j \quad (10.17)$$

$$n_{ijv} \in \{0\} \cup \mathbf{Z}^+, \forall i \in \{0\} \cup P, j \in P, v \in V_{ij}, i \neq j \quad (10.18)$$

$$x_{ijvl} \in \{0\} \cup \mathbf{Z}^+, \forall i \in \{0\} \cup P, j \in P, v \in V_{ij}, l \in P_{ijv}, i \neq j \quad (10.19)$$

$$y_{ijvl} \in \{0\} \cup \mathbf{Z}^+, \forall i \in \{0\} \cup P, j \in P, v \in V_{ij}, l \in P_{ijv}, i \neq j \quad (10.20)$$

$$x'_{ijvlk} \in \{0\} \cup \mathbf{Z}^+, \forall i \in \{0\} \cup P, j \in P, v \in V_{ij}, l \in P_{ijv}, k \in P_1, i \neq j, i \neq k \quad (10.21)$$

$$s_i \in \{0\} \cup \mathbf{Z}^+, \forall i \in P_D \quad (10.22)$$

$$f_i \in \{0\} \cup \mathbf{Z}^+, \forall i \in P_D \quad (10.23)$$

目标函数式(10.1)中，$\sum_{i \in P_D} F_i z_i$、$\sum_{i \in P_D} (T_i^s s_i + T_i^f f_i)$、$\sum_{i \in \{0\} \cup P} \sum_{j \in P, j \neq i} \sum_{v \in V_{ij}} C_{ijv} n_{ijv}$、$\sum_{i \in \{0\} \cup P} \sum_{j \in P, j \neq i} \sum_{v \in V_{ij}} \sum_{l \in P_{ijv}} (L_i + L_j) \left(x_{ijvl} + \frac{1}{B} y_{ijvl} \right)$ 及 $\sum_{i \in \{0\} \cup P} \sum_{j \in P, j \neq i} \sum_{v \in V_{ij}} \sum_{l \in P_{ijv}} \sum_{k \in P, k \neq i} (L_i + L_j) x'_{ijvlk}$ 分别代表在港口处配置特定设备的成本、标准空箱与可折叠空箱的购买成本、运输船的航行成本、在港口处装卸空箱及满箱的成本，因此，目标函数式(10.1)最小化航运公司的总成本。针对有空箱需求的港口，约束式(10.2)和式(10.3)分别是关于标准空箱与可折叠空箱的流平衡约束。约束式(10.4)表示关于满箱的流平衡约束，由于每个满箱的目的地是明确的，因此，在计划期结束时，对于某港口而言，确保与它无关的满箱不能留在该港口。约束式(10.5)表示，在计划期结束时，有满箱需求的港口必须满足相应的需求约束。约束式(10.6)表示，在计划期结束时，有空箱需求的港口的空箱库存由标准集装箱与可折叠集装箱组成。约束式(10.7)~(10.9)表

示,可折叠空箱可以在某港口被操作当且仅当该港口已经配置有特定设备。约束式(10.10)确保有标准空箱初始库存的港口在计划期结束时的标准空箱库存非负。类似地,约束式(10.11)确保有可折叠空箱初始库存的港口在计划期结束时的可折叠空箱库存非负。约束式(10.12)是对运输船装载容量的限制。约束式(10.13)和式(10.14)分别定义运输船的高度限制和吃水深度限制。在约束式(10.13)中,一个类型为 v 的运输船装载有 x_{ijvl} 个标准空箱、y_{ijvl} 个可折叠空箱及 x'_{ijvlk} 个满箱后,水面以上船的高度下降 $w_v(x_{ijvl}+y_{ijvl})+w'_v x'_{ijvlk}$。约束式(10.15)表示在两个港口之间航行的某种类型的运输船的个数。约束式(10.16)~(10.23)定义决策变量类型,其中,$\mathbf{Z}^+$ 表示正整数集合。

10.4 MILP 模型的计算复杂度分析

本节对 MILP 模型的计算复杂度进行分析。港口数量是 $|P|+1$,集装箱运输船的类型个数是 $|V_{ij}|$。实际上,由于港口附近水深和运输船的设计水深的限制,在计划期内通常只有一定类型的运输船能够访问指定的港口,因此,有 $|V_{ij}|\leqslant|P|+1$ 和 $|P_{ijv}|\leqslant|P|+1$,MILP 模型中决策变量的个数为 $O(|P|^5)$。现实中的内河,例如,长江或莱茵河沿线的主要港口数量通常是有限的,该数学模型可以通过使用商业优化软件 CPLEX 进行求解。综上分析,可以将上述模型视为一个有效可行的关于满、空两类集装箱的内河调运方法,为相关的集装箱内河运输公司进行决策优化提供参考。

10.5 数值实验的设计方法及结果分析

本节对构建的数学模型的合理性与有效性进行评估。实验中,选取长江沿线的若干主要港口作为研究对象,关于这些港口的详细情况,请参阅 9.5 节。

具体地,10.5.1 小节给出实验设置及算例介绍;10.5.2 小节对实验结果进行分析;10.5.3 小节为不同比例可折叠空箱的比较结果。

10.5.1 实验设置及算例介绍

本章实验在英特尔酷睿 i7-10750H 双核 CPU(2.60 GHz)、16 GB 内存、64 位 Windows 10 操作系统的个人计算机上运行。采用 Visual Studio 2010 C++调用优化软件 IBM ILOG CPLEX 12.6.1 对线性规划模型进行求解,CPU 求解时间设置为 1 h,CPLEX 软件的其他配置采用默认方式。

与第 9 章相同,本章仍以分布于长江沿线的 19 个主要港口作为研究对象,它们依次位于长江的上、中、下游。

与 9.5.1 小节相同,本小节实验采用随机生成的方法得到各港口的集装箱需求量。在计划期内,上海港作为一个枢纽港,而其他港口需要一定数量的空箱或满箱,需要将空箱或满箱从上海港运送到其他港口。计划期结束后各个港口的集装箱需求量见表 10.1。18 个港口(除上海港)的标准空箱初始库存量、可折叠空箱初始库存量分别设置为 0。所有港口的空箱总需求量 $\sum_{i \in P_D} D_i$ 为 92 846 TEU,并设置 I_0^s 和 I_0^f 的取值分别为 92 846 TEU。不同类型运输船的相关参数见表 10.2,关于算例的其他信息及参数设置详见 9.5.1 小节。

10.5.2 实验结果分析

通过 CPLEX 软件求解模型得到的目标值(总成本)是 4.571 2 million USD,求解时间是 3 600 s。同时,CPLEX 软件给出的目标下界是 4.494 7 million USD,可行解的目标值与下界之间的相对差异是 1.67%,该差异在实际中是可以接受的,因此,可以将该可行解视为近似最优解。总成本由 5 个部分组成,其中,空箱装卸箱成本、满箱装卸箱成本、运输船的航行成本、可折叠空箱的购买成本及特定设备的固定成本分别是 \$793 298、\$808 500、\$1 118 200、\$1 671 230、\$180 000。

各航段的详细信息见表 10.3。实验结果表明,在运输过程中,部分集装箱由上海港直接运输到目的港,同时伴随有大量中转活动。9 个中转港分别是镇江、铜陵、安庆、九江、武汉、荆州、宜昌、重庆和泸州。部分空箱和满箱首先被运输到中转港,再转运到其他目的港。中转港在长江的上、中和下游均有分布,而喂给港主要位于长江的上游,原因是长江上游和中游的水位通常较浅,较浅的水位限制了大型运输船的直接通航,此种情形下,优先安排小型运输船从中转港运输集装箱到相应的喂给港。

表 10.1 计划期结束后各个港口的集装箱需求量

港口	空箱目标库存/TEU	满箱需求量/TEU
宜宾	1 600	700
泸州	2 200	750
重庆	6 700	1 800
宜昌	1 060	650
荆州	1 250	250
武汉	10 060	2 200
九江	3 790	1 300
安庆	860	500

第10章 同时考虑空箱及满箱的集装箱内河运输问题

续表10.1

港口	空箱目标库存/TEU	满箱需求量/TEU
铜陵	190	120
芜湖	5 800	1 600
马鞍山	1 270	760
南京	15 000	2 500
镇江	3 500	1 100
扬州	4 420	1 200
泰州	2 950	1 000
江阴	5 150	1 500
苏州	20 286	3 000
南通	6 760	1 800
上海	♯	♯

注:"♯"表示上海港作为枢纽港,空箱初始库存是充裕的,并向其他港口运送满箱。

表10.2 不同类型运输船的相关参数

运输船类型	w/m	w'/m	容量/TEU	N_v/m	Q_v/m	设计吃水/m	航行成本/($\cdot$km)$^{-1}$
R1	0.002 67	0.010 68	150	8.0	2.6	3.0	7.789
R2	0.002 50	0.010 00	200	8.5	3.0	3.5	8.150
R3	0.002 00	0.006 68	250	9.0	3.0	3.5	9.056
R4	0.001 67	0.008 00	300	9.5	3.5	4.0	8.476
R5	0.001 14	0.004 56	350	10.0	3.6	4.0	9.190
R6	0.000 53	0.002 12	941	19.0	4.5	5.0	15.305
R7	0.000 88	0.003 52	1 140	22.0	6.0	7.0	19.933
R8	0.000 85	0.003 40	1 300	23.5	8.0	9.1	24.006

注:"w"和"w'"分别表示一个空箱和一个满箱对一个运输船的吃水深度贡献度。

数据来源:容量、设计吃水和航行成本源于 Yang 等(2014),Zheng 和 Yang(2016)。

表 10.3　各航段的详细信息

编号	航段	运输船类型	运输船个数	每个运输船的装载信息/TEU
1	上海—南通	R6	4	(2 996, 0); (3 764, 0); (0, 0, 859[南通]); (0, 0, 941[南通])
2	上海—苏州	R6	7	(3 764, 0); (3 764, 0); (3 764, 0); (0, 0, 177[苏州]); (0, 0, 941[苏州]); (0, 0, 941[苏州]); (0, 0, 941[苏州])
3	上海—苏州	R7	2	(4 434, 0); (4 560, 0)
4	上海—江阴	R6	3	(3 764, 0); (1 386, 0, 559[江阴]); (0, 0, 941[江阴])
5	上海—泰州	R6	2	(0, 0, 941[泰州]); (2 950, 0, 59[泰州])
6	上海—扬州	R6	3	(1 692, 0); (2 728, 0, 259[扬州]); (0, 0, 941[扬州])
7	上海—镇江	R6	3	(3 764, 0); (260, 0, 159[镇江]); (0, 0, 941[镇江])
8	上海—南京	R6	7	(3 708, 0); (3 764, 0); (3 764, 0); (3 764, 0); (0, 0, 618[南京]); (0, 0, 941[南京]); (0, 0, 941[南京])
9	上海—马鞍山	R6	2	(546, 0); (724, 0, 760[马鞍山])
10	上海—芜湖	R6	4	(2 036, 0); (3 764, 0); (0, 0, 941[芜湖]); (0, 0, 659[芜湖])
11	上海—铜陵	R6	1	(1 768, 0, 120[铜陵])
12	上海—安庆	R6	2	(2 288, 0, 309[安庆]); (2 999, 0, 191[安庆])
13	上海—九江	R4	1	(0, 0, 250[九江], 250[武汉])
14	上海—九江	R5	7	(868, 0); (1 224, 0); (1 228, 0); (0, 0, 307[九江], 307[武汉]); (0, 0, 307[九江], 307[武汉]); (360, 0, 217[九江], 86[武汉]); (110, 0, 219[九江], 128[武汉])
15	上海—武汉	R4	7	(1 000, 0); (1 000, 0); (1 000, 0); (1 000, 0); (1 000, 0); (0, 0, 250[武汉], 250[重庆]); (0, 0, 250[武汉], 143[重庆])

续表10.3

编号	航段	运输船类型	运输船个数	每个运输船的装载信息/TEU
16	上海—武汉	R5	7	(1 228, 0); (1 228, 0); (1 228, 0); (704, 0, 131[武汉]); (864, 0, 91[武汉]); (856, 0, 93[武汉]); (0, 0, 307[武汉])
17	九江—武汉	R5	4	(0, 0, 307[武汉]); (0, 0, 307[武汉]); (0, 0, 307[武汉]); (0, 0, 157[武汉])
18	上海—荆州	R5	3	(121, 0, 167[荆州], 124[宜昌], 167[重庆]); (561, 0, 57[荆州], 40[重庆]); (685, 0, 26[荆州], 26[宜昌])
19	上海—宜昌	R5	7	(789, 0); (789, 0); (789, 0); (789, 0); (365, 0, 106[宜昌], 106[重庆]); (0, 0, 197[宜昌], 197[重庆]); (1, 0, 197[宜昌], 197[重庆], 50[泸州])
20	铜陵—宜昌	R5	2	(789, 0); (789, 0)
21	安庆—宜昌	R5	1	(759, 0)
22	荆州—宜昌	R2	1	(0, 0, 150[宜昌])
23	上海—重庆	R1	6	(344, 0, 45[重庆], 45[泸州], 45[宜宾]); (0, 0, 131[重庆], 131[泸州], 131[宜宾]); (0, 0, 131[重庆], 131[泸州], 131[宜宾]); (0, 0, 131[重庆], 131[泸州], 131[宜宾]); (0, 0, 131[重庆], 131[泸州], 131[宜宾]); (0, 0, 131[重庆], 131[泸州], 131[宜宾])
24	镇江—重庆	R1	1	(524, 0)
25	安庆—重庆	R1	7	(524, 0); (524, 0); (524, 0); (524, 0); (524, 0); (524, 0); (524, 0)
26	武汉—重庆	R1	5	(524, 0); (524, 0); (0, 0, 131[重庆]); (0, 0, 131[重庆]); (0, 0, 131[重庆])
27	荆州—重庆	R1	2	(0, 0, 131[重庆]), (117, 0, 76[重庆])
28	宜昌—重庆	R1	7	(313, 0); (524, 0); (524, 0); (0, 0, 125[重庆]); (0, 0, 131[重庆]); (0, 0, 131[重庆]); (72, 0, 113[重庆], 50[泸州])

续表10.3

编号	航段	运输船类型	运输船个数	每个运输船的装载信息/TEU
29	宜昌—泸州	R1	6	(337,0);(337,0);(337,0);(337,0);(337,0);(337,0)
30	重庆—泸州	R1	7	(0,0,84[泸州],84[宜宾]);(1,0,84[泸州],84[宜宾]);(1,0,84[泸州],84[宜宾]);(1,0,39[泸州],84[宜宾]);(173,0,41[泸州]);(1,0,84[泸州]);(1,0,84[泸州])
31	重庆—泸州	R2	5	(0,0,50[泸州],6[宜宾]);(0,0,50[泸州],50[宜宾]);(0,0,50[泸州]);(0,0,50[泸州]);(0,0,50[泸州])
32	宜昌—宜宾	R1	6	(224,0);(224,0);(224,0);(224,0);(224,0);(224,0)
33	重庆—宜宾	R1	7	(224,0);(0,0,56[宜宾]);(0,0,56[宜宾]);(0,0,56[宜宾]);(0,0,56[宜宾]);(0,0,36[宜宾]);(32,0,48[宜宾])
34	泸州—宜宾	R1	7	(0,0,56[宜宾]);(0,0,56[宜宾]);(0,0,56[宜宾]);(0,0,56[宜宾]);(0,0,56[宜宾]);(0,0,56[宜宾]);(0,0,56[宜宾])

注：每个小括号对应一个运输船的装载信息，小括号中的前两个数字从左至右依次表示该运输船装载的可折叠空箱数目、标准空箱数目。若小括号内含有不止两个数字，则从第三个数字开始的数字表示该运输船装载的满箱数目，相邻的中括号内的港口名称表示这些满箱的最终目的港口。

实验结果表明，所有港口都配置了可以处理可折叠空箱的特定设备，尽管上海港能够为这些港口同时提供标准空箱与可折叠空箱，然而各个目的港口最终选择的空箱类型是可折叠集装箱。主要原因是可折叠集装箱具有易折叠的特点，折叠堆放后能够节约运输船的存放空间，在受到水深和桥高限制的情形下，一个运输船能够装载更多的可折叠空箱，因此，优先安排运输可折叠集装箱至长江沿线的目的港口。在集装箱运输过程中，共使用了6种类型的运输船（R1、R2、R4、R5、R6和R7）。大型运输船（如R6和R7）主要用于长江的中、下游港口的集装箱运输，例如，芜湖、马鞍山、南京、镇江、扬州、泰州、江阴、苏州和南通，这些港口拥有较深的水位，并且对空箱和满箱的需求量较大。小型运输船主要用于服务长江上游港口的集装箱运输，例如，宜宾、泸州、重庆等，这些港口的水位相对较浅。

关于在某个航段航行的某个运输船的装载运输情况，以表10.3中的编号13为例进行分析说明。一个类型为 R4 的运输船,在上海港装上 0 个可折叠空箱、0 个标准空箱和 500 个满箱,航行至九江港,并卸下满箱。其中,250 个满箱的目的地是九江港,另外 250 个满箱在九江港进行中转,最终目的地是武汉港。

10.5.3 不同比例可折叠空箱的比较结果

为了进一步评估使用可折叠空箱的优势,本小节比较使用不同比例的可折叠空箱情形下的总成本。令 $I_0^s + I_0^f = 2 \times 92\,846 = 185\,692$ TEU,并设置上海港的可折叠空箱库存量占空箱总库存量的比例分别为 0%、1%、5%、10%、15%、20%、25%、30%、35% 和 50%。算例的其他信息及相关参数的设置与 10.5.1 小节相同。上海港提供的可折叠空箱库存量占空箱总库存量的比例依次增加情形下的实验结果见表 10.4,其中,CPLEX 软件求得的目标值与目标下界之间的相对差异值在 0.75%~2.59% 之间变化,可以认为求得的解是近似最优解。

实验结果表明,随着可折叠空箱比例从 0% 增加到 50%,关于可折叠空箱购买成本和特定设备的固定成本分别呈现上升的趋势,其中,可折叠空箱购买成本上升更为明显。然而,标准空箱购买成本、空箱装卸成本、运输船航行成本均呈现更为显著的下降趋势,满箱装卸成本变化不明显。因此,总成本在整体上表现出显著下降的趋势。例如,当可折叠空箱比例从 0% 增加到 50% 时,虽然可折叠空箱购买成本与特定设备的固定成本之和从 0 增加到 1.851 2 million USD,但是总成本却从 9.067 9 million USD 下降到 4.571 2 million USD,下降了 49.59%。比较结果在一定程度上显示了可折叠空箱在集装箱内河运输中的优势。

表 10.4 上海港提供的可折叠空箱库存量占空箱总库存量的比例依次增加情形下的实验结果

可折叠空箱库存量占空箱总库存量的比例/%	成本/million USD							CPU 求解时间/s	Gap/%
	Sta.	Fol.	空箱装卸成本	满箱装卸成本	航行成本	设备固定成本	总计		
0	3.342 5	0.000 0	2.907 1	0.806 6	2.011 7	0.000 0	9.067 9	3 600.00	0.75
1	3.273 7	0.034 4	2.824 8	0.801 6	1.917 7	0.030 0	8.882 2	3 600.00	1.04
5	2.998 7	0.171 9	2.628 4	0.781 6	1.675 8	0.060 0	8.316 4	3 600.00	1.54
10	2.654 9	0.343 8	2.400 9	0.812 6	1.573 3	0.080 0	7.865 5	3 600.00	2.59
15	2.311 1	0.515 7	2.210 6	0.818 2	1.448 6	0.110 0	7.414 2	3 600.00	2.58
20	1.967 3	0.687 6	2.006 6	0.816 1	1.303 1	0.100 0	6.880 7	3 600.00	1.25
25	1.623 4	0.859 5	1.784 1	0.817 1	1.246 1	0.110 0	6.440 2	3 600.00	1.02
30	1.279 7	1.031 4	1.570 8	0.818 5	1.233 9	0.110 0	6.044 3	3 600.00	1.27

续表10.4

可折叠空箱库存量占空箱总库存量的比例/%	成本/million USD						CPU求解时间/s	Gap/%
	Sta.	Fol.	空箱装卸成本	满箱装卸成本	航行成本	设备固定成本	总计	
35	0.935 9	1.203 3	1.354 5	0.818 1	1.220 0	0.110 0	5.641 8	3 600.00	1.37
50	0.000 0	1.671 2	0.793 3	0.808 5	1.118 2	0.180 0	4.571 2	3 600.00	1.67

注："Sta."表示标准空箱购买成本，"Fol."表示可折叠空箱购买成本，"Gap"指的是CPLEX软件求得的目标值与CPLEX软件提供的目标下界之间的相对差异。

10.6　本章小结

本章研究了同时考虑空箱及满箱的集装箱内河运输问题。以最小化航运公司的总运营成本为优化目标，建立了一个关于集装箱运输船配置且同时调度空箱和满箱的MILP模型，并对模型的计算复杂度进行了分析。以长江沿线19个港口为案例进行实验分析，通过CPLEX软件在规定时间（1 h）内对MILP模型进行求解，得到了近优解。数值实验结果验证了MILP模型的合理性和有效性，并分析了一个重要参数（关于可折叠空箱的比例）对运输船、集装箱的安排和调度的影响。在本章测试中，随着"四合一"可折叠空箱所占比例由0%提升到50%，尽管可折叠空箱的购买总成本及配置特定设备的固定成本有所增加，但运营总成本呈下降趋势。

第 11 章 总结与未来研究方向

11.1 总　结

集装箱运输问题由于其广泛持久的应用背景,一直是交通运输领域关注的热点之一。由于该问题的多样性及实际操作应用过程的复杂性,已有的研究成果不能涵盖所有的问题。因此,本书以可折叠集装箱运输问题为基础进行扩展研究,主要从接驳运输和内河运输两个方面入手。具体来说,对本书的主要工作总结如下。

(1) 针对标准集装箱接驳运输问题,考虑堆场上的空箱数目受限等资源属性,该问题含有 4 种类型的集装箱任务:进口满箱、出口满箱、进口空箱及出口空箱。首先,建立了一个多目标非线性数学模型,并对模型进行线性化处理等操作,针对大规模问题设计了一个 LNS 算法进行求解。其次,通过 LNS 算法与优化软件 CPLEX 及相关文献的求解结果的对比分析,验证模型及算法的有效性。最后,对问题中的几个重要参数进行敏感性分析测试。

(2) 针对集卡车队列模式下的集装箱接驳运输问题,考虑驾驶员安全驾驶等因素。通过建立数学模型并优化,解决集卡车队列模式下的路径规划和资源配置问题。首先,定义半自动集卡车队列模式下考虑驾驶员疲劳驾驶因素的接驳运输问题。其次,对该问题进行数学描述,给出 MINLP 模型,接着对数学模型进行线性化处理。最后,基于不同规模的算例对 MINLP 模型的有效性进行实验验证,并对问题中的几个重要参数进行敏感性分析测试。

(3) 针对半自动集卡车队列模式下的接驳运输问题,考虑驾驶员数量约束等因素。首先,建立优化目标是最小化运输公司总成本的数学规划模型,总成本包括集卡车的部署成本和驾驶员的雇佣成本。其次,依据问题特点设计改进的模拟退火求解算法。最后,基于不同规模的算例对 MILP 模型与模拟退火求解算法的有效性进行实验验证,并对问题描述中的几个重要参数进行敏感性分析测试。

(4) 针对允许客户被多次访问的多尺寸集装箱接驳运输问题,考虑客户不同需求。首先,对问题进行描述,通过虚拟需要访问多次的部分客户,生成新的客户节点,同时保持任务类型、位置等信息不变。其次,通过限制集卡车访问客户的顺序,消除求解过程中产生的子回路,建立优化目标是最小化所有集卡车的总燃油消耗的非线性数学规划模型。再次，根据引入的状态转移逻辑方法和辅助决策变量，对数学模型进行线性化处理。最后，基于不同规模的算例对 MILP 模型的有效性进行实验验证。

(5)针对同时考虑标准集装箱与可折叠集装箱的接驳运输问题，考虑堆场上的标准空箱足够多，而可折叠空箱数目受限等资源属性。针对一辆集卡车可以同时装载多个处于折叠状态的可折叠空箱，且在装卸货过程中，集卡车无须在客户处等待的情形，构建了一个以最小化集卡车的总工作时间为目标的非线性数学模型，并设计了一个主动式禁忌搜索算法进行求解。通过实验分析，验证了算法的有效性。

(6)研究了考虑双侧时间窗的集装箱接驳运输问题，其中，港口和客户分别设置时间窗从而限制集装箱任务的相关活动的开始时刻。首先，提出了一个改进的集卡车状态转换方法对集卡车当前所携带的空箱类型(标准集装箱或可折叠集装箱)和空箱数目等信息进行描述。其次，构建一个 MINLP 模型，并设计了一个 LNS 算法进行求解。最后，通过结果分析验证了算法的有效性，并对问题中的一个重要参数进行敏感性分析测试。

(7)针对考虑桥高及水深的空箱内河运输问题，要求满足内河沿线一系列港口的空箱库存需求。通过决策集装箱运输船的类型、数量、装载量及空箱类型，并满足桥高和水深等约束条件，从而达到最小化航运公司的运营总成本的目的。基于此，建立了一个 MILP 模型。最后，以长江沿线 19 个主要港口构成的算例进行实验分析，对问题中几个重要参数进行敏感性分析测试，并分析了较大规模算例及多周期的情形，实验结果验证了 MILP 模型的有效性。

(8)针对内河沿线的部分港口存在满箱运输任务的需求，研究同时考虑空箱及满箱的集装箱内河运输问题。某航运公司为内河沿线的一系列港口提供空箱和满箱运输服务，每个满箱的出发地和目的地都是明确的。对一个集装箱运输船而言，满箱、空箱对船高和吃水深度会产生不同的影响。基于此，建立了一个以最小化运营总成本为目标的 MILP 模型，并以长江沿线 19 个主要港口构成的算例进行实验分析，实验结果验证了上述模型的有效性。

11.2　未来研究方向

虽然本书在集装箱，特别是可折叠集装箱运输问题的研究方面取得了一定进展，但是本书仍然存在着一些不足之处，留待日后进一步的研究和探讨，未来研究方向主要包括如下方面。

(1)在可折叠集装箱接驳运输中，可折叠集装箱的使用需要配置特定设备及一线

第 11 章　总结与未来研究方向

工人的熟练操作。因此,将可折叠空箱的折叠、展开成本等因素考虑进去,决策是否需要在客户(收货人及发货人)位置配置能够操控可折叠集装箱的特定设备,进而建立考虑可折叠集装箱成本因素的接驳运输数学模型,更具有现实意义。

(2)内河沿线港口起着联系集装箱接驳运输与内河运输的重要作用,针对包含接驳运输与内河运输的多式联运情形,考虑引入可折叠集装箱对集卡车、运输船等资源配置及路线优化的影响。对可折叠集装箱、标准集装箱、集卡车和运输船等运输资源的组合进行最优配置,从而达到提高运输企业经济效益的目的。

(3)节能环保是当今时代的主题之一,在集装箱接驳运输或内河运输中,研究引入可折叠集装箱的情形与集卡车或运输船的碳排放量之间的因果关系,以同时最小化碳排放量和企业运营成本为优化目标,建立考虑碳排放量的可折叠集装箱接驳运输或内河运输问题的数学模型,并设计高效的求解算法。

(4)在内河运输中,港口(或客户)的地理位置、规模等不同,对可折叠集装箱的认可度也不尽相同,考虑港口(或客户)对使用可折叠集装箱的偏好因素及当地政府提供的有关使用可折叠集装箱的激励政策等,尝试建立考虑客户偏好和政策激励的可折叠集装箱内河运输问题的数学模型,并设计高效的求解算法。

参考文献

[1] ZHANG R, YUN W Y, MOON I K. Modeling and optimization of a container drayage problem with resource constraints [J]. International journal of production economics, 2011, 133(1): 351-359.

[2] 张瑞友, 李浩渊, 李东. 集装箱调运中的建模与优化 [M]. 北京: 科学出版社, 2015.

[3] SONG D P, DONG J X. Long-haul liner service route design with ship deployment and empty container repositioning [J]. Transportation research part B: Methodological, 2013, 55: 188-211.

[4] NEVES-MOREIRA F, AMORIM P, GUIMARAES L, et al. A long-haul freight transportation problem: Synchronizing resources to deliver requests passing through multiple transshipment locations [J]. European journal of operational research, 2016, 248(2): 487-506.

[5] NAMBOOTHIRI R, ERERA A L. Planning local container drayage operations given a port access appointment system [J]. Transportation research part E: Logistics and transportation review, 2008, 44(2): 185-202.

[6] MACHARIS C, BONTEKONING Y. Opportunities for OR in intermodal freight transport research: A review [J]. European journal of operational research, 2004, 153(2): 400-416.

[7] KOPFER H W, SCHONBERGER J, KOPFER H. Reducing greenhouse gas emissions of a heterogeneous vehicle fleet [J]. Flexible services and manufacturing journal, 2014, 26(1-2): 221-248.

[8] CHEUNG R K, SHI N, POWELL W B, et al. An attribute-decision model for cross-border drayage problem [J]. Transportation research part E: Logistics and transportation review, 2008, 44(2): 217-234.

[9] LAM J S L, GU Y. A market-oriented approach for intermodal network optimisation meeting cost, time and environmental requirements [J]. International journal of production economics, 2016, 171: 266-274.

[10] PIECYK M I, MCKINNON A C. Forecasting the carbon footprint of road freight transport in 2020 [J]. International journal of production economics,

2010, 128(1): 31-42.

[11] GOH S H. The impact of foldable ocean containers on back haul shippers and carbon emissions [J]. Transportation research part D: transport and environment, 2019, 67: 514-527.

[12] LEE S, MOON I. Robust empty container repositioning considering foldable containers [J]. European journal of operational research, 2020, 280(3): 909-925.

[13] 饶卫振. 大规模动态车辆路径问题优化方法研究[D]. 大连: 大连理工大学, 2012.

[14] 涂伟. 基于Voronoi图的大规模物流车辆路径优化方法研究[D]. 武汉: 武汉大学, 2013.

[15] 廖伟. 考虑共同配送和能耗的车辆路径问题优化研究[D]. 成都: 西南交通大学, 2014.

[16] 朱琳. 大规模车辆路径问题的优化方法研究[D]. 天津: 天津大学, 2014.

[17] 葛斌. 求解车辆路径问题的蚁群优化算法研究及应用[D]. 合肥: 合肥工业大学, 2016.

[18] 李阳. 需求不确定的车辆路径问题模型与算法研究[D]. 大连: 大连海事大学, 2018.

[19] 宋强. 基于群体智能优化算法的多行程车辆路径问题的研究[D]. 武汉: 武汉理工大学, 2018.

[20] 郭静梅. 城市环境下考虑时间因素的绿色车辆路径问题研究[D]. 沈阳: 东北大学, 2019.

[21] VIDAL T, CRAINIC T G, GENDREAU M, et al. Heuristics for multi-attribute vehicle routing problems: A survey and synthesis [J]. European journal of operational research, 2013, 231(1): 1-21.

[22] TOFFOLO T A M, VIDAL T, WAUTERS T. Heuristics for vehicle routing problems: Sequence or set optimization? [J]. Computers & operations research, 2019, 105: 118-131.

[23] RAMACHANDRANPILLAI R, AROCK M. Spiking neural firefly optimization scheme for the capacitated dynamic vehicle routing problem with time windows [J]. Neural computing and applications, 2021, 33(1): 409-432.

[24] BERBEGLIA G, CORDEAU J F, GRIBKOVSKAIA I, et al. Static pickup

and delivery problems: a classification scheme and survey [J]. Top, 2007, 15 (1): 1-31.

[25] BERBEGLIA G, CORDEAU J F, LAPORTE G. Dynamic pickup and delivery problems [J]. European journal of operational research, 2010, 202(1): 8-15.

[26] TING C K, LIAO X L. The selective pickup and delivery problem: Formulation and a memetic algorithm [J]. International journal of production economics, 2013, 141(1): 199-211.

[27] RAIS A, ALVELOS F, CARVALHO M S. New mixed integer-programming model for the pickup-and-delivery problem with transshipment [J]. European journal of operational research, 2014, 235(3): 530-539.

[28] RIECK J, EHRENBERG C, ZIMMERMANN J. Many-to-many location-routing with inter-hub transport and multi-commodity pickup-and-delivery [J]. European journal of operational research, 2014, 236(3): 863-878.

[29] KALAYCI C B, KAYA C. An ant colony system empowered variable neighborhood search algorithm for the vehicle routing problem with simultaneous pickup and delivery [J]. Expert systems with applications, 2016, 66: 163-175.

[30] GYÖRGYI P, KIS T. A probabilistic approach to pickup and delivery problems with time window uncertainty [J]. European journal of operational research, 2019, 274(3): 909-923.

[31] AZIZI V, HU G P. Multi-product pickup and delivery supply chain design with location-routing and direct shipment [J]. International journal of production economics, 2020, 226: 107648.

[32] BERGMANN F M, WAGNER S M, WINKENBACH M. Integrating first-mile pickup and last-mile delivery on shared vehicle routes for efficient urban e-commerce distribution[J]. Transportation research part B: Methodological, 2020, 131: 26-62.

[33] KOÇ Ç, LAPORTE G, TÜKENMEZ I. A review of vehicle routing with simultaneous pickup and delivery [J]. Computers & operations research, 2020, 122: 104987.

[34] IMAI A, NISHIMURA E, CURRENT J. A Lagrangian relaxation-based heuristic for the vehicle routing with full container load [J]. European journal

of operational research, 2007, 176(1): 87-105.

[35] CARIS A, JANSSENS G K. A local search heuristic for the pre- and end-haulage of intermodal container terminals [J]. Computers & operations research, 2009, 36(10): 2763-2772.

[36] CHUNG K H, KO C S, SHIN J Y, et al. Development of mathematical models for the container road transportation in Korean trucking industries [J]. Computers & industrial engineering, 2007, 53(2): 252-262.

[37] ZHANG R Y, YUN W Y, KOPFER H. Heuristic-based truck scheduling for inland container transportation [J]. OR spectrum, 2010, 32(3): 787-808.

[38] 张瑞友, 汪定伟, 尹原永. 集装箱集卡车运输问题的基于图的建模方法 [J]. 系统工程理论与实践, 2011, 31(8): 1539-1545.

[39] BRAEKERS K, CARIS A, JANSSENS G K. Integrated planning of loaded and empty container movements [J]. OR spectrum, 2013, 35(2): 457-478.

[40] CABALLINI C, SACONE S, SAEEDNIA M. Cooperation among truck carriers in seaport containerized transportation [J]. Transportation research part E: Logistics and transportation review, 2016, 93: 38-56.

[41] MÁHR T, SROUR J, DE WEERDT M, et al. Can agents measure up? A comparative study of an agent-based and on-line optimization approach for a drayage problem with uncertainty [J]. Transportation research part C: Emerging technologies, 2010, 18(1): 99-119.

[42] ESCUDERO A, MUÑUZURI J, GUADIX J, et al. Dynamic approach to solve the daily drayage problem with transit time uncertainty [J]. Computers in industry, 2013, 64(2): 165-175.

[43] ZHANG R Y, LU J C, WANG D W. Container drayage problem with flexible orders and its near real-time solution strategies [J]. Transportation research part E: Logistics and transportation review, 2014, 61: 235-251.

[44] SMILOWITZ K. Multi-resource routing with flexible tasks: an application in drayage operations [J]. IIE transactions, 2006, 38(7): 577-590.

[45] ZHOU Y M, WANG J W. Critical link analysis for urban transportation systems [J]. IEEE transactions on intelligent transportation systems, 2018, 19(2): 402-415.

[46] WANG J W, YU Y, TANG J F. Compensation and profit distribution for

cooperative green pickup and delivery problem [J]. Transportation research part B: Methodological, 2018, 113: 54-69.

[47] JULA H, DESSOUKY M, IOANNOU P, et al. Container movement by trucks in metropolitan networks: modeling and optimization [J]. Transportation research part E: Logistics and transportation review, 2005, 41(3): 235-259.

[48] COSLOVICH L, PESENTI R, UKOVICH W. Minimizing fleet operating costs for a container transportation company [J]. European journal of operational research, 2006, 171(3): 776-786.

[49] BRAEKERS K, CARIS A, JANSSENS G K. Bi-objective optimization of drayage operations in the service area of intermodal terminals [J]. Transportation research part E: Logistics and transportation review, 2014, 65: 50-69.

[50] SHIRI S, HUYNH N. Optimization of drayage operations with time-window constraints [J]. International journal of production economics, 2016, 176: 7-20.

[51] STERZIK S, KOPFER H. A tabu search heuristic for the inland container transportation problem [J]. Computers & operations research, 2013, 40(4): 953-962.

[52] STERZIK S, KOPFER H, YUN W Y. Reducing hinterland transportation costs through container sharing [J]. Flexible services and manufacturing journal, 2015, 27(2): 382-402.

[53] NOSSACK J, PESCH E. A truck scheduling problem arising in intermodal container transportation [J]. European journal of operational research, 2013, 230(3): 666-680.

[54] DI FRANCESCO M, GENTILE C, SCHIRRA S, et al. An integral LP relaxation for a drayage problem [J]. Discrete optimization, 2019, 31: 93-102.

[55] LAI M, CRAINIC T G, DI FRANCESCO M, et al. An heuristic search for the routing of heterogeneous trucks with single and double container loads [J]. Transportation research part E: Logistics and transportation review, 2013, 56: 108-118.

[56] ZHANG R Y, YUN W Y, KOPFER H. Multi-size container transportation by truck: modeling and optimization [J]. Flexible services and manufacturing journal, 2015, 27(2): 403-430.

[57] FUNKE J, KOPFER H. A model for a multi-size inland container transportation problem [J]. Transportation research part E: Logistics and transportation review, 2016, 89: 70-85.

[58] VIDOVIĆ M, POPOVIĆ D, RATKOVIĆ B, et al. Generalized mixed integer and VNS heuristic approach to solving the multisize containers drayage problem [J]. International transactions in operational research, 2017, 24(3): 583-614.

[59] GHEZELSOFLU A, DI FRANCESCO M, FRANGIONI A, et al. A set-covering formulation for a drayage problem with single and double container loads [J]. Journal of industrial engineering international, 2018, 14(4): 665-676.

[60] XUE Z J, ZHANG C R, LIN W H, et al. A tabu search heuristic for the local container drayage problem under a new operation mode [J]. Transportation research part E: Logistics and transportation review, 2014, 62: 136-150.

[61] XUE Z J, LIN W H, MIAO L X, et al. Local container drayage problem with tractor and trailer operating in separable mode [J]. Flexible services and manufacturing journal, 2015, 27(2): 431-450.

[62] SONG Y J, ZHANG J T, LIANG Z, et al. An exact algorithm for the container drayage problem under a separation mode [J]. Transportation research part E: Logistics and transportation review, 2017, 106: 231-254.

[63] 张瑞友, 赵海舒, 刘士新. 可折叠集装箱接驳运输问题的建模与优化 [J]. 系统工程理论与实践, 2018, 38(4): 1013-1023.

[64] ZHANG R Y, ZHAO H S, MOON I. Range-based truck-state transition modeling method for foldable container drayage services [J]. Transportation research part E: Logistics and transportation review, 2018, 118: 225-239.

[65] ZHANG R Y, WANG D C, WANG J W. Multi-trailer drop-and-pull container drayage problem [J]. IEEE transactions on intelligent transportation systems, 2021, 22(9): 5708-5720.

[66] ZHANG R Y, HUANG C, WANG J W. A novel mathematical model and a

large neighborhood search algorithm for container drayage operations with multi-resource constraints [J]. Computers & industrial engineering, 2020, 139: 106143.

[67] 张瑞友, 张辉, 黄敏. 以低碳为目标的集装箱拖车运输问题及其时间窗离散化算法 [J]. 控制与决策, 2016, 31(4): 717-722.

[68] PHAN M H, KIM K H. Negotiating truck arrival times among trucking companies and a container terminal [J]. Transportation research part E: Logistics and transportation review, 2015, 75: 132-144.

[69] PHAN M, KIM K H. Collaborative truck scheduling and appointments for trucking companies and container terminals [J]. Transportation research part B: Methodological, 2016, 86: 37-50.

[70] TORKJAZI M, HUYNH N, SHIRI S. Truck appointment systems considering impact to drayage truck tours [J]. Transportation research part E: Logistics and transportation review, 2018, 116: 208-228.

[71] YI S, SCHOLZ-REITER B, KIM T, et al. Scheduling appointments for container truck arrivals considering their effects on congestion [J]. Flexible services and manufacturing journal, 2019, 31(3): 730-762.

[72] LI D J, DONG J X, SONG D P, et al. Optimal contract design for the exchange of tradable truck permits at multiterminal ports [J]. International journal of production economics, 2020, 230: 107815.

[73] YOU J T, MIAO L X, ZHANG C R, et al. A generic model for the local container drayage problem using the emerging truck platooning operation mode [J]. Transportation research part B: Methodological, 2020, 133: 181-209.

[74] MOGHADDAM M, PEARCE R H, MOKHTAR H, et al. A generalised model for container drayage operations with heterogeneous fleet, multi-container sizes and two modes of operation [J]. Transportation research part E: Logistics and transportation review, 2020, 139: 101973.

[75] FAN T J, PAN Q L, PAN F, et al. Intelligent logistics integration of internal and external transportation with separation mode [J]. Transportation research part E: Logistics and transportation review, 2020, 133: 101806.

[76] ESCUDERO-SANTANA A, MUÑUZURI J, CORTÉS P, et al. The one

container drayage problem with soft time windows [J]. Research in transportation economics, 2021, 90: 100884.

[77] BENANTAR A, ABOURRAJA M N, BOUKACHOUR J, et al. On the integration of container availability constraints into daily drayage operations arising in France: Modelling and optimization [J]. Transportation research part E: Logistics and transportation review, 2020, 140: 101969.

[78] SUN Z, ZHENG J. Finding potential hub locations for liner shipping [J]. Transportation research part B: Methodological, 2016, 93: 750-761.

[79] JEONG Y, SAHA S, CHATTERJEE D, et al. Direct shipping service routes with an empty container management strategy [J]. Transportation research part E: Logistics and transportation review, 2018, 118: 123-142.

[80] SHINTANI K, KONINGS R, IMAI A. Combinable containers: A container innovation to save container fleet and empty container repositioning costs [J]. Transportation research part E: Logistics and transportation review, 2019, 130: 248-272.

[81] CHEN J H, YAHALOM S. Container slot co-allocation planning with joint fleet agreement in a round voyage for liner shipping [J]. Journal of navigation, 2013, 66(4): 589-603.

[82] MENG Q, WANG S A, ANDERSSON H, et al. Containership routing and scheduling in liner shipping: Overview and future research directions [J]. Transportation science, 2014, 48(2): 265-280.

[83] WANG S A, MENG Q, SUN Z. Container routing in liner shipping [J]. Transportation research part E: Logistics and transportation review, 2013, 49(1): 1-7.

[84] MOON I K, QIU Z B, WANG J H. A combined tramp ship routing, fleet deployment, and network design problem [J]. Maritime policy & management, 2015, 42(1): 68-91.

[85] GRIDA M, LEE C Y. An empirical model for estimating berth and sailing times of mega container ships [J]. Maritime policy & management, 2018, 45(8): 1078-1093.

[86] QIU X, WONG E Y C, LAM J S L. Evaluating economic and environmental value of liner vessel sharing along the maritime silk road [J]. Maritime policy

management, 2018, 45(3): 336-350.

[87] WANG L H, ZHU Y, DUCRUET C, et al. From hierarchy to networking: The evolution of the "twenty-first-century Maritime Silk Road" container shipping system [J]. Transport reviews, 2018, 38(4): 416-435.

[88] LIAN F, JIN J R, YANG Z Z. Optimal container ship size: A global cost minimization approach [J]. Maritime policy & management, 2019, 46(7): 802-817.

[89] WU L X, WANG S A. The shore power deployment problem for maritime transportation [J]. Transportation research part E: Logistics and transportation review, 2020, 135: 101883.

[90] PSARAFTIS H N, KONTOVAS C A. Ship speed optimization: Concepts, models and combined speed-routing scenarios [J]. Transportation research part C: Emerging technologies, 2014, 44: 52-69.

[91] WANG C X, CHEN J J. Strategies of refueling, sailing speed and ship deployment of containerships in the low-carbon background [J]. Computers & industrial engineering, 2017, 114: 142-150.

[92] WEN M, PACINO D, KONTOVAS C A, et al. A multiple ship routing and speed optimization problem under time, cost and environmental objectives [J]. Transportation research part D: Transport and environment, 2017, 52: 303-321.

[93] LEE S M, ROH M I, KIM K S, et al. Method for a simultaneous determination of the path and the speed for ship route planning problems [J]. Ocean engineering, 2018, 157: 301-312.

[94] DU Y Q, MENG Q, WANG S A, et al. Two-phase optimal solutions for ship speed and trim optimization over a voyage using voyage report data [J]. Transportation research part B: Methodological, 2019, 122: 88-114.

[95] 陈康, 郭利泉, 杨忠振. 基于混合航线结构的集装箱航线与空重箱运输综合优化模型 [J]. 系统工程理论与实践, 2014, 34(1): 122-128.

[96] KUZMICZ K A, PESCH E. Approaches to empty container repositioning problems in the context of Eurasian intermodal transportation [J]. Omega, 2019, 85: 194-213.

[97] LI F, YANG D, WANG S A, et al. Ship routing and scheduling problem for

steel plants cluster alongside the Yangtze River [J]. Transportation research part E: Logistics and transportation review, 2019, 122: 198-210.

[98] ZHENG J F, YANG D. Hub-and-spoke network design for container shipping along the Yangtze River [J]. Journal of transport geography, 2016, 55: 51-57.

[99] 于风义. 基于轴辐式网络的长江集装箱航运枢纽港选择 [J]. 上海海事大学学报, 2017, 38(3): 47-51.

[100] 刘清, 朱新建, 周张颖, 等. 长江干线集装箱多式联运路径优化模型研究 [J]. 武汉理工大学学报(交通科学与工程版), 2019, 43(4): 622-626.

[101] 郑建风, 孙卓, 高薇, 等. 能力限制条件下内河集装箱枢纽港选址问题研究: 以长江为例 [J]. 系统工程理论与实践, 2016, 36(5): 1213-1220.

[102] 王清斌, 肖勤飞, 李秀英, 等. 考虑换船作业的长江干线集装箱船舶调度 [J]. 交通运输系统工程与信息, 2020, 20(2): 41-47.

[103] VEENSTRA A, NOTTEBOOM T. The development of the Yangtze River container port system [J]. Journal of transport geography, 2011, 19(4): 772-781.

[104] WITTE P, WIEGMANS B, VAN OORT F, et al. Governing inland ports: A multi-dimensional approach to addressing inland port-city challenges in European transport corridors [J]. Journal of transport geography, 2014, 36: 42-52.

[105] YANG Z Z, SHI H P, CHEN K, et al. Optimization of container liner network on the Yangtze River [J]. Maritime policy & management, 2014, 41(1): 79-96.

[106] 杨忠振, 董夏丹, 郭利泉. 长江水道集装箱运输航线网络优化 [J]. 大连海事大学学报, 2014, 40(3): 1-7.

[107] ZHANG R Y, HUANG C, FENG X H. Empty container repositioning with foldable containers in a river transport network considering the limitations of bridge heights [J]. Transportation research part A: Policy and practice, 2020, 133: 197-213.

[108] YANG D, WANG K Y, XU H, et al. Path to a multilayered transshipment port system: How the Yangtze River bulk port system has evolved [J]. Journal of transport geography, 2017, 64: 54-64.

[109] YANG D, WANG S A. Analysis of the development potential of bulk shipping network on the Yangtze River [J]. Maritime policy & management, 2017, 44(4): 512-523.

[110] WANG Y, YEO G T. Transshipment hub port selection for shipping carriers in a dual hub-port system [J]. Maritime policy & management, 2019, 46(6): 701-714.

[111] CARIS A, LIMBOURG S, MACHARIS C, et al. Integration of inland waterway transport in the intermodal supply chain: A taxonomy of research challenges [J]. Journal of transport geography, 2014, 41: 126-136.

[112] JONKEREN O, JOURQUIN B, RIETVELD P. Modal-split effects of climate change: The effect of low water levels on the competitive position of inland waterway transport in the river Rhine area [J]. Transportation research part A: Policy and practice, 2011, 45(10): 1007-1019.

[113] KAISER I M, BEZERRA B S, CASTRO L I S. Is the environmental policies procedures a barrier to development of inland navigation and port management? A case of study in Brazil [J]. Transportation research part A: Policy and practice, 2013, 47: 78-86.

[114] SUN X, YAN X P, WU B, et al. Analysis of the operational energy efficiency for inland river ships [J]. Transportation research part D: Transport and environment, 2013, 22: 34-39.

[115] SMID M, DEKKER S, WIEGMANS B. Modeling the cost sensitivity of intermodal inland waterway terminals: A scenario based approach [J]. Transportation research part A: Policy and practice, 2016, 85: 112-122.

[116] WIEGMANS B, WITTE P. Efficiency of inland waterway container terminals: Stochastic frontier and data envelopment analysis to analyze the capacity design- and throughput efficiency [J]. Transportation research part A: Policy and practice, 2017, 106: 12-21.

[117] 徐鹏飞, 杨忠振. 考虑环境负荷的长江干线流域集装箱运输瓶颈解决方案 [J]. 上海海事大学学报, 2017, 38(1): 26-30.

[118] KONINGS R. Foldable containers to reduce the costs of empty transport? A cost-benefit analysis from a chain and multi-actor perspective [J]. Maritime economics & logistics, 2005, 7(3): 223-249.

[119] XING L, XU Q, CAI J X, et al. Distributed robust chance-constrained empty container repositioning optimization of the China Railway Express [J]. Symmetry, 2020, 12(5): 706.

[120] KONINGS R, THIJS R. Foldable containers: A new perspective on reducing container-repositioning costs [J]. European journal of transport and infrastructure research, 2001, 1(4):333-352.

[121] SHINTANI K, KONINGS R, IMAI A. The impact of foldable containers on container fleet management costs in hinterland transport [J]. Transportation research part E: Logistics and transportation review, 2010, 46(5): 750-763.

[122] ZAZGORNIK J, GRONALT M, HIRSCH P. The combined vehicle routing and foldable container scheduling problem: A model formulation and tabu search based solution approaches [J]. INFOR: Information systems and operational research, 2012, 50(4): 147-162.

[123] MYUNG Y S. Efficient solution methods for the integer programming models of relocating empty containers in the hinterland transportation network [J]. Transportation research part E: Logistics and transportation review, 2017, 108: 52-59.

[124] SHINTANI K, KONINGS R, NISHIMURA E, et al. The impact of foldable containers on the cost of empty container relocation in the hinterland of seaports [J]. Maritime economics & logistics, 2020, 22(1): 68-101.

[125] SHINTANI K, KONINGS R, IMAI A. The effect of foldable containers on the costs of container fleet management in liner shipping networks [J]. Maritime economics & logistics, 2012, 14(4): 455-479.

[126] MOON I, DO NGOC A D, KONINGS R. Foldable and standard containers in empty container repositioning [J]. Transportation research part E: Logistics and transportation review, 2013, 49(1): 107-124.

[127] MYUNG Y S, MOON I. A network flow model for the optimal allocation of both foldable and standard containers [J]. Operations research letters, 2014, 42(6/7): 484-488.

[128] MOON I, HONG H. Repositioning of empty containers using both standard and foldable containers [J]. Maritime economics & logistics, 2016, 18(1): 61-77.

[129] WANG K, WANG S A, ZHEN L, et al. Ship type decision considering empty container repositioning and foldable containers [J]. Transportation research part E: Logistics and transportation review, 2017, 108: 97-121.

[130] ZHANG S Z, RUAN X, XIA Y Z, et al. Foldable container in empty container repositioning in intermodal transportation network of Belt and Road Initiative: Strengths and limitations [J]. Maritime policy & management, 2018, 45(3): 351-369.

[131] ZHAO Y R, YANG Z Z, HARALAMBIDES H. Optimizing the transport of export containers along China's coronary artery: The Yangtze River [J]. Journal of transport geography, 2019, 77: 11-25.

[132] YE S L, QI X H, XU Y C. Analyzing the relative efficiency of China's Yangtze River port system [J]. Maritime economics & logistics, 2020, 22(4): 640-660.

[133] NOTTEBOOM T, YANG D, XU H. Container barge network development in inland rivers: A comparison between the Yangtze River and the Rhine River [J]. Transportation research part A: Policy and practice, 2020, 132: 587-605.

[134] ZHENG J F, SUN Z, ZHANG F J. Measuring the perceived container leasing prices in liner shipping network design with empty container repositioning [J]. Transportation research part E: Logistics and transportation review, 2016, 94: 123-140.

[135] GEORGE BERNARD D. Application of simplex method to a transportation problem [J]. Activity analysis of production and allocation, 1951, 13: 359-373.

[136] AGARWAL Y, MATHUR K, SALKIN H M. A set-partitioning-based exact algorithm for the vehicle routing problem [J]. Networks, 1989, 19(7): 731-749.

[137] TAŞ D, GENDREAU M, DELLAERT N, et al. Vehicle routing with soft time windows and stochastic travel times: A column generation and branch-and-price solution approach [J]. European journal of operational research, 2014, 236(3): 789-799.

[138] KOURANK BEHESHTI A, HEJAZI S R. A novel hybrid column

generation-metaheuristic approach for the vehicle routing problem with general soft time window [J]. Information sciences, 2015, 316: 598-615.

[139] YILDIZ B, SAVELSBERGH M. Provably high-quality solutions for the meal delivery routing problem [J]. Transportation science, 2019, 53(5): 1372-1388.

[140] CHRISTOFIDES N, MINGOZZI A, TOTH P. Exact algorithms for the vehicle routing problem, based on spanning tree and shortest path relaxations [J]. Mathematical programming, 1981, 20(1): 255-282.

[141] BARNHART C, JOHNSON E L, NEMHAUSER G L, et al. Branch-and-price: Column generation for solving huge integer programs [J]. Operations research, 1998, 46(3): 316-329.

[142] LYSGAARD J, WØHLK S. A branch-and-cut-and-price algorithm for the cumulative capacitated vehicle routing problem [J]. European journal of operational research, 2014, 236(3): 800-810.

[143] SUN P, VEELENTURF L P, HEWITT M, et al. The time-dependent pickup and delivery problem with time windows [J]. Transportation research part B: Methodological, 2018, 116: 1-24.

[144] CHRISTOFIDES N, MINGOZZI A, TOTH P. State-space relaxation procedures for the computation of bounds to routing problems [J]. Networks, 1981, 11(2): 145-164.

[145] KOCH S, KLEIN R. Route-based approximate dynamic programming for dynamic pricing in attended home delivery [J]. European journal of operational research, 2020, 287(2): 633-652.

[146] WANG J, KANG L X, LIU Y Z. Optimal scheduling for electric bus fleets based on dynamic programming approach by considering battery capacity fade [J]. Renewable and sustainable energy reviews, 2020, 130: 109978.

[147] REINHARDT L B, PISINGER D, SPOORENDONK S, et al. Optimization of the drayage problem using exact methods [J]. INFOR: information systems and operational research, 2016, 54(1): 33-51.

[148] SHAN W X, PENG Z X, LIU J M, et al. An exact algorithm for inland container transportation network design [J]. Transportation research part B: Methodological, 2020, 135: 41-82.

[149] YANG X N, DAHAM H A. A column generation-based decomposition and aggregation approach for combining orders in inland transportation of containers [J]. OR spectrum, 2020, 42(1): 261-296.

[150] ROPKE S, PISINGER D. An adaptive large neighborhood search heuristic for the pickup and delivery problem with time windows [J]. Transportation science, 2006, 40(4): 455-472.

[151] DEMIR E, BEKTAŞ T, LAPORTE G. An adaptive large neighborhood search heuristic for the pollution-routing problem [J]. European journal of operational research, 2012, 223(2): 346-359.

[152] MASSON R, LEHUÉDÉ F, PÉTON O. An adaptive large neighborhood search for the pickup and delivery problem with transfers [J]. Transportation science, 2013, 47(3): 344-355.

[153] HEMMELMAYR V C. Sequential and parallel large neighborhood search algorithms for the periodic location routing problem [J]. European journal of operational research, 2015, 243(1): 52-60.

[154] KESKIN M, ÇATAY B. Partial recharge strategies for the electric vehicle routing problem with time windows [J]. Transportation research part C: Emerging technologies, 2016, 65: 111-127.

[155] ZHANG R Y, GUO J M, WANG J W. A time-dependent electric vehicle routing problem with congestion tolls [J]. IEEE transactions on engineering management, 2022, 69(4): 861-873.

[156] LI Y, CHEN H, PRINS C. Adaptive large neighborhood search for the pickup and delivery problem with time windows, profits, and reserved requests [J]. European journal of operational research, 2016, 252(1): 27-38.

[157] HINTSCH T, IRNICH S. Large multiple neighborhood search for the clustered vehicle-routing problem [J]. European journal of operational research, 2018, 270(1): 118-131.

[158] HOJABRI H, GENDREAU M, POTVIN J Y, et al. Large neighborhood search with constraint programming for a vehicle routing problem with synchronization constraints [J]. Computers & operations research, 2018, 92: 87-97.

[159] MANCINI S, STECCA G. A large neighborhood search based matheuristic

for the tourist cruises itinerary planning [J]. Computers & industrial engineering, 2018, 122: 140-148.

[160] ZHU L, SHEU J B. Failure-specific cooperative recourse strategy for simultaneous pickup and delivery problem with stochastic demands [J]. European journal of operational research, 2018, 271(3): 896-912.

[161] AVCI M G, AVCI M. An adaptive large neighborhood search approach for multiple traveling repairman problem with profits [J]. Computers & operations research, 2019, 111: 367-385.

[162] LAHYANI R, GOUGUENHEIM A L, COELHO L C. A hybrid adaptive large neighbourhood search for multi-depot open vehicle routing problems [J]. International journal of production research, 2019, 57(22): 6963-6976.

[163] HORNSTRA R P, SILVA A, ROODBERGEN K J, et al. The vehicle routing problem with simultaneous pickup and delivery and handling costs [J]. Computers & operations research, 2020, 115: 104858.

[164] SUN P, VEELENTURF L P, HEWITT M, et al. Adaptive large neighborhood search for the time-dependent profitable pickup and delivery problem with time windows [J]. Transportation research part E: Logistics and transportation review, 2020, 138: 101942.

[165] MULLER L F, SPOORENDONK S, PISINGER D. A hybrid adaptive large neighborhood search heuristic for lot-sizing with setup times [J]. European journal of operational research, 2012, 218(3): 614-623.

[166] AKSEN D, KAYA O, SIBEL SALMAN F, et al. An adaptive large neighborhood search algorithm for a selective and periodic inventory routing problem [J]. European journal of operational research, 2014, 239(2): 413-426.

[167] MAURI G R, RIBEIRO G M, LORENA L A N, et al. An adaptive large neighborhood search for the discrete and continuous Berth allocation problem [J]. Computers & operations research, 2016, 70: 140-154.

[168] IRIS Ç, PACINO D, ROPKE S. Improved formulations and an Adaptive Large Neighborhood Search heuristic for the integrated berth allocation and quay crane assignment problem [J]. Transportation research part E: Logistics and transportation review, 2017, 105: 123-147.

[169] SANTINI A. An adaptive large neighbourhood search algorithm for the orienteering problem [J]. Expert systems with applications, 2019, 123: 154-167.

[170] PITAKASO R, SETHANAN K. Adaptive large neighborhood search for scheduling sugarcane inbound logistics equipment and machinery under a sharing infield resource system [J]. Computers and electronics in agriculture, 2019, 158: 313-325.

[171] HELLSTEN E O, SACRAMENTO D, PISINGER D. An adaptive large neighbourhood search heuristic for routing and scheduling feeder vessels in multi-terminal ports [J]. European journal of operational research, 2020, 287(2): 682-698.

[172] DONG X L, LI D W, YIN Y H, et al. Integrated optimization of train stop planning and timetabling for commuter railways with an extended adaptive large neighborhood search metaheuristic approach [J]. Transportation research part C: Emerging technologies, 2020, 117: 102681.

[173] GLOVER F. Tabu search: Part I [J]. ORSA Journal on Computing, 1989, 1(3): 190-206.

[174] BRANDÃO J. A deterministic tabu search algorithm for the fleet size and mix vehicle routing problem [J]. European journal of operational research, 2009, 195(3): 716-728.

[175] CÔTÉ J, POTVIN J Y. A tabu search heuristic for the vehicle routing problem with private fleet and common carrier [J]. European journal of operational research, 2009, 198(2): 464-469.

[176] NGUYEN P K, CRAINIC T G, TOULOUSE M. A tabu search for time-dependent multi-zone multi-trip vehicle routing problem with time windows [J]. European journal of operational research, 2013, 231(1): 43-56.

[177] SOLIMANPUR M, ELMI A. A tabu search approach for cell scheduling problem with makespan criterion [J]. International journal of production economics, 2013, 141(2): 639-645.

[178] LAI D S W, CALISKAN D O, LEUNG J M Y. A tabu search heuristic for the heterogeneous vehicle routing problem on a multigraph [J]. Transportation research part E: Logistics and transportation review, 2016,

86: 32-52.

[179] SILVESTRIN P V, RITT M. An iterated tabu search for the multi-compartment vehicle routing problem [J]. Computers & operations research, 2017, 81: 192-202.

[180] XU D Y, LI K P, ZOU X X, et al. An unpaired pickup and delivery vehicle routing problem with multi-visit [J]. Transportation research part E: Logistics and transportation review, 2017, 103: 218-247.

[181] XIA Y K, FU Z. Improved tabu search algorithm for the open vehicle routing problem with soft time windows and satisfaction rate [J]. Cluster Computing, 2019, 22(4): 8725-8733.

[182] XIAO J, PACHL J, LIN B L, et al. Solving the block-to-train assignment problem using the heuristic approach based on the genetic algorithm and tabu search [J]. Transportation research part B: Methodological, 2018, 108: 148-171.

[183] GOEKE D. Granular tabu search for the pickup and delivery problem with time windows and electric vehicles [J]. European journal of operational research, 2019, 278(3): 821-836.

[184] GUEMRI O, NDUWAYO P, TODOSIJEVIĆ R, et al. Probabilistic tabu search for the cross-docking assignment problem [J]. European journal of operational research, 2019, 277(3): 875-885.

[185] LAI X, HAO J, YUE D. Two-stage solution-based tabu search for the multidemand multidimensional knapsack problem [J]. European journal of operational research, 2019, 274(1): 35-48.

[186] SCHERMER D, MOEINI M, WENDT O. A hybrid VNS/Tabu search algorithm for solving the vehicle routing problem with drones and en route operations [J]. Computers & operations research, 2019, 109: 134-158.

[187] SERVRANCKX T, VANHOUCKE M. A tabu search procedure for the resource-constrained project scheduling problem with alternative subgraphs [J]. European journal of operational research, 2019, 273(3): 841-860.

[188] GMIRA M, GENDREAU M, LODI A, et al. Tabu search for the time-dependent vehicle routing problem with time windows on a road network [J]. European journal of operational research, 2021, 288(1): 129-140.

[189] LAI X J, HAO J K, GLOVER F. A study of two evolutionary/tabu search approaches for the generalized max-mean dispersion problem [J]. Expert systems with applications, 2020, 139: 112856.

[190] MOHAMMED A M, DUFFUAA S O. A tabu search based algorithm for the optimal design of multi-objective multi-product supply chain networks [J]. Expert systems with applications, 2020, 140: 112808.

[191] MOSHREF-JAVADI M, LEE S, WINKENBACH M. Design and evaluation of a multi-trip delivery model with truck and drones [J]. Transportation research part E: Logistics and transportation review, 2020, 136: 101887.

[192] SHAO S J, XU S X, HUANG G Q. Variable neighborhood search and tabu search for auction-based waste collection synchronization [J]. Transportation research part B: Methodological, 2020, 133: 1-20.

[193] WANG W F, YUN W Y. Scheduling for inland container truck and train transportation [J]. International journal of production economics, 2013, 143(2): 349-356.

[194] CORDEAU J F, MAISCHBERGER M. A parallel iterated tabu search heuristic for vehicle routing problems [J]. Computers & operations research, 2012, 39(9): 2033-2050.

[195] SOTO M, SEVAUX M, ROSSI A, et al. Multiple neighborhood search, tabu search and ejection chains for the multi-depot open vehicle routing problem [J]. Computers & industrial engineering, 2017, 107: 211-222.

[196] BATTITI R, TECCHIOLLI G. The reactive tabu search [J]. ORSA journal on computing, 1994, 6(2): 126-140.

[197] ZHANG R Y, YUN W Y, MOON I. A reactive tabu search algorithm for the multi-depot container truck transportation problem [J]. Transportation research part E: Logistics and transportation review, 2009, 45(6): 904-914.

[198] WASSAN N A, WASSAN A H, NAGY G. A reactive tabu search algorithm for the vehicle routing problem with simultaneous pickups and deliveries [J]. Journal of combinatorial optimization, 2008, 15(4): 368-386.

[199] WASSAN N. Reactive tabu adaptive memory programming search for the vehicle routing problem with backhauls [J]. Journal of the operational research society, 2007, 58(12): 1630-1641.

[200] PARASKEVOPOULOS D C, REPOUSSIS P P, TARANTILIS C D, et al. A reactive variable neighborhood tabu search for the heterogeneous fleet vehicle routing problem with time windows [J]. Journal of heuristics, 2008, 14(5): 425-455.

[201] 杨自厚, 许宝栋, 董颖. 多目标决策方法[M]. 沈阳: 东北大学出版社, 2006.

[202] WANG R, LAI S M, WU G H, et al. Multi-clustering via evolutionary multi-objective optimization [J]. Information sciences, 2018, 450: 128-140.

[203] YI J H, XING L N, WANG G G, et al. Behavior of crossover operators in NSGA-III for large-scale optimization problems [J]. Information sciences, 2020, 509: 470-487.

[204] WANG X B, REGAN A C. Local truckload pickup and delivery with hard time window constraints [J]. Transportation research part B: Methodological, 2002, 36(2): 97-112.

[205] WANG H F, FU Y P, HUANG M, et al. A NSGA-II based memetic algorithm for multiobjective parallel flowshop scheduling problem [J]. Computers & industrial engineering, 2017, 113: 185-194.

[206] FU Y P, DING J L, WANG H F, et al. Two-objective stochastic flow-shop scheduling with deteriorating and learning effect in Industry 4.0-based manufacturing system [J]. Applied soft computing, 2018, 68: 847-855.

[207] FU Y P, WANG H F, TIAN G D, et al. Two-agent stochastic flow shop deteriorating scheduling via a hybrid multi-objective evolutionary algorithm [J]. Journal of intelligent manufacturing, 2019, 30(5): 2257-2272.

[208] 汪定伟, 王俊伟, 王洪峰, 等. 智能优化方法[M]. 北京: 高等教育出版社, 2007.

[209] LI N, HARALAMBIDES H T, SHENG H, et al. A new vocation queuing model to optimize truck appointments and yard handling-equipment use in dual transactions systems of container terminals [J]. Computers & industrial engineering, 2022, 169: 108216.

[210] YAN X Y, XU M, XIE C. Local container drayage problem with improved truck platooning operations [J]. Transportation research part E: Logistics and transportation review, 2023, 169: 102992.

[211] 刘伟伟, 王明征, 胡祥培. 考虑碳排放的多产品竞争设施选址问题研究[J].

系统工程学报，2022，37(2)：275-288.

[212] ZHANG H, ZHOU Z E, LIU Y J, et al. Too depleted to control yourself? Effect of customer mistreatment on after-work maladaptive behaviours through self-control capacity impairment [J]. Applied psychology, 2022, 71 (1)：27-48.

[213] 邢玉伟，杨华龙，郑建风，等. 考虑货物时间价值的洲际班轮航线配船与航速优化[J]. 系统工程学报，2022，37(6)：796-810.

[214] ZHANG R Y, WANG D C, WANG J W. Multi-trailer drop-and-pull container drayage problem [J]. IEEE transactions on intelligent transportation systems, 2021, 22(9)：5708-5720.

[215] WANG D C, MOON I, ZHANG R Y. Multi-trip multi-trailer drop-and-pull container drayage problem [J]. IEEE transactions on intelligent transportation systems, 2022, 23(10)：19088-19104.

[216] WANG N Y, MENG Q, ZHANG C R. A branch-price-and-cut algorithm for the local container drayage problem with controllable vehicle interference [J]. Transportation research part B：Methodological, 2023, 178：102835.

[217] 孔灵睿，计明军，孙以宁，等. 支线航运网络下集装箱分配与船舶调度联合优化[J]. 系统工程学报，2022，37(6)：811-826.

[218] XUE Z J, LIN H, YOU J T. Local container drayage problem with truck platooning mode [J]. Transportation research part E：Logistics and transportation review, 2021, 147：102211.

[219] LI D C, YANG H L. Ship routing in inland waterway liner transportation with foldable and standard empty containers repositioning [J]. Ocean engineering, 2023, 285：115391.

[220] CUI H P, CHEN S K, CHEN R, et al. A two-stage hybrid heuristic solution for the container drayage problem with trailer reposition [J]. European journal of operational research, 2022, 299 (2)：468-482.

[221] JIA S, CUI H P, CHEN R, et al. Dynamic container drayage with uncertain request arrival times and service time windows [J]. Transportation research part B：Methodological, 2022, 166：237-258.

[222] POHL E, GELDERMANN J. Selection of multi-criteria energy efficiency and emission abatement portfolios in container terminals [J]. European

journal of operational research, 2024, 316(1): 386-395.

[223] ARCHETTI C, PEIRANO L, SPERANZA M G. Optimization in multimodal freight transportation problems: A Survey [J]. European journal of operational research, 2022, 299 (1): 1-20.

[224] PENG W X, XUE Z J. Route planning and benefit assessment of container drayage platooning considering truck laden-or-empty state [J]. Computers & industrial engineering, 2023, 175: 108879.

[225] FAZI S, CHOUDHARY S K, DONG J X. The multi-trip container drayage problem with synchronization for efficient empty containers re-usage [J]. European journal of operational research, 2023, 310 (1): 343-359.

[226] CAO P L, ZHENG Y J, YUEN K F, et al. Inter-terminal transportation for an offshore port integrating an inland container depot [J]. Transportation research part E: Logistics and transportation review, 2023, 178: 103282.

[227] CHEN R, MENG Q, JIA P. Container port drayage operations and management: Past and future [J]. Transportation research part E: Logistics and transportation review, 2022, 159: 102633.

[228] WU X K, ZHANG Y T, CHEN Y C. A dynamic programming model for joint optimization of electric drayage truck operations and charging stations planning at ports [J]. IEEE transactions on intelligent transportation systems, 2023, 24 (11): 11710-11719.

[229] RAMIREZ-IBARRA M, SAPHORES J M. Health and equity impacts from electrifying drayage trucks [J]. Transportation research part D: Transport and environment, 2023, 116: 103616.

[230] CHEN R, JIA S, MENG Q. Dynamic container drayage booking and routing decision support approach for E-commerce platforms [J]. Transportation research part E: Logistics and transportation review, 2023, 177: 103220.

[231] POURMOHAMMAD-ZIA N, SCHULTE F, GONZÁLEZ-RAMÍREZ R G, et al. A robust optimization approach for platooning of automated ground vehicles in port hinterland corridors [J]. Computers & industrial engineering, 2023, 177: 109046.

[232] BUCHEM M, GOLAK J A P, GRIGORIEV A. Vessel velocity decisions in inland waterway transportation under uncertainty [J]. European journal of

operational research, 2022, 296 (2): 669-678.

[233] REN Y, TIAN Y, XIAO X. Spatial effects of transportation infrastructure on the development of urban agglomeration integration: Evidence from the Yangtze River Economic Belt [J]. Journal of transport geography, 2022, 104: 103431.

[234] TAN Z J, ZENG X Y, SHAO S, et al. Scrubber installation and green fuel for inland river ships with non-identical streamflow [J]. Transportation research part E: Logistics and transportation review, 2022, 161: 102677

[235] HUANG C, ZHANG R Y. Container drayage transportation scheduling with foldable and standard containers [J]. IEEE transactions on engineering management, 2023, 70 (10): 3497-3511.

[236] JEONG Y, KIM G. Reliable design of container shipping network with foldable container facility disruption [J]. Transportation research part E: Logistics and transportation review, 2023, 169: 102964.

[237] ZHOU C H, MA J X, DOUGE L, et al. Reinforcement learning-based approach for dynamic vehicle routing problem with stochastic demand [J]. Computers & industrial engineering, 2023, 182: 109443.

[238] ZHANG R K, ZHANG C, CAO Z G, et al. Learning to solve multiple-TSP with time window and rejections via deep reinforcement learning [J]. IEEE transactions on intelligent transportation systems, 2023, 24(1): 1325-1336.

[239] JAHANSHAHI H, BOZANTA A, CEVIK M, et al. A deep reinforcement learning approach for the meal delivery problem [J]. Knowledge-based systems, 2022, 243: 108489.

[240] JIN J H, CUI T X, BAI R B, et al. Container port truck dispatching optimization using Real2Sim based deep reinforcement learning [J]. European journal of operational research, 2024, 315(1): 161-175.

[241] XU Y Q, FANG M, CHEN L, et al. Reinforcement learning with multiple relational attention for solving vehicle routing problems [J]. IEEE transactions on cybernetics, 2022, 52 (10): 11107-11120.

[242] 潘晨, 杨柏, 冯鹤林, 等. 碳交易制度下绿色供应链不同成本分担合同选择[J]. 系统工程学报, 2023, 38(4): 555-576.

[243] 陈婉茹, 徐光明, 张得志, 等. 碳交易机制下多中心混合车队配送路径和速度

优化研究[J]. 系统工程理论与实践，2023，43(11)：3320-3335.

[244] 唐坚强，祁超，王红卫. 带时间窗的多仓库订单拆分与异构车辆路径联合优化方法[J]. 系统工程理论与实践，2023，43(5)：1446-1464.

[245] 杨雨蕾，张锦，孙文杰，等. 动态需求下的基于医药前置仓的选址-路径问题[J]. 控制与决策，2023，38(6)：1670-1678.

[246] 方伟，接中冰，陆恒杨，等. 基于多起点和Mask策略的深度强化学习算法求解覆盖旅行商问题[J]. 控制与决策，2024，39(4)：1160-1166.

[247] BJELIĆ N, VIDOVIĆ M, POPOVIĆ D, et al. Rolling-horizon approach in solving dynamic multisize multi-trailer container drayage problem[J]. Expert systems with applications, 2022, 201：117170.

[248] YANG X N, DAHAM H A, SALHI A. Combined strip and discharge delivery of containers in heterogeneous fleets with time windows[J]. Computers & operations research, 2021, 127：105141.

[249] BUSTOS-CORAL D, COSTA A M. Drayage routing with heterogeneous fleet, compatibility constraints, and truck load configurations[J]. Transportation research part E：Logistics and transportation review, 2022, 168：102922.

[250] CHEN R, CHEN S K, CUI H P, et al. The container drayage problem for heterogeneous trucks with multiple loads：A revisit[J]. Transportation research part E：Logistics and transportation review, 2021, 147：102241.

[251] ZHANG Z Z, LIU H, ZHOU M C, et al. Solving dynamic traveling salesman problems with deep reinforcement learning[J]. IEEE transactions on neural networks and learning systems, 2023, 34(4)：2119-2132.